中法人文交流丛书

South EU

Summit

地中海南欧
七国联盟

王 战 刘天乔 张瑾 / 著

社会科学文献出版社
SOCIAL SCIENCES ACADEMIC PRESS (CHINA)

前　言

　　武汉大学中法人文交流研究中心 2017 年由教育部备案成立，依托教育部国别和区域研究基地备案的法国研究中心和非洲研究中心两个智库平台，围绕中法两国的人文交流在基础和实践领域开展工作。

　　成立一年多来，中心在教育部国际合作与交流司的指导下、在武汉大学人文社会科学研究院和国际交流部的规划下，承接和完成了国家相关部委的多项课题，提交了 100 多份与法国和 23 个非洲法语国家有关的简报、专报和研究报告。

　　社会科学文献出版社与武汉大学中法人文交流研究中心合作，推出与法国和非洲法语国家相关主题研究的系列（译）丛书。在教育部国际合作与交流司和武汉大学的指导下，《地中海南欧七国联盟》作为开篇之作终于付梓。感谢社会科学文献出版社编辑的认真和负责，感谢写作团队学者和博士的严谨和勤奋。我们只有加倍努力，出好书、多出书，才能回报大家的支持。

　　参加撰写工作的有：王战、饶敏、高扬、张蓝月、刘若云、周雅娜、刘天乔和张瑾。

　　本书不足之处，敬请大家指正！

王　战

2018 年 10 月 28 日于武汉大学珞珈山

目　录

目　录

第二部分　地中海南欧七国联盟国情

CONTENTS

目 录

CONTENTS

目 录

第一部分

地中海南欧七国联盟

第一章
地中海南欧七国联盟概况

第一节　联盟产生的背景

2016年9月9日，法国、意大利、西班牙、葡萄牙、希腊、塞浦路斯和马耳他南欧七个国家在希腊的雅典宣布在欧盟的框架下成立南欧七国联盟。在西方，地中海南欧七国联盟也常常被称为地中海七国、七国集团或欧洲七国等。

地中海南欧七国联盟聚集了地中海沿线的法国、意大利、西班牙、希腊、塞浦路斯、马耳他和并不位于地中海而坐落于大西洋沿岸的葡萄牙。从地理划分上看，葡萄牙并不在地中海沿线，却被纳入地中海南欧七国联盟机制；而欧盟成员国中的克罗地亚和斯洛文尼亚都在地中海沿线，却被排除在地中海南欧七国联盟之外。那么为什么会出现这样的情况呢？究其原因，情况比较复杂。回答这个问题，必须首先了解欧洲的地域划分。

欧洲有1016万平方千米的面积。根据其地理位置、自然环境和历史沿革，欧洲主要分为东部板块和西部板块。东部板块的面积几乎占整个欧洲的一半，但地形相对单一，主要包括俄罗斯、乌克兰、摩尔多瓦、爱沙尼亚、拉脱维亚等国。东欧平原的气候属于温带大陆性气候，经济发展程度与欧洲西部板块存在一定的差距。

西部板块属于欧洲传统强国聚集的区域，根据地理位置和地缘战略，又可以分为北欧、西欧、中欧和南欧四个地区。北欧位置偏北，气候较为寒冷。北欧主要包括挪威、瑞典、芬兰、丹麦和冰岛5个国家。这些国家经济发达，实行高福利制度。西欧濒临大西洋，深受海洋的影响，气候温和湿润。主要包括英国、爱尔兰、荷兰、比利时、卢森堡、法国和摩纳哥7个国家，工业化水平高，经济发达。中欧地形地貌较为复杂，地势南高北低，西部部分地区是温带海洋性气候，东部是温带大陆性湿润气候。主要有德国、波兰、捷克、斯洛伐克、匈牙利、奥地利、列支敦士登和瑞士8个国家。中欧经济发展水平参差不齐，德国是经济大国，奥地利和瑞士属于经济发达国家，而其他国家的经济相对落后。南欧地形以山地为主，属于地中海气候。因为大多南欧国家靠近地中海，也常被称为地中海欧洲。有西班牙、葡萄牙、意大利、希腊、克罗地亚、斯洛文尼亚和马耳他等18个国家。

西班牙、葡萄牙、意大利、希腊、克罗地亚、斯洛文尼亚和马耳他都是南欧国家，也都位于地中海地区，为什么克罗地亚和斯洛文尼亚被排除在地中海南欧七国联盟之外呢？

原因主要有以下两点。

第一，第二次世界大战结束后，因为资本主义和社会主义两种对立的意识形态而造成采取两种不同意识形态制度国家的对峙，从而形成了长时间的冷战。欧洲板块划分为北约和华约两个不同的地缘政治大区。以苏联为领袖的东欧国家建立了华沙条约组织的政治军事同盟，对抗以美国为首的北大西洋公约组织。

北约于1949年成立，当时主要有12个成员国，分别是美国、加拿大、英国、法国、比利时、荷兰、卢森堡、丹麦、挪威、冰岛、葡萄牙、意大利。希腊于1952年加入。西班牙于1982年加入。斯洛文尼亚于2004年加入北约。克罗地亚于2009年加入北约。因此，地中海七国中的法国、葡萄牙、意大利、希腊和西班牙是传统意义上的西方民主制度和市场经济国家。

斯洛文尼亚和克罗地亚并不属于北约国家，而是与北约对立的华沙条约组织成员国。华沙条约成员国主要有苏维埃社会主义共和国联盟、德意志民主共和国、波兰人民共和国、捷克斯洛伐克、匈牙利人民共和国、罗马尼亚社会主义共和国、保加利亚人民共和国、阿尔巴尼亚人民共和国等。斯洛文尼亚和克罗地亚在冷战时期，属于社会主义大家庭的成员之一。

历史上，克罗地亚和斯洛文尼亚是塞尔维亚－克罗地亚－斯洛文尼亚王国的一部分，主要受拜占庭文化影响，属于斯拉夫民族，起源于俄罗斯和乌克兰等东欧地区。1929年，王国正式改名为南斯拉夫。第二次世界大战中，苏联出兵南斯拉夫，解放贝尔格莱德。南斯拉夫成为共产主义阵营的一个成员。但是，当时的总统铁托领导下的南斯拉夫采取了独立自主的方针，坚持不结盟，反对本国成为苏联的势力范围。

1990年，柏林墙倒塌。1991年，苏联解体，冷战结束。1991年，南斯拉夫社会主义联邦共和国的斯洛文尼亚、克罗地亚、波斯尼亚和黑塞哥维那及马其顿相继宣布独立。长期以来，属于前南斯拉夫的斯洛文尼亚和克罗地亚一直实行社会主义联邦制，直到1991年南斯拉夫的解体，两国开始独立，才向西欧国家看齐。

第二，虽然欧盟是在1993年《马斯特里赫特条约》正式生效成立，但是欧洲统一的思想在很早以前就出现了。当奥斯曼帝国于1453年攻占拜占庭帝国时，属于基督教的欧洲国家就产生了组建欧洲联盟的想法，当时的目的是面对日益强大的奥斯曼帝国，欧洲基督教国家团结一致，共同抵抗具有伊斯兰教信仰的奥斯曼帝国的入侵。1948年，荷兰、比利时、卢森堡三国为了开发三国之间的原材料市场，实现商品的自由流通，决定实行相互免除关税制度，建立关税联盟，开放原料、商品的自由贸易。实际上，这最早开启了欧洲相关国家结盟的意识。

第二次世界大战结束后，法国、德国、意大利、荷兰、比利时和卢森堡作为创始成员国，于1951年签署了《巴黎条约》，一年后，成立了欧洲煤钢共同体，启动了真正意义上的欧洲联盟建设。1958年，为了促进成员国之间的人员、商品、资金和服务的自由流动，建立欧洲经济共同体（简称欧共体），取消相关国家之间的关税，旨在打造一个共同市场。20世纪70年代，英国、爱尔兰和丹麦加入欧共体；80年代，希腊、西班牙和葡萄牙纷纷加入欧共体。1993年，欧盟正式成立。1995年，瑞典、奥地利和芬兰加入欧盟；2004年，捷克、斯洛伐克、匈牙利、波兰、塞浦路斯、斯洛文尼亚、马耳他、爱沙尼亚、拉脱维亚和立陶宛加入欧盟；2007 年，罗马尼亚和保加利亚加入欧盟；2013 年，克罗地亚加入欧盟。

从欧盟发展历史的角度上看，地中海七国中的法国和意大利都是欧盟的创始成员国家。从 1951 年起，这两个国家都直接参与欧洲联盟的理念、制度和发展路径的设计。这两个国家的发展也得益于欧盟的成立。直到目前为止，法国和意大利是地中海南欧七国联盟中经济实力最强的两个国家。希腊、西班牙和葡萄牙在 20 世纪 80 年代东西方阵营对峙消失前，加入欧盟组织，也是传统的民主制度和市场经济国家。从这个意义而言，它们与地中海七国联盟中的其他国家有着高度的相似性和天然的凝聚力。

地中海上的岛国塞浦路斯和马耳他都曾经是罗马帝国的疆域，主要信仰天主教，都有过被英国、法国或被英法两国殖民的历史，其政治和经济制度、社会结构和文化属性基本与英法两国趋同或一致。

综上所述，尽管克罗地亚和斯洛文尼亚也位于地中海沿岸，也属于北约成员国并加入了欧盟，但是由于第二次世界大战结束后两国进入社会主义阵营，尽管柏林墙倒塌后，向西方民主制度和市场经济转型，其经济发展水平和政治体制的融合度与地中海七国仍存在一定的差距，实现彻底的转型还有待时日。另外，这两个国家从历史和文化角度上看，长期受斯拉夫和拜占庭文化的影响，与地中海七国也存在一定的差距。因此，没有加入地中海七国机制，也是情理之中。

从地理划分上看，地中海七国中法国虽然属于西欧，但是其南部地区属于南欧的地域范围，而且法国的南部地区位于地中海沿线。因此，历史上法国与南欧其他国家有着高度相似性，在地缘政治上，与它们有着强关联性，所以，法国加入地中海南欧七国机制合情合理。另外，作为欧盟的双引擎之一，法国在欧盟中具有不可或缺的地位和较大的影响力，法国在欧盟中的地位和权重给地中海七国机制大大加分。而葡萄牙虽然位于南欧，也属于欧盟成员国，并不在地中海的沿岸，而是濒临大西洋海岸，但是为什么被纳入地中海七国机制呢？回答这个问题，要从地中海南欧七国联盟机制国家在治理模式、经济模式、社会组织和文化传承等维度来解释。葡萄牙在这一点上与法国一样，与南欧的其他国家有着近邻性和较强的关联性。

另外，从地理位置上看，北部非洲和南部欧洲共享地中海，两块版图沿线国家长期以来通过航海线路进行交流和互动，产生了独特的地中海沿岸的地缘政治和文化。"这也意味着整个中海沿岸地区，在'世界岛理论'中被视为欧洲的一部分。"[1]

地中海两岸地区因为地缘政策的需要，一直在寻求建立制度化的构架，以保证区域内的政治、经济、文化的交流和合作。1992年，欧盟理事会首次提出与地中海国家发展伙伴关系。1995年3月，欧洲委员会通过了建立欧洲与地中海国家伙伴计划（又称"巴塞罗那进程"）的方案。[2] 1995年11月27日至28日，欧盟15个成员和地中海12个国家[3]的外交部部长在巴塞罗那召开大会，发表了《巴塞罗那宣言》，正式启动巴塞罗那进程。巴塞罗那进程旨在建立欧洲－地中海全面战略伙伴关系。通过加强政治和安全领域的对话，建立经济和金融合作以及强化社会、文化和人文合作，将整个地中海地区打造成为和平、稳定和繁荣的地缘战略区域。巴塞罗那进程的实质是建立一个欧盟与地中海两岸国家对话与合作的多元机制框架。为了实现其目标，巴塞罗那进程成立了欧盟－地中海委员会，定期召开成员国外交部部长会议，已落实工作方案。

在政治与安全领域，巴塞罗那进程在域内的政治民主和防范冲突方面取得了一定的成果，地中海南岸的北非国家多数实行了代议制，并通过了反恐的原则，携手打击恐怖组织。但是，因为成员国均采取本国国家利益优先战略，在很多问题上存在严重的分歧。如大部分伊斯兰国家由于文化信仰，排斥民主自由的理念，继续实行权威统治。但是并不能因此否定巴塞罗那进程建立机制框架的效应。作为一种长效的对话机制，定期组织不同级别和各种形式的会议，有利于增进了解和加强沟通协调。巴塞罗那进程域内的成员国在经济和金融合作领域，也取得了一定的成绩。地中海国

---

① 温骏轩：《谁在世界中心》，中信出版集团，2017年6月。
② 李琳、罗海东：《"地中海联盟"的成立及面临的挑战》，《国际资料信息》2008年第8期。
③ 地中海12个国家：阿尔及利亚、塞浦路斯、埃及、以色列、约旦、黎巴嫩、马耳他、摩洛哥、叙利亚、突尼斯、土耳其和巴勒斯坦。

家和欧盟签署了联盟协议，并建立了欧洲援助基金（MEDA）支持地中海国家的经济和社会结构改革。域内的市场逐步开放，贸易额成倍增长，仅2007年，双边贸易额就达1270亿欧元。但是，地中海国家出口到欧盟的主要是资源性的初级产品，而且欧盟采用限制纺织业和直接投资等贸易保护政策，受这两个方面因素的影响，区域内贸易呈现不平衡的状态。在社会、文化和人文交流方面，对话机制在跨文化交流、男女平等、公民社会、教育合作和人力资源培训领域促进了域内国家的相互交流与合作，落实了如欧洲地中海遗产、信息和青年等交流项目，并提高了妇女参与政治、经济、文化和社会活动的积极性和地位。但是，地中海南岸的北非国家基本信仰伊斯兰教义，而北岸的欧洲国家的文化是基督教文化，历史上两种文明就冲突不断。它们都是一神教，主张神的独一特点和绝对性，要么肯定，要么否定，非此即彼，其宗教情感具有强烈的排他性。由于这两大世界性的宗教都认为自己掌握着世界的真理，即使有地中海将两种文明隔断，但是长期以来，两种宗教文化一直处于对抗状态，奥斯曼帝国的征战和十字军东征是伊斯兰教和基督教两种文明仇视的见证。而作为欧盟－地中海对话机制的巴塞罗那进程是无法完成两种文明融合使命的。

2007年，法国总统萨科齐在有关法国和欧盟外交关系的竞选纲要中，提出建立南欧、北非和部分中东国家的地中海区域合作组织的目标。2008年7月13日地中海峰会在巴黎召开，正式成立地中海南欧七国联盟①。地中海南欧七国联盟属于聚集了28个欧盟成员国与15个北非、中东和南欧地中海伙伴国家的跨国组织，秘书处设在巴塞罗那。

地中海南欧七国联盟与巴塞罗那进程的运行方式具有不同的地方，那就是在巴黎峰会上建立相关的管理机构和完善的制度，用以改善联盟区域内的政治关系，在欧盟和地中海合作伙伴国家之间以最优化的方式，推进所提出的各项倡议的落实，同时加强欧洲－地中海国家合作的透明度和提高合作关系的可视度。为保证地中海南欧七国联盟的共同管理，成员国首脑一致同意分别从一个欧盟国家和一个地中海国家中推选出两位联盟主席

---

① 法语：Union pour la Méditerranée；英语：Union for the Mediterranean。

共同主持工作。地中海南岸的主席由约旦担任。高级别代表会议由大使和43 国外交部分别任命的高级官员代表组成,每年在巴塞罗那秘书处或地中海南欧七国联盟中的一个国家召开多次例会。会议的宗旨是讨论区域内问题,确定机构的政策、行动方针和批准域内的扶持计划。每个国家都有一票权,由大会最后达成共识并做出决定。另外,还会根据地中海地区的特点,如环保和气候变化、数字经济、社会中女性地位、交通或工业发展等主题举办部长级会议。根据巴黎宣言,2010 年 3 月在巴塞罗那举办的正式仪式上确定了秘书处成员的任期和工作性质。① 秘书处旨在保证某些部门召开的部长级会议的后续行动和根据成员国的请求负责组织区域对话平台工作。同时,负责寻求国际金融机构、双边合作机制投资商和私营机构为联盟的扶持计划开展融资。

2008 年 11 月初,在法国马赛召开的部长级会议上达成共识,一致同意地中海南欧七国联盟秘书处设在西班牙的巴塞罗那。秘书长由沿地中海的非洲国家担任,秘书长的人选应该在非欧盟成员国中产生,其任期为三年,可以延长一届,再担任秘书长三年。首任秘书长是阿迈德·卡拉夫·马萨德。② 同时设 6 名副秘书长,按照南北版块人数对等的原则,由欧洲国家和非洲国家各 3 人担任副秘书长,副秘书长的任期为三年,可以延长三年。而在非洲的 3 名副秘书长中,必须有一位由以色列代表担任,以保证以色列和阿拉伯联盟在地中海南欧七国联盟中具有相对的平等地位。③

地中海南欧七国联盟探讨区域战略问题,成员国共同管理、共同决策和共担责任,以便促进地中海地区的政治稳定和文化融合。地中海南欧七国联盟的主要目标是加强地中海区域内的南北和南南合作,以支持域内国家的社会经济发展,保证地区的平稳。地中海南欧七国联盟通过具体的行动解决两个核心问题:促进人文发展和可持续发展。因此,联盟将根据具

---

① *La Unión del Mediterráneo ya ejerce en Barcelona.*

② 约旦人,2004～2005 年为约旦公共产业改革部部长。曾担任约旦驻比利时、挪威、卢森堡和欧盟大使。

③ AFP, *UPM: accord global sur Barcelone, le rôle de la Ligue arabe et d'Israël,* La Dépêche, 4 novembre 2008 (lire en ligne).

体情况，本着地区利益的原则，制定和扶持由地中海南欧七国联盟成员国委托的"企业发展""高等教育和科研""民事和社会事务""与气候相关的能源和行动""交通和城市化发展""水与环境"等项目。从巴塞罗那进程到地中海南欧七国联盟，构架本身和制度安排发生了一系列变化，以适应新的国际形势变化，尤其是欧盟成员国和地中海南北沿线国家所面对的新情况和新问题，通过对话和协调，找出应对方案。

1995 年启动的巴塞罗那进程强调建立全面战略伙伴关系，加强政治和安全领域对话，促进经济和金融合作，加强社会、文化和人文交流，将地中海地区打造成为和平、稳定和繁荣的地缘战略区域。这是因为欧洲共同体 1991 年 12 月签署了《马斯特里赫特条约》，1993 年 11 月 1 日生效，欧盟正式诞生。而在同一时期，苏联正式解体，原苏维埃社会主义共和国联盟分裂为 15 个国家，苏美对峙的两极格局结束，美国成为超级大国。由于美国和欧洲具有相同的价值理念和意识形态，在苏联解体后，欧洲利用有利的世界趋于和平发展的大背景，成立欧洲联盟（简称欧盟），形成政治和经济共同体。欧盟成为欧洲地区乃至世界上规模较大的区域性经济合作的国际组织。欧盟成立的宗旨是促进和平，追求公民富裕，实现社会经济的可持续发展，确保其价值观和加强国际合作。在国际舞台上，与中国、俄罗斯和美国在政治合作和经济发展等重大问题方面保持合作。

正是在苏联正式解体、冷战结束、美国成为单极世界的背景下，欧洲国家成立了欧洲联盟，以期集欧洲国家在政治、经济、社会、文化等综合实力，成为世界新格局下的一支有生力量。也正是在欧洲联盟国际组织走入正轨的条件下，欧盟有时间和精力启动巴塞罗那进程，从地缘政治角度，将历史上有着千丝万缕联系的地中海南北两岸的沿线国家纳入欧洲大联盟的范围，构建跨区域的国际组织框架，通过政治、经济、文化和人文领域的交流和合作，增加了解和产生融合，保证区域的和平、稳定和繁荣，带动域内的政治和经济融合。其本质是欧洲国家一方面维护欧洲大陆与北非地中海沿岸的资源型国家的良好关系，以保证西方国家能源的供给，为其工业化发展和制造业的提升提供最基本的保障；另一方面，欧盟借助北非和中东地区在世界上拥有的政治和经济实力，为自己将在世界舞台上所扮演的新兴领袖角色助力。

2008 年 7 月巴黎峰会秉承巴塞罗那进程的理念，正式建立了地中海南欧七国联盟。国际上出现了新的情况。首先，苏联解体后成为单极世界的美国在面临 2006 年的次贷危机和阿富汗、伊拉克、伊核、朝核等问题牵制的多重压力下，不得不采取现实主义的策略，提出"建立多伙伴世界"，通过与欧盟国家及新兴发展中国家进行对话和谈判，应对金融危机、全球气候变化、核裁军和反恐、防扩散等国际社会面临的重大问题。其实，世界也经历了发达国家与发展中国家的调整期，因为后者占全球 GDP 的比重从 2000 年的 22% 上升到 47%。世界排名前 10 位的经济体中，有 3 个是新兴的发展中国家。发展中国家初具与老牌的发达国家抗衡的规模，在能源、原材料和市场等问题方面开始具有一定的话语权。发展中国家在联合国和世界贸易组织通过整合合力，迫使美国这样的传统大国不能用霸权手段来支配话语权，而是构建平等对话和合作机制处理国与国之间的关系。

在全球化向纵深方向发展时期和全球治理模式处于大调整期，世界新格局在逐渐显现。而人类面临更加严峻的挑战，如人口增长、发达国家和许多发展中国家人口严重老龄化、自然灾害频发、恐怖主义兴风作浪、能源短缺、食品安全问题、气候变化和生态环境恶化等，仅依靠西方大国和联合国已无法应对这些挑战。需要更多的协调机制，尤其是区域协调机制来应对全球面临的新问题。

地中海南欧七国联盟基于全球化发展下世界格局大调整期的背景产生，并提出了六大倡议：消除地中海地区污染，建立区域的海上和陆地高速路，制定自然灾害的防范措施，强化高等教育和科研合作，发展替代性能源和促进地中海地区商务发展（中小型企业）。

地中海南欧七国联盟从成立至今，取得了很多成果。仅在 2013 ～ 2015 年，召开了有关加强女性的社会地位、交通、能源、产业合作、环境与气候变化、数字经济、绿色经济、区域合作与规划、劳动与就业、水资源、城市化可持续发展等 12 次部长级会议，批准了 37 项重点扶持计划，具有代表性的有青年女性创新创业、区域的水治理与融资和地中海南欧七国联盟后期保障平台网络开放计划等。

在联盟总统推选方面，法国总统萨科齐希望作为地中海北岸的代表，出任第一届总统，但是最后欧盟仅批准其在作为欧盟轮值主席国的任期内担任地中海南欧七国联盟的主席，而且任期为半年。当以色列占领加沙地带时，地中海南欧七国联盟的阿拉伯国家提出将法国踢出联盟，所有阿拉伯国家一致抵制会议。

2015 年以来，地中海南欧七国联盟围绕着加强域内成员国政治对话、保证联盟活动致力于区域稳定和人文交流发展、加强区域一体化及强化联盟行动力四大方向举办了一系列会议并推出了一系列举措和扶持计划。同年的 1 月 16 日，在阿拉伯世界学院召开的阿拉伯世界复兴论坛的开幕式上，法国总统奥朗德提出欧洲面临的难民困境并强调应该发挥地中海南欧七国联盟这样的现存机构的更大作用来解决难民问题。[①] 此次会议成了一个重要的时间节点，因为法国政府意识到需要在欧盟机制的大框架下，发挥地中海南欧七国联盟的作用，更精准、更高效地解决欧盟出现的新问题。

第二节　联盟的产生

面对大量涌入的非洲难民，欧洲国家受到极大影响，尤其是地中海沿线国家，直接受到冲击。2015 年 1 月，时任法国总统奥朗德提出地中海南欧七国联盟的作用相当有限，而欧盟在协调解决和安置难民的问题上也显得相当乏力和被动。因此提出在曾受到难民问题冲击最大的地中海沿线国家建立一个机制，以有效地应对难民问题。他的提议立即得到了希腊总理阿莱克西斯·齐普拉斯的回应，因为后者正陷于债务危机的难关，遭受以德国为首的欧盟有关成员国的打压。

其实，希腊的债务危机是由多种因素造成的。一方面，欧盟采取东扩战略，使得生产和生活成本相对低廉的东欧国家迅速向西方发达国家靠

---

① 《Allocution lors de l'ouverture du forum "Renouveaux du monde arabe" à l'Institut du monde arabe》, sur www. elysee. fr, https://plus. google. com/101228679424639151504.

拢，很快融入德国强大的产业链，从而将希腊这些传统的代工国家边缘化，大大打压了希腊的发展空间，减少了经济收入。另一方面，希腊政府一直提高公共开支和降低税收政策以保持失业和养老保险的高福利政策，造成巨大的公共财政赤字。当希腊政府 2009 年突然宣布政府财政赤字和公共债务占国内生产总值的比例分别达到 12.7% 和 113%，远超欧盟《稳定与增长公约》规定的 3% 和 60% 的上限时，全球三大信用评级机构惠誉、标准普尔和穆迪国际相继调低希腊主权信用评级，希腊债务危机爆发。到 2012 年，希腊只能依靠欧盟经济大国德国和法国等国家的救援贷款。但是，欧盟债权国给希腊提供经济援助时，提出了希腊政府必须采取紧缩政策的附加条件。在此背景下，希腊政府不得不大幅度降低福利补贴，减少国民收入。而老百姓的生活成本提高，不满情绪增加，罢工频频发生，加剧了社会的不稳定性。

另外，希腊政府的借贷无法到期偿还，违约金提高，增加了债务的利息成本。希腊政府只能采取紧缩政策，导致国内民众的不满，矛盾加剧。2015 年，希腊人民在经济剧烈波动和政治空间受欧盟打压的情况下，选举激进左翼联盟（SYRIZA）组成新内阁，由希腊历史上最年轻的左翼联盟主席齐普拉斯担任总理，他是欧洲第一个公开反对紧缩政策而当选的领袖。为了避免希腊退出欧元区，齐普拉斯总理与债权国开展了艰苦的谈判，希望购销或部分减免债务。最后终于获得欧元区最重要的债权国德国的同意，希腊债务危机终于出现了转机。应该说，在化解希腊债务危机中，当时的法国总统奥朗德起到了关键性的作用。2015 年 9 月，希腊总理齐普拉斯与债权国商谈债务重组时，作为希腊债权国之一的法国总统奥朗德同年 10 月出访希腊，在议会发表演讲时，明确表示支持齐普拉斯总理，才使得另一个坚持不做妥协的债权大国德国的态度出现了松动，从而化解了希腊的债务危机。

除了希腊，欧盟内部涉及主权债务危机的还有意大利、葡萄牙、西班牙和爱尔兰。这些国家的主权信用评级被惠誉、标准普尔和穆迪国际三大评级机构下调。2015 年西班牙的公共赤字占国内生产总值的比重达到 5.1%，而葡萄牙达到 4.4%，都超过欧盟所规定的 3%。另外，葡萄牙总理安东尼奥·科斯塔和希腊总理曾经共同谴责欧盟强加给两国的紧缩政策。

希腊总理和意大利总理早在雅典会议以前就因为难民人数分配的问题，指责欧盟未能信守诺言，双方商议建立一个南欧联盟，以解决相关问题，尤其是解决经济复苏问题。他们随后向法国、西班牙、葡萄牙、塞浦路斯和马耳他发出邀请，建立地中海南欧七国联盟，以共同应对所面临的各种问题。

2016年9月9日，地中海七国领导人在雅典举行会议，探讨欧盟经济政策和难民应对问题。法国总统奥朗德、意大利总理伦齐、塞浦路斯总统阿纳斯塔夏季斯、葡萄牙总理科斯塔、马耳他总理穆斯卡特、西班牙负责欧盟事务的国务秘书埃吉达苏和希腊总理齐普拉斯参加了为期一天的闭门会议。会议的主要议题是地中海七国如何携手应对目前共同面临的困难。与会领导人具体讨论了欧盟的紧缩政策和移民入境管理问题。会后发表的《雅典宣言》强调，欧盟需要新的视野来面对新的挑战，以改进欧盟成员国公民的生活质量和保证欧洲公民的安全。生活质量的改善需要欧盟促进经济增长，公民安全保障需要欧盟成员国加强难民入境管理，按照人道主义精神各自分担相应的责任。会议还特别强调地中海南欧七国联盟支持欧盟自由、民主、法治、宽容和团结的价值理念，并不希望建立地中海南欧七国联盟来反对北欧国家，分化欧盟。会议旨在加强欧盟内的地中海七国在经济增长、移民和安全问题方面的协调合作，为欧盟的解决方案增加一个地中海视角，为欧盟的强大提供一个新的思路。

应该说，《雅典宣言》是地中海南欧七国联盟对话机制建立的一个标志。《雅典宣言》再三强调这一非正式对话机制纳入欧盟框架，没有任何分裂欧盟的意图，但是提供了地中海视角，强调了地中海七国的特殊性，并期待通过对话机制，加强各国之间的协调，七个国家用同一个声音向欧盟提出新的思路和参考路径。

第三节　联盟的运作机制

地中海南欧七国联盟是一种非正式的七国首脑对话机制。七国国家元首于 2016 年 9 月在希腊首都雅典相聚，第一次共同对话协商；2017 年 1 月和 4 月分别在葡萄牙首都里斯本和西班牙首都马德里举办了第二次和第三次峰会；2018 年 1 月在意大利首都罗马举办了第四次峰会。仅仅两年，七国共举办了四次峰会，应该说，地中海南欧七国联盟的对话机制对于七国领导来说，具有相当重要的战略意义。

其实，早在 2014 年 4 月 16 日，即首次希腊雅典峰会召开的两年前，七个国家的外长就在西班牙东部城市阿里坎特举行了一次部长级会议，商讨如何采取一致的措施打击非法移民。因为就在 2013 年，有 4000 多名非洲移民从北非的休达（Ceuta）和梅利利亚（Melilla）两个地方偷渡进入西班牙。据说早在 2000 年就有 4 万名左右的撒哈拉以南非洲青年涌向加那利群岛和安达卢西亚地区，打算从北非的休达和梅利利亚非法进入西班牙。而南欧的法国、意大利、葡萄牙、希腊、塞浦路斯和马耳他与西班牙一样面临非洲国家大量非法移民偷渡进入，造成治理和治安问题。地中海七国外长在本次会议上签署了一份联合声明，强调欧盟与移民原籍国和移民过境国必须加强合作并增加相应的资金和技术手段来应对日趋严重的移民危机。同年 6 月，应西班牙的要求，欧盟 28 个成员国家元首和政府首脑举行欧盟理事会会议，讨论地中海七国外长会议提出的遣返移民协议的要求，希望欧盟所有成员国签署协议，同意西班牙当场将非法入境移民遣返。

应该说，2014 年 4 月 16 日的南欧七国外长会议是地中海南欧七国联盟机制产生的雏形，成员国意识到在欧盟机制下，东欧国家、北欧国家和南欧国家都具有一定的特殊性，因此无论是制定对内还是对外政策，都应该考虑成员国之间的特点和差异，提出相应的对策。比如对于大批非洲移民通过海上偷渡非法涌入欧洲，首先受到冲击的是地中海北岸的南欧国家。而且根据欧盟《都柏林公约》的规定，移民只能在入境欧盟的首个成员国申请庇护，收容移民的国家必须承担接待义务并负责移民申请的资格审核等相关工作。这样，所有的压力加在第一个接受非洲偷渡移民的南欧国家。

另外，自 2004 年起，欧洲联盟在北欧的倡导和指导下，基本完成东扩战略，加入欧盟的东欧国家已经构成防止俄罗斯直接威胁的前沿阵地，欧盟的东大门压力相对减弱，欧盟的主要目标转移到地中海南欧七国联盟成员国。而地中海南欧七国联盟国家在历史和地缘战略方面，与隔海相望的北非国家保持着长期的政治和经济合作关系，有着欧盟其他国家无可比拟的优势，也凸显了地中海南欧七国联盟国家在欧盟对外关系领域的特别作用和地位。

但是在国际舞台上，美国从"9·11"事件发生以后，利用反恐战争的机会，于2002年6月提出类似于"马歇尔计划"的"大中东计划"，通过所掌握的"石油+美元"话语权，旨在控制北非和中东地区的主导地位。而以法国为首的地中海南欧七国联盟中的西班牙和意大利等国家是中东北非国家的宗主国，控制着中东北非许多国家的石油资源，尤其法国在马格里布地区的龙头作用是不容其他国家挑战的。美国的"大中东计划"是通过"石油+美元"消弭南欧国家在中东北非地区的"石油+欧元"影响力。

第四节　联盟的成果

截至2018年底，地中海南欧七国联盟共举办了四次首脑级的机制大会，取得了一系列成果。

地中海南欧七国联盟第一次峰会

面对国际形势出现的复杂要素，尤其是大批非洲难民非法偷渡的压力，希腊总理齐普拉斯、法国总统奥朗德、意大利总理伦齐、塞浦路斯总统阿纳斯塔夏季斯、葡萄牙总理科斯塔、马耳他总理穆斯卡特和西班牙负责欧盟事务的国务秘书埃吉达苏七个南欧国家的领导人或代表2016年9月9日在希腊首都雅典举办了为期一天的首脑峰会并在会后发表了《雅典宣言》。

会议有两个主要议题：欧盟经济政策和应对难民危机问题。对于第一个议题，七国首脑一致认为，欧盟在制定经济政策方面首先应该考虑如何促进经济增长；对于第二个议题，七国首脑强调公平分摊解决难民危机的费用。经济增长和难民入境管理是地中海南欧七国联盟非正式对话机制启动的主要动机。

促进经济增长是地中海南欧七国联盟乃至欧盟其他成员国所面临的主要问题。而希腊、意大利、西班牙等南欧国家在欧债危机爆发之前，其主权债务一直居高不下，公共债务率超过100%，大大超过欧盟的规定。尤其是齐普拉斯在2015年1月当选希腊总理前，希腊债务危机到了岌岌可危的地步。

2009年，希腊政府财政赤字和公共债务占国内生产总值的比重分别达到12%和113%，大大超过欧盟《稳定与增长公约》所规定的3%和60%的上限。尽管欧盟的德国和法国为维护稳定，给希腊提供了相应的救助贷款，但是实际上在2002年欧元启动的时候，加入欧元区的希腊的经济状况无法满足《马斯特里赫特条约》所规定的标准，即欧洲经济货币联盟成员国的预算赤字不能超过国内生产总值的3%和负债率不能超过60%。为此，欧盟最具有经济实力的"三驾马车"之一的德国对希腊的救助计划提出结构改革和紧缩预算的要求，以解决希腊出现的流动性危机。2015年3月23日，德国总理默克尔在与到访的希腊总理齐普拉斯进行的5个小时的会谈中，语气强烈地表示，希腊结构改革和紧缩预算措施是否到位、是否合理，希腊说了不算，必须由"三驾马车"评估。面对国内罢工和欧盟的高压政策，希腊总理齐普拉斯与地中海南欧七国联盟中的南欧六个国家取得共识，成立欧盟框架下的地中海南欧七国联盟非正式机制峰会，讨论域内和域内七国各自的诉求，以期向北欧主导的欧盟提出自己的呼声。

对于希腊总理的提议，法国总统奥朗德欣然允诺，因为作为欧盟"三驾马车"之一的法国对希腊债务危机与德国所持的观点存在一定的差异。法国政府认为希腊脱离欧元区不符合欧盟的整体利益，希腊问题处理不好会牵一发而动全身，造成极大的负面影响，希腊留在欧元区保持了欧盟的整体性。对于希腊的债务问题，应该相互妥协而达成协议，不应该采取对峙和严厉的措施。尽管法国和德国一样，强调希腊政府必须采取结构调整措施，但是在债务重组和减免问题上，法国认为应该采取相对宽松的态度，因为法国认为希腊债务问题是欧元区必须面对的现实，对于经济指标的设定和财政一体化的进程需要认真的思考和提出脚踏实地的方案，以保证欧元区内经济发展水平存在一定差距的国家均都能够从欧盟的政策中享受增长和就业带来的红利。确实，2015 年的法国经济开始复苏，国内生产总值比 2014 年增长 1.1%，但是与欧元区的其他国家相比，尚未达到平均水平。因为欧元区 2015 年的经济增长率达到 1.6%，尤其是德国为 1.7%。另外，希腊虽然位于东欧地区，但也是地中海沿线国家。它与法国一样，面临非法移民大量涌入的问题，法国在欧盟框架下处理移民问题需要希腊等地中海沿岸国家的合作和支持。

参加首次峰会的地中海南欧七国联盟的大部分国家都面临制造业空心化、经济增长低迷、失业率居高不下等问题。尤其是在公共债务方面，都远远超过《马斯特里赫特条约》的规定。法国 2014 年和 2015 年的公共债务占国内生产总值的比重分别约为 95% 和 98%；希腊 2014 年和 2015 年的公共债务占国内生产总值的比重分别约为 177% 和 175%；葡萄牙 2014 年和 2015 年的公共债务占国内生产总值的比重分别约为 130% 和 129%；西班牙 2014 年和 2015 年的公共债务占国内生产总值的比重分别约为 98% 和 101%；意大利 2014 年和 2015 年的公共债务占国内生产总值的比重分别约为 156% 和 132%；塞浦路斯 2014 年和 2015 年的公共债务占国内生产总值的比重分别约为 105% 和 103%；马耳他 2014 年和 2015 年第一季度公共债务占国内生产总值的比重分别约为 75% 和 74%。[1]

如何符合欧盟的刚性规定而避免可能受到的处罚，将是这些国家不得不面临的现实问题。但是由于各自因素的影响以及这些国家长期在公共债务方面积累的问题，一时很难找到有效的解决方案，因此，需要七国领导人一起协商，找到能够共同应对公共债务的措施。

本次首脑会议的第二个议题是难民责任分摊的问题。2011 年，是北非大动荡和产生新格局的一年。突尼斯爆发的"阿拉伯之春"波及北非地区，许多国家开始纷纷实行政治体制改革。而北非的利比亚在卡扎菲的统治下我行我素，不为邻国改革的风潮所动。同年，北约多国联军对卡扎菲统治的利比亚实行了空中打击，成功推翻卡扎菲政权，也造成该国的动荡

---

[1]　https://www.ceicdata.com/zh-hans/indicator/european-union/government-debt-of-nominal-gdp.

局面和大量的民众逃往欧洲避难。还是在 2011 年，位于中东地区、与塞浦路斯隔海相望的叙利亚受到"阿拉伯之春"的影响，反对派强烈要求巴沙尔·阿萨德总统下台而没有得到总统回应，爆发示威游行和大规模冲突。在以美国为首的外部势力的干预下，叙利亚政府军队、反政府的武装组织、伊斯兰教极端武装势力为了争山头，抢夺利益，纷纷加入冲突中，从而爆发了全面而又混乱的内战。为了躲避战乱和冲突，叙利亚民众纷纷出逃沦为难民。2012 年 7 月就有 20 多万名叙利亚人出逃，到 2018 年，难民的总人数超过 500 万人。

难民基本都是通过海运进入欧洲，地中海七国无疑是难民登陆的首选地，都面临巨大的接待压力。根据国际移民组织（IOM）统计，到 2015 年 12 月共有 100.55 万名难民到达希腊、西班牙、意大利、马耳他和塞浦路斯等国家。同年，接近 8 万名难民向法国政府提出政治避难。意大利难民人数在 2015 年达 15 万人。2016 年，进入希腊的难民人数超过 14 万人；由于经济发展缓慢等多种原因，西班牙在 2016 年以前并不是非洲难民的首选地，但是 2017 年意大利和希腊等国实行禁止难民船登陆的措施以后，有 2 万多名难民开始转向西班牙。葡萄牙情况与西班牙类似，在 2015 年，葡萄牙政府表示愿意接受从意大利和希腊等国家转移安置过来的 1 万多名难民。与意大利等其他国家相比，塞浦路斯和马耳他因为属于岛国，国土面积小，接纳难民人数有限，而且在此登陆后的难民无法直接通过陆路到达欧洲其他国家，转移安置较为困难复杂，因此，选择这两个国家的难民人数有限。到 2015 年，整个马耳他难民人数为 6000 多人；而塞浦路斯 2016 年和 2017 年两年相加，难民人数也只有 600 多人。

从难民危机开始，欧盟成员国之间存在较大的分歧。分歧主要在接受和分配难民两个方面。首先，以德国为首的北欧国家希望将在海岸线登陆的难民控制在南欧国家寻求庇护。但是南欧国家经济实力和接待能力有限，随着偷渡的非法移民大量涌入，期望意大利和希腊等这样的国家独自承担移民问题是不现实的。因此，欧盟提出非法移民和难民的转移安置问题，即"二次移动"方案。德法两国建议欧盟各个成员国更"公平"地分摊边检管控负担；2015 年，在德国总理默克尔的倡议下，欧盟提出向欧盟成员国摊派接收移民"配额"政策，但是遭到匈牙利、波兰、奥地利等国一致抵制。波兰总理莫拉维茨基以"触犯了成员国的自主决策权"为由公开反对欧盟提出的难民"配额"分摊方案。解决难民危机的困境在于欧盟成员国领导人各自为政，以自己利益为先，使得方案更复杂、问题更棘手。相对公平的方案或多或少会触及部分成员国的利益，必定会招致这些国家的抵触和反对。

因此首次地中海南欧七国联盟非正式机制峰会强调经济增长、社会责任和移民负担公平分摊等问题。希腊总理齐普拉斯认为，"欧盟国家都不同程度地受到经济危机和难民危机打击"，法国总统奥朗德在会上会下多次强调"经济增长是重中之重"，马耳他总理穆斯卡特期待"容克计划"（欧洲战略投资基金）的加倍注资以助力欧盟成员国的经济增长。七国领导人一致认为，该峰会的宗旨是加强地中海地区欧盟国家的协调与合作，体现欧盟框架下的地中海特色，给欧盟提供一个新思路，以应对移民、安全和经济增长问题，让欧盟变得更为强大。

会后发表的《雅典宣言》提出"保证欧洲内部和外部安全""加强地中海地区以及与非洲国家的合作""推动欧洲的增长与投资""加强青年项目建设"和"应对移民问题挑战"五项建议。

欧盟内部的北欧国家对地中海南欧七国联盟的峰会颇有微词。有些人认为这是希腊总理在"耍小把戏"，有人直呼"打起铺盖卷回家吧"，甚至有人说"社会党的领袖们大部分情况下都提不出什么太明智的方案"。尽管如此，希腊总理齐普拉斯在会后的记者招待会上强调，会议并不是要建立南欧阵线来反对北欧国家和分裂欧盟，而是要强化欧盟的"统一"，为加速经济增长、应对欧洲极右势力抬头以及处理难民危机的困境，提供一个欧盟框架下的南欧国家的新视角和新思路，旨在共同维护欧洲公民的安全及坚持自由、民主、法治、宽容和团结等价值观。

地中海南欧七国联盟峰会决定第二届峰会在葡萄牙首都里斯本举办。

地中海南欧七国联盟第二次峰会

2017 年 1 月 28 日，葡萄牙、法国、意大利、西班牙、希腊、塞浦路斯、马耳他南欧七国的领导人根据雅典峰会的决定，如期在葡萄牙首都里斯本举办第二届元首级峰会。出席会议的葡萄牙总理科斯塔、法国总统奥朗德、塞浦路斯总统阿纳斯塔夏季斯、西班牙首相拉霍伊、意大利总理真蒂洛尼、希腊总理齐普拉斯和马耳他总理穆斯卡特在为期一天的会议上继续探讨难民危机和责任分摊问题，但他们更加关注 2017 年国际上发生的重大事件和世界格局将产生的新变化，同时对于欧盟内部即将发生的分化事件进行了沟通和协商。

2016 年，国际政治舞台悄然产生新的变化。中国经济从高速增长模式向平稳、可持续发展模式转变。俄罗斯和巴西等新兴国家的经济受美元走强、资本外流、经济制裁等因素的影响，开始出现衰退迹象。中东地区形势依然动荡，尤其是经过 5 年战争的叙利亚在俄美两国政治和军事角力背景下不确定性和风险性加大。另外，国际舞台上发生了让人既感到意外又在"预料之中"的两件大事：英国脱欧和特朗普当选美国总统。

第一件大事，英国在当地时间 2016 年 6 月 23 日举行了脱欧公投，最终的计票结果显示，52% 的英国公民选择脱离欧盟，48% 的选民支持英国留在欧盟。2017 年 3 月 6 日，英国女王伊丽莎白二世批准脱欧法案，英国政府开始正式启动脱欧程序。第二件大事，美国总统大选结果于 2016 年 11 月 9 日公布，共和党候选人特朗普战胜民主党候选人希拉里，当选美国第 45 任总统。2017 年 1 月 20 日，特朗普在首都华盛顿国会山宣誓就职。

英国脱欧是让人感到意外的事件。因为第二次世界大战结束以后，英国的经济实力下降，政治影响力减弱，只有依附于天然的盟友美国为自己在国际舞台上挣得一份权力和谋得一席之地。当欧共体于 1991 年 12 月 11 日通过《马斯特里赫特条约》时，欧洲经济货币联盟和欧洲政治联盟产生。随着 1993 年 11 月 3 日《马斯特里赫特条约》的生效，欧洲联盟正式成立，英国也自然而然从欧共体成员国转变成为欧盟成员国。德国和法国是欧盟各项事物中的主要力量，常常被称为"双引擎"。而反观英国，尽管在国际政治和经济舞台上的作用相对弱化，但是作为第二次世界大战的战胜国，它仍然是欧洲具有政治和经济影响力的大国。因此，英国常常与德法联盟一起被称为欧盟的"三驾马车"。英国在欧盟中还有一个其他任何国家所无法替代的角色——与美国亲如兄弟的天然关系。每当欧盟的"双引擎"德法联盟与美国产生矛盾和分歧，英国会游刃有余地扮演调停和缓冲的角色。因此借助于欧盟，英国仍然能够在国际上保持其大国的身份。就这个层面的角度而言，英国脱欧确实令人感到意外。

但是，英国脱欧也是"预料之中"的事。因为从地缘政治的角度而言，英国独居大西洋岛国，一直与欧洲大陆保持着若即若离的关系，而且长期以来，英国对欧洲事务奉行不干预政策，这实际上是一种机会主义行为。欧盟的决策对英国本国没有利害冲突，英国采取"事不关己高高挂起"的态度。如果欧盟的政策和决定对自己不利，英国一定会捍卫自己的权利并保护本国的利益。英国坚持不加入欧元区就是一个例证。首先，英镑是英国国际贸易结算的工具，象征着国家主权。因此，英国上下一致认为必须保持英镑的独立性以维护大英帝国的主权地位。另外与欧盟大部分成员国相比，英国一般采取相对保守的经济政策，如果加入欧元区，英国的货币政策必须与欧元区的政策保持一致，就会像意大利等国家一样，维持虚高的利率政策而拖累英国的经济。

欧盟的贸易自由、资本和服务自由、人员流动自由三项原则也制约了英国贸易的独立性。因为英国一向主张全球自由贸易体系，而不是欧盟构建的区域自由贸易体系。也是因为三项原则，英国不得不容纳了来自后加入欧盟的东欧国家移民和偷渡到欧盟其他成员国而被转移过来的非法移民，加剧了社会问题。从欧债危机爆发以来，英国的疑欧势力逐渐占领上风，成为英国国内公共舆论的主流派。而欧盟其他成员国对英国的种种行为心生不满。不加入欧元区、不参加危机救助方案和不同意金融监管引起欧盟绝大部分国家的反对，这些国家认为不承担责任的英国脱欧并不是一件坏事。

第二件大事，特朗普当选美国总统。从特朗普获得参选资格到最终获胜当选美国第45任总统，让人大跌眼镜。2015年，年满70岁的特朗普以超级富豪、畅销书作者和真人秀节目主持人的身份参选，大多数美国人听到这个消息只是莞尔一笑，因为在美国人心目中，特朗普是童心未泯、拿选举做道具的客串演员，在选举的政治舞台玩票而已。

2016 年 7 月 19 日，特朗普获得美国共和党全国代表大会正式提名参加总统选举，所有人都感到意外。特朗普在竞选期间说，等他进入华盛顿后，就要把那些无能的政客统统解雇，甚至对国会也不会尊敬；而且在竞选纲领中，批评伊朗协议，支持在美国和墨西哥边境修墙的建议，提出"美国优先"和贸易保护等民粹理念。没有人认真对待他的政治主张，因为并不认为他会当选。

但是，特朗普的获胜也是"意料之中"的事情。一方面，对比希拉里的竞选口号"美国的希拉里"，特朗普的竞选口号"让美国更强大"更具有营销技巧。希拉里的口号是以自我为中心，"美国"两个字只是起到限定或修饰作用的形容词。这是政治家惯用的技巧，运用模糊性的语言，让听众用自己的想法和意愿来解读，以符合自己心中的预期。不过这样的表达往往在事后得不到满足的时候，会让人失望的同时产生极大厌恶，有点类似于"打官腔"。反观特朗普，他首先回避了用"我"这个单词，因此他的口号可以解读为"我们一起让美国更强大"。另一方面，他明确提出了自己让美国更加强大的任务和使命，是看得见和摸得着的"干货"，一下子就吸引了美国选民的眼球。而希拉里的口号中没有任何终极目标，只是一味强调领袖的人格魅力，和奥巴马的竞选口号"是的，我们行"、小布什的"是的，美国行"极其类似，都是宏大而又激励性的辞藻，是整个西方世界建制派中政治家的治理文化的现象折射。

其实，社会学家帕累托在《精英的兴衰》和《普通社会学纲要》中提出了精英循环的观点。他认为执政精英（建制派）和非执政精英（非建制派）的流动是维护社会平衡的必然结果，否则会造成社会剧烈的变革和动荡。法国总统马克龙、奥地利总理库尔茨、希腊总理齐普拉斯等当选，毫无疑问是建制派的胜利。欧洲民众并不反对现行的制度，而是对传统的左右两派执政精英的保守和官僚主义作风产生厌倦和厌恶，希望执政精英不要为维护自己的阶层而玩弄政治权术，要为国计民生服务。

同理，希拉里的落选也是如此，美国人民厌倦了传统的保守执政精英。其实，美国的民主制度的构建基础是旧大陆移民带来的制度和文化，但是正如托克维尔在《论美国的民主》中明确指出，美国有别于旧大陆封建世袭制，民主制度诞生于无秩序，也就是托克维尔所说的"混乱"。旧大陆强调社会的出身和社会等级的传承，而美国通过对旧大陆秩序的反思，提出了一种构建社会结构的新秩序：任人唯贤。有才华而又奋斗的人能够出人头地，一跃成为美国精英阶层。这也是特朗普能够当选的原因。

正是因为美国构建的新秩序，才能够造就特朗普这样的英雄人物。特朗普是非建制派，没有任何国家治理经验，但是他仍然是精英阶层，只不过是美国的经济精英。作为美国的成功榜样和大众偶像，他打破了美国和西方社会政治精英治理国家的格局。"英雄不问出处"是美国治理文化的特色，也是实用主义思想高于价值理念的表现。因此特朗普当选美国总统也是情理之中的事。

面对国际政治舞台的新情况，英国脱欧和特朗普当选美国总统毫无疑问成为地中海南欧七国联盟第二届峰会的重要议题。作为欧盟成员国，地中海七国领导人在一天的闭门会议上讨论了与欧盟有关的经济增长、非法移民、欧盟安全、英国脱欧等问题。

美国共和党候选人特朗普当选总统，是本次峰会的主要议题之一。特朗普在当选美国总统的就职仪式上提出"美国第一"和"美国优先"，华盛顿"每项贸易、税收、移民和外交决定都会为了美国工人和美国家庭的利益而做出"。整个世界对特朗普的典型贸易保护主义和实用主义思想感到震惊；而且在就职演说中，特朗普明确表示"会加固与旧盟友的关系，并建立新的联盟"。这是公开拒绝现行的国际规则，要建立一切以美国为中心的国际新秩序。

地中海七国领导人完全不能认同特朗普的想法，但也怀有一定的侥幸心理，认为这可能纯粹是为了选举的需要，像大多数激进的领袖一样，上任一段时间后会有理性的回归。因此，南欧七国领导人的回应相对温和，提出贸易政策应该建立在"公平贸易基础上，建立在业已存在的国家标准基础上，建立在维护现存的生活方式基础上"，并认为"贸易保护主义行为是对全球化的错误回应"。

对于英国脱欧，地中海七国领导人进行了长时间和全面的讨论。他们认为今天的世界面临日益增长的不确定性和不稳定性，欧盟国家只有步调一致，才能更加强大。因此，所有弱化欧洲的行为都不是好的选项。最后，地中海七国领导人一致强调，加大发展欧盟成员国之间的合作并致力于打造一个强大和团结的欧洲。至于与脱欧后的英国关系，欧盟将持开放态度，并积极与英国谈判，将英国打造成欧盟的亲密伙伴。

对于欧盟国家的就业、经济增长和社会凝聚力等问题，地中海七国呼吁欧盟领导人拿出具体可行的方案，要加强保护措施以应对恐怖主义和战争的威胁，通过欧盟体制改革和本着团结的原则，提高青年一代的文化和教育水平，以获得更美好的前程。

对于恐怖主义威胁和难民危机，地中海七国领导人一致认为必须与非洲国家，主要是地中海南岸的北非国家加强合作；同时，欧盟国家要加强责任意识和团结精神，修改欧盟的难民机制，使政策更加有效和融合，以防止地中海的欧洲国家承受更大的恐怖主义威胁和减轻接收难民的沉重负担。

对于希腊的债务问题，希腊与欧盟以欧元区所有国家的利益为基础进行了多轮谈判而达成一定的成果。地中海七国领导人一致呼吁在现有的成果基础上，在合适的时间解决希腊债务问题。

由于历史的原因，塞浦路斯政府由希腊裔控制，居住在占国土面积60%的塞浦路斯南部地区；37%的北部地区由土耳其裔的居民控制；3%为英国军事基地，维护塞浦路斯的安全与稳定。实际上，塞浦路斯一直处于南北分裂之中。由希腊裔控制的塞浦路斯政府代表南部地区加入了欧盟，成为欧盟成员国之一，受到欧盟其他成员国的支持和庇护。经过多轮谈判和协商，双方领导人同意在2016年底就统一问题进行磋商。因此，参加此次峰会的领导人经过商讨，一致表示根据联合国安理会的解决方案，支持塞浦路斯加快南北统一的进程。为此，在会议结束的记者会上，就下一届峰会举办的地点，地中海七国领导人只是宣布将在其中的某个国家举办。而不久，塞浦路斯政府宣布将在2017年10月10日在首都尼科西亚举办七国领导人峰会，欧盟与土耳其的关系是会议的主要议题之一。实际上，塞浦路斯希望地中海南欧七国联盟的领导人团结一致，向欧盟施压，促使土耳其出面与塞浦路斯的土族裔商谈和调解，加快南北统一的进程。但是，2017 年，伊斯坦布尔新年夜遭遇恐怖袭击，土耳其安全形势急剧恶化；面临选举，执政党信任度下降，而反对党支持率上升；外交上，由于土耳其坚持要求将政变头目葛兰从美国引渡回国而被拒后与美国关系疏远；土耳其长期以来与德国保持友好的关系，但是因为总统埃尔多安实行非世俗化政策和德国为土耳其政变未遂的人员提供庇护，两国关系交恶。在这种情况下，欧盟已经没有机会，也没有能力为塞浦路斯统一问题与土耳其展开对话和协商。此次峰会最后也就不了了之。

本次峰会对解决非洲难民危机、加强边境管控和应对恐怖袭击提出了相对具体的建议；对解决希腊和塞浦路斯的问题，也用地中海的视角向欧盟提出解决办法；尤其对英国脱欧的谈判和与欧盟关系的定位，表达了自己的看法；最后对美国的贸易保护主义思潮，援用时任法国总统奥朗德的说法，"欧洲不是贸易保护主义者，欧洲拥有自己的价值观和原则，其大门永远是开放的"。

地中海南欧七国联盟第三次峰会

2017 年 4 月 10 日，继里斯本峰会召开不到 3 个月的时间，地中海南欧七国联盟第三届峰会在西班牙首都马德里举行。西班牙首相拉霍伊、法国总统奥朗德、意大利总理真蒂洛尼、希腊总统齐普拉斯、马耳他总理穆斯卡特与塞浦路斯总统阿纳斯塔夏季斯出席了本次闭门会议。

地中海南欧七国联盟第三届峰会的举办具有较强的针对性。首先，2017 年 3 月 1 日，在布鲁塞尔召开的欧洲议会上，欧盟委员会主席容克公布了欧盟发展白皮书，书中提出英国脱欧后的 27 国欧盟的远景计划。具体有五个假设方案：更新和实施改革议程，深化单一市场，成员国加快某些领域的一体化，欧盟专注特定政策领域的一体化，全面推进一体化。2025 年 27 国欧盟计划方案是欧盟未来发展的意见稿。会上，欧盟轮值主席国马耳他总理穆斯卡特指出，欧盟目前产生的种种问题都是短视行为和保护主义造成的。容克呼吁欧盟成员国团结一致向下一代传递欧洲更加繁荣、安全和应对重大挑战的信息。

其次，就在 3 月 25 日，欧盟为纪念《罗马条约》签署 60 周年在意大利罗马举行特别峰会。除英国之外，27 个成员国的领导人和欧盟机构的负责人出席了峰会。会议围绕着"欧洲：我们的共同未来"的主题，探讨欧洲的未来和欧盟的前途。会议主要商讨了目前欧洲所面临的难民危机和恐怖袭击问题，探讨国际上的区域冲突加剧和贸易保护主义抬头问题，尤其是全球化发展中出现的经济和社会发展不均衡等问题。会上，27 个成员国的领导人共同签署了成果性的文件《罗马宣言》。该宣言呼吁建设"安全、稳定、繁荣、有竞争力、可持续发展和具有社会责任感的欧盟"，并希望遵守共同规则。

最后，4 月 29 日，欧盟 27 个成员国的领导人将举行首脑级会议，共同商讨欧洲理事会主席图斯克的脱欧指导方针草案，确定英国脱欧谈判的重大原则问题并发表共同宣言。作为欧盟轮值主席国，马耳他总理穆斯卡特做开幕式致辞。

正是在这种背景下，地中海南欧七国联盟的领导人聚会马德里，就英国脱欧后可能产生的不良影响以及欧盟一体化发展等问题进行商讨。七国领导人一致认为应该加强欧盟的内部团结，共同应对区域内部的变化与挑战；呼吁欧盟成员国在难民危机、经济增长、社会发展和共同防务领域加强合作；与英国的脱欧谈判，必须与移民问题、经济和社会政策问题以及防务问题一样，要具体地讨论和落实，而不是笼统的解决方案。本次峰会没有发表宣言，而是以公报的形式向外界宣布地中海南欧七国联盟"在历史的关键时刻，发出团结和行动的信息，以促进欧盟一体化发展"。其实，就是希望在 4 月 29 日布鲁塞尔举办的欧洲理事会之前，在欧盟框架下，以地中海的视角表达七国的愿望。

地中海南欧七国联盟第四次峰会

2018 年 1 月 10 日，地中海南欧七国联盟第四次峰会在意大利罗马举行，意大利总理真蒂洛尼、法国总统马克龙、希腊总理齐普拉斯、西班牙首相拉霍伊、塞浦路斯总统阿纳斯塔夏季斯、葡萄牙总理科斯塔和马耳他总理穆斯卡特参加了此次峰会。

本次峰会的七国领导人主要关注的依然是难民危机问题。他们在为期一天的会议上，更多地探讨欧盟的难民政策调整的可能性，以便更加合理地安置移民。对《都柏林公约》的有关规定提出修改建议，旨在公正安置移民和共同承担相应的责任。位于地中海海岸的希腊和意大利两国由于地理位置距西亚和非洲最近，因此成为海上偷渡难民的第一落脚点，在接待蜂拥而至的难民时不堪重负。两国一直向欧盟的其他成员国呼吁，整个欧洲必须共同承担责任，分摊难民接待工作，并推行一致的移民政策。尽管在2015年9月，欧盟成员国各国领导人就难民分摊政策达成相应的协议，不过还存在较大的分歧，相关措施并没有得以切实实施。

另外，在打击非法移民、加强安全保障方面，欧洲人应当为自己的安全承担更大的责任，在打击恐怖主义方面做更多事。七国领导人认为，保卫欧洲国家对保护公民和维护欧盟完整性具有重要意义。

目前，欧盟发展的难题包括经济与货币联盟面临改革，与会领导人表示，地中海七国将加强在欧盟内的经济和金融一体化。经济发展与公民社会福利一起抓是发展欧洲一体化的重点方向。欧洲应努力应对地区和全球性挑战，尤其要关注地中海、非洲和邻近欧洲的东方地区。民主、稳定、繁荣的环境是欧盟的战略重点和根本利益。

此外，欧洲七国领导人表示支持按照以尊重塞浦路斯独立性和领土完整性为原则的国际决议解决塞浦路斯问题，塞浦路斯的欧盟成员国身份是最好的保证。南欧七国还商定在塞浦路斯召开下一届峰会。

对于特朗普执政和英国脱欧等风云变幻的国际形势，地中海七国领导人一直强调欧盟更应该加强凝聚力。

应该说，本次峰会的议题与以往的峰会没有太多变化，也没有提出新的举措。一个原因是在难民危机和打击恐怖主义等问题上，欧盟在努力协调，虽然工作推进并不顺利。另外一个重要的原因是地中海南欧七国联盟的领导人增添了一位新面孔，就是法国新当选的总统埃马纽埃尔·马克龙取代了前总统奥朗德。从地中海南欧七国联盟第一届峰会至今，七国领导人都是来自各国的社会党，他们在意识形态和价值理念方面趋同，有着天然的认同感。因此在很多议题上，他们的意见往往是不谋而合的。法国新当选的总统马克龙被认为是"跨越左右之分"的年轻的政治领袖。既不左也不右的执政理念，使传统的社会党领袖既感到困惑又无法理解。因此面对这种不确定的新情况，其他六国的领袖可能更希望通过本次峰会来认识和了解年轻的法国总统。出于谨慎的原则而没有提出有关的新方案和新举措。

2017 年 5 月 7 日，"前进"运动候选人埃马纽埃尔·马克龙在法国总统选举第二轮投票中获得超过 65% 的选票，战胜"国民阵线"候选人玛琳娜·勒庞，当选新一任法国总统。年仅 39 岁的马克龙成为法兰西第五共和国近 60 年历史上最年轻的总统。2016 年 4 月，他成立号称"跨越左右之分"的"前进"运动。2016 年 11 月 17 日，马克龙正式宣布投身总统竞选，他承诺将领导一场"人民民主革命"对抗"空洞的"政治体系，摆脱野心政治家的利己主义。

非左非右的马克龙总统属于中间派，是走中间道路的政治家。他和美国总统特朗普有着较大的区别。特朗普总统属于非建制派，既没有做过州长，也没有在华盛顿工作的经验。他只是来自商界的精英，但是属于非执政精英。而马克龙总统在奥朗德政府中曾经担任过两年的经济部部长，因此他属于执政精英，也就是所谓的建制派。与特朗普不同，他不是商界精英，而是政治精英。西方传统的政治精英都会根据自己的价值理念选择左派或右派作为奋斗的大本营。法国的左派以社会党为首，右派以保卫共和联盟和法国民主同盟为首，另外还有一个既不赞成左派也不认同右派的中间派。中间派一般只赞成或认同左派或者右派的部分理念和观点。

但是，作为建制派的政治家马克龙走的是实用主义的中间派路线。他是建制派中的改良派，力图突破传统的左右治理模式。在竞选期间，他强调，"我来自左翼政府，但是我也愿意与所有倾向右翼的人士工作"。今天的法国没有"左""右"之争，调和左右的中间路线能够为法国面临的难题寻求"新构思"。其实，这种中间路线的选择旨在整合左派和右派中的摇摆力量，加上中间选民的支持而成为战胜右派共和党和左派社会党的利剑。

作为中间派，马克龙总统在担任经济部部长时就表现出实用主义的性格。他上任后制定了《促进增长和经济活动法案》和《新工业法国》两个文件。前者是短期规划，旨在通过进一步解除基础设施中的铁路、公路建设和运营定价权限的管制而释放运输行业的活力，扩大技术外溢效应，带动相关产业的发展，提高法国企业的竞争力。后者是一个中长期规划，将人工智能、环保汽车、网络技术、新医药、新资源、可持续发展城市等9个新兴领域作为法国优先开发的支柱产业，与德国的"工业4.0"对接。在促进增长方面，马克龙表现出既有理想又务实的精神。

虽然马克龙总统突破了法国传统的左右壁垒的政治格局，但是在对待法国与欧盟关系的问题上，与法国极右的"国民阵线"领袖玛琳娜·勒庞反对全球化和反对欧盟的观点大相径庭，马克龙毫无保留地赞成左右两党支持欧盟建设的态度。玛琳娜·勒庞认为"全球化"和"欧盟"不利于法国经济发展，是造成目前法国各种社会问题的根源。法国必须模仿美国总统特朗普"美国第一"和"美国优秀"的政策，在地中海边境阻隔非法难民的入境和实施贸易保护主义。代表极左价值理念的梅郎雄认为，马克龙是经验阶层的代表，是投资银行的代言人，是奥朗德总统的继承人，并不能代表受全球化和欧盟体制危害的法国社会的底层，只有他本人才能代表法国大多数人的心声，将法国带回传统的体制。而马克龙的主张与传统左右两党的世界观和欧洲观一脉相承，对全球化和欧盟一体化持积极和乐观的态度，尽管他主张欧盟需要进行相应的改革，但是更强调欧盟的作用和德法双引擎在欧盟中的重要性。

面对法国的新情况和打破传统左右格局的马克龙总统，地中海南欧七国联盟属于社会党派文化的其他六国领袖采取了谨慎的策略，相对淡化地中海视野的特色，而是继续探讨业已启动的各项议题，试探法国新总统的态度。

第五节　联盟的特点

一方面，地中海南欧七国联盟是一种松散的、非正式的组织，并且被纳入欧盟一体化的框架内，并不是一个独立于欧洲联盟以外的机构。

在欧盟框架下建立非正式对话机制的目的是通过七国领导人的协商，提出促进七国经济振兴的政策；在欧盟峰会召开前夕，七国首脑聚集商谈所面临的问题和挑战，协调地中海七国的观点，用一个声音向欧盟峰会提出自己的见解和建议，以更好地促进欧盟未来的发展。比如，面对英国脱欧可能造成欧盟的分化，七国首脑在峰会后发表的联合声明中明确表达进一步强化欧盟的团结和合作的愿望；面对难民问题，一致提出促进《都柏林公约》①的改革，强化安全措施以保护边境和管控移民危机。

实际上，早在七国元首对话机制形成之前的 2014 年 4 月 16 日，地中海南欧七国外交部部长在西班牙东部城市阿利坎特开会，就签署了一份联合声明。声明再次重申欧盟与移民原籍国和移民过境国加强合作的必要性，重申欧盟需要增加资金和技术手段，应对移民危机。原因是这七个国家位于地中海沿线或大西洋海岸线，是非洲尤其是北非移民的最前沿，承载着比欧盟成员国更大的政治、经济和社会压力，因此地中海七国希望在欧盟的框架下，面对新产生的问题，七国协商和讨论，达成共识，向欧盟委员会提出自己的建议，以期为强化欧盟合作和新情况下采取应对措施给出合理的方案。2014 年在西班牙召开的部长级会议无疑为地中海南欧七国对话机制打下了基础。

另外，地中海南欧七国联盟国家的治理模式、经济模式、社会模式和文化模式具有相似性。

首先，地中海七国的治理模式虽然呈现一定的差异，但具有相同的特点。法国采取总统制和议会制之间的半总统制，西班牙采取议会君主制，葡萄牙采取议会制共和制，希腊实行总统议会共和制，塞浦路斯实行总统制共和制，而马耳他采用议会制共和制。可以看出，这些国家的政治制度和治理模式尽管叫法略有区别，但是基本上都采取议会共和制度。这些国家属于古希腊、古罗马文化区域，其政治治理模式传承了最早的希腊-罗马民主政治文化。它们反对"君权神授"，提倡"天赋人权"和"主权在民"的

---

① 《都柏林公约》属于欧盟法，确定难民在日内瓦公约下寻求政治避难的申请流程。公约旨在确定哪个欧盟成员国负责特定的寻求避难者，以确保有一个成员国处理避难申请。

思想。采用普选制的程序选举代表组成代议机构来行使管理权力。为了制约和制衡民主代议制中的行政权力，提出三权分立的思想，将立法权、司法权和行政权委托给三个不同的机构行使，使之相互监督、制约和抗衡，以防止专权。总之，民主代议制的核心思想是通过"法制"来实行国家的治理，其政治制度的特点是提倡公民自由权，但是自由权受到法律的约束。任何个体，无论其社会地位如何，都有表达其观点的权利，但是他的行为必须受到法律制度的约束。政府机关、立法和司法机构的组成和权力的行使也必须遵守法律。

其次，地中海南欧七国的经济发展模式有所不同，但是也有许多类似之处。七国中的经济大国法国、西班牙、葡萄牙、希腊和意大利都采取的混合经济模式，强调市场调节和政府干预并行的双轨制。以法国为例，其工业体系和金融体系的市场制度非常完善。在自由竞争领域，中小型企业和传统的家族企业按照市场法则运行；在关键部门，尤其在垄断行业，大型的国有企业、私营企业和混合经济企业控制着市场。这意味着在关键部门和垄断行业中，国资或政府参股具有一定的权重，政府对社会经济的运行起着指导性的作用。近年来，面对结构调整和经济危机，地中海七国都在不同程度上加快私有化和国有股份减持的步伐，以解决效率和经济发展滞胀问题。

再次，地中海南欧七国的社会结构也有相似之处。社会结构有不同的要素。但是，经济基础、城市化发展、社会保障制度和由于经济的迅速增长和城市化发展，在由资产阶级、中产阶级和工人阶级组成的工业化国家的基本社会阶层中，中产阶级占绝大部分。像法国和意大利这样的发达国家，中产阶级占80%左右。另外，20世纪以来，这些国家都实行了社会保障制度，一方面，保障了弱势群体的基本生活权利，另一方面，缩小贫富差距，遏制了社会等级分化。还有，在这些国家实行每个公民都享有受教育的权利，任何一个人，无论来自哪个社会阶层，只要通过自己的努力，就可以接受良好的教育，从而改变自己的社会身份或提升社会地位。教育的公平性有利于打破社会阶层的固化。

最后，地中海南欧七国在文化方面具有相似或相同的特点，应该说，地中海南欧七国的文化根源来自希腊－拉丁地缘文化。这种文化的主要特征为：传承了古希腊、古罗马文明，普遍使用拉丁字母，绝大部分居民信奉天主、耶稣、圣母等神，将教堂作为精神圣地。

希腊文化是地中海南欧七国的文明之根，始于克里特和迈锡尼文明，从公元前800年到公元前146年，持续了650年。在罗马帝国和拜占庭帝国的冲击下，出现拉丁文化。拉丁文化实际上是古希腊到古罗马发展和演化中形成的一种地域文化。古希腊文化属于地域文化族群，政治制度的构建具有典范效应。其主要表现是建立民主制度治理城邦，如陪审团制度和法律制度，主张城邦公民人人平等，鼓励所有的人都参与国家治理。古罗马文化学习和传承了古希腊文化的语言、艺术、哲学、神话、建筑等内容。以神话为例，古罗马基本将古希腊神话原封不动地移植到自己的文化里。在文学方面，古希腊人博采众长，引入并融合了史诗、诗歌和悲喜剧等多种形式的文学体裁。在建筑方面，神殿和剧场构成了古希腊人的精神生活寄托的圣地和场所。古希腊的建筑风格受拜占庭影响，希腊式的十字、拜占庭式的柱头和围绕中央圆顶的小圆顶。在科技发展方面，从古希腊人就开始了生物、几何、历史、哲学、物理等学科研究。

第二章

地中海七国之间的关系

第一节　法国与六国的关系

法国与意大利

法国与意大利在历史上保持了多年的紧密关系，两国都是欧洲共同体的创始成员国，也是八国集团和北约组织的成员。自 1982 年以来，每年一度的双方首脑会议使两国的合作正式化。[①] 在经济交往方面，法国和意大利互为对方的第二大贸易伙伴。[②] 意大利是法国的第五大投资者，仅次于美国、德国、英国和瑞士。意大利还支持法国在金融监管和加强全球机构体系效力等关键领域的工作。两国之间的文化交流关系更是历史悠久。法语是意大利除英语之外学习人数最多的语言，全意大利有约 30 家法语联盟培训机构，1998 年两国政府在佛罗伦萨签订成立"意法大学"的合作协议，旨在加强欧盟大学和研究教育体制的一体化。同样作为历史文化悠久的欧洲国家，两国在文化艺术领域的交流覆盖了电影、舞蹈、戏剧和音乐等众多领域，且两国著名教育机构之间的合作交流非常丰富。

法国与西班牙

法国与西班牙之间的关系紧密而多样化，法国总统与西班牙首相每年

---

① 法国外交部网站，http://www. diplomatie. gouv. fr/en/country-files/italy/france-and-italy/polit-ical-relations – 6992/。

② 法国外交部网站，http://www. diplomatie. gouv. fr/en/country-files/italy/france-and-italy/eco-nomic-relations-6993/。

举行政治首脑会谈。法国内政部在西班牙成立了第一个海外网络，双方的合作堪称典范，尤其是在联合打击恐怖主义方面。

在经济方面，两国的联系更加紧密：2016 年两国经济贸易总额超过600 亿欧元，较 2015 年上涨 6%。① 法国是西班牙的第一大贸易进口国，也是西班牙第二大投资国，有超过 2000 家法国企业在西班牙开设分支机构。西班牙是法国的第二大贸易进口国，西班牙有超过 1300 家公司在法国设立办事处。两国之间的相互连接设施近些年不断完善，目前已建成两条高速铁路，并于 2010～2015 年开发了两条海上线路。

双方近年来在人文交流方面的合作也不断加强。在高等教育国际交流方面，法国是接收西班牙留学生人数第二多的国家，法语是西班牙学习人数第二多的外语；西班牙目前是接收法国留学生最多的国家，西班牙语也是目前在法国学习人数第二多的外语。西班牙通过国内的 22 家机构接收法国留学生。2016 年两国通过《高校无壁垒》（université sans murs）协议建立了两国高校之间的合作网络。

法国与葡萄牙

法国与葡萄牙在各个领域保持着良好的双边关系，近年来，两国的双边对话更加紧密。很少有国家能像葡萄牙一样在文化上如此接近法国，并且葡萄牙一直支持法国的外交活动。近段时间以来，两国在关于税收、语言学、教育以及健康领域签署协议的商谈变得更加越来越多。双方高层交流频繁，如法国总统埃马纽埃尔·马克龙和葡萄牙总理安东尼奥·科斯塔在巴黎会晤，就欧洲未来和深化经济暨货币同盟达成一致。

法国与葡萄牙之间的经济合作势头良好，法国是葡萄牙的主要贸易伙伴之一，并在 2016 年成为葡萄牙第二大产品和服务出口国与第三大产品和服务进口国，两国贸易额接近 100 亿欧元。葡萄牙对法国一直处于贸易逆差地位，但 2010 年以来葡法贸易开始转向平衡，葡萄牙对法国开始出现贸易顺差。

---

① 法国外交部网站，https://www.diplomatie.gouv.fr。

法国与希腊

法国与希腊有着深厚的文化和历史渊源。古希腊殖民地包括前罗马高卢地区，其中最重要的城市就是今天的法国马赛。古希腊文化在殖民期间传到法国南部沿海并向内陆延伸。高卢人在公元前 3 世纪入侵过巴尔干半岛。中世纪时，法国十字军于拜占庭帝国解体后在希腊设立了亚该亚公国和雅典公国。法国大革命直接影响了希腊的现代启蒙运动，成为希腊独立战争的思想基础。

双边现代外交关系自 1833 年建立以来持续发展。① 两国在两次世界大战、朝鲜战争和冷战期间都是盟友。目前已形成强有力的特殊关系，双方于 2015 年正式确定为战略伙伴。

法国在雅典设有大使馆，在萨洛尼卡设有总领事馆。希腊在巴黎设有大使馆，在马赛设有总领事馆，另有 11 个名誉领事馆。目前两国同是欧盟、联合国和北约成员国，并在许多其他国际组织中进行合作，如法语国家组织、欧洲安全与合作组织、世界贸易组织和地中海南欧七国联盟。两国间高层互访频繁，其中有 3 位法国总统（戴高乐、萨科齐和奥朗德）在希腊议会上发表过演讲，除此以外仅美国有 2 位总统在此演讲过。

双方在许多领域包括文化、科学、司法和军事等方面都有长期合作。2009 年以来，法国持续对希腊针对其债务危机的改革和随后的难民危机提供援助和支持。②

贸易方面，两国一直以来的双边贸易规模较小，但希腊是法国在欧元区的第一出超国和欧盟的第二出超国。③ 法国也是希腊的第四大投资国。文化方面，雅典的法国学校成立于 1846 年，萨洛尼卡的法国研究所创建于1907 年，是法国在国外最早建立的研究所。2016 年和 2017 年举办了两届法希商业与创新论坛。目前约有 35 万名希腊人在法国，主要居住在巴黎、

---

① https://gr.ambafrance.org.

② *Images France/Grèce*，http://basedoc.diplomatie.gouv.fr/exl-php/vues/commun/pays_PRESSE_internet.php? pays = grece.

③ http://wits.worldbank.org/.

马赛和格勒诺布尔。①

法国与马耳他

法国与马耳他的政治关系一向保持良好，自马耳他加入欧盟以来，两国的关系变得更加紧密。总的来说，无论对于中东还是阿拉伯联盟，法国对阿拉伯国家的态度都被认为是有建设性的，法国对地中海地区所做的贡献也被马耳他所称赞。在欧洲层面，两国的共同愿望是引导欧洲实现经济增长和团结。除了在欧元区的金融交易税的问题上有所分歧，在欧洲其他问题上法国和马耳他的立场基本一致。法国的国家行政学院在 2016 年还成功地为 300 名马耳他的公务员提供培训，帮助马耳他为首任欧盟理事会轮值主席国做准备。

虽然法国只作为马耳他的第四大贸易伙伴排名于埃及、德国和意大利之后，② 在马耳他的投资也不多，但法国对马耳他的经济发展起了至关重要的作用：意法半导体（STMicroelectronics）③ 是马耳他最大的雇主和岛上最大的出口商（占马耳他全国出口量的 50%），与法国达飞海运集团（CMA CGM）④ 经营着马耳他的商业港口（占地中海集装箱运输量的12%）。自 2008 年以来，法国几家金融行业的公司相继在马耳他建立起来，标致雪铁龙集团（法文：PSA Peugeot Citroen）、法国汽车生产商雷诺公司（Renault）旗下雷诺国际信贷银行（RCI Banque）、欧诺（Oney）保险业务部以及多家法国首都在线博彩公司。在电信领域，阿尔卡特是法国领先的电话运营商 Go 的工业合作伙伴。2011 年 1 月，耐克森（Nexans）赢得了价值 1.78 亿欧元的合同，安装水下电力电缆将马耳他电网连接到欧洲电网。自 2013 年以来，Yves Rocher、Kiabi 和 Habitat 几个法国品牌相继

---

① Déclarations de politique étrangère, http://basedoc. diplomatie. gouv. fr/exl-php/cadcgp. php?
② http://www. alliancefr. org. mt/.
③ 意法半导体是一家国际性的半导体生产商，总部位于瑞士日内瓦。
④ 达飞海运集团是一家法国集装箱承运公司，由黎巴嫩裔法国人 Jacques R. Saadé 于 1978 年成立。达飞集团是世界上第三大集装箱运输公司，往来于 150 个国家 400 多个港口的 170 条航线上，总部位于法国马赛。

在马耳他获得认可。最终，法国公司将会把马耳他视为进入马格里布市场的基地。

法国在马耳他的法语传播主要依靠马耳他的法语联盟进行，该联盟每年接收 800 名学生。① 法语教学在马耳他遇到的最大阻力是学生们的语言环境是以英语为主的。法马两国之间的高校合作并不多，马耳他大学是法国南锡第二大学的合作伙伴，学生之间的流动却并不多，比起法国，马耳他的学生会更多地选择去意大利或英国留学，因此法国建立了奖学金项目来吸引更多留学生。

在科技领域，法国国家研究中心在马耳他设立了一个区域办事处，并于 2011 年实施了名为"气象学"（Mistrals）的研究计划，旨在与马耳他共同建立一个欧洲 – 地中海研究区域。

法国与塞浦路斯

近几年来，法国与塞浦路斯之间的关系越来越紧密，塞浦路斯于 2004 年加入欧盟，两国之间加强了更高层次的战略对话，塞浦路斯也成了法语国家国际组织中的正式成员。在塞浦路斯分裂问题上，法国支持塞浦路斯共和国与塞浦路斯土族帮共同努力，按照联合国安全理事会的决议并遵守欧盟法律的规定，寻求以两族联邦制的形式来实现重新统一，找到公正和可持续的解决办法。②

自塞浦路斯加入欧盟以来，法国通过对其加大直接投资和加强出口来促进两国之间的经济发展。其中法国的对外投资额大幅度提升，几乎涉及所有行业：保险（法国国家人寿保险公司 CNP）、银行（法国巴黎银行 BNP-PARIBAS）、超市（家乐福 Carrefour）、环境（法国电力部门 EDF）、奢侈品（路易威登精品店 boutique Louis Vuitton）、农业（法国仓库 French Depot）、建筑和基础设施。在基础设施领域，法国在对拉纳卡和帕福斯国际机场长达 25 年的建设和管理中，总投资额高达 6.5 亿欧元，是塞浦路斯

---

① https://mt. ambafrance. org/-Cooperation-et-Action-Culturelle-.
② http://basedoc. diplomatie. gouv. fr/exlphp/vues/commun/pays_PRESSE_internet. php? pays = chypre.

有史以来接受过的最大投资。

法国与塞浦路斯的文化合作传统久远，塞浦路斯的学生从中学起就将法语作为必修外语课程。自 2006 年塞浦路斯成为法语国家组织成员以来，法国当局更是重视其法语学习的重要性，并同时在教育、高校和科学领域开展合作。2012 年 9 月法国 – 塞浦路斯高中的开设是双方合作的又一成果，这所三语（法语、希腊语、英语）学校接收塞浦路斯学生，他们可以参加法国和塞浦路斯的高考，并进入法国、塞浦路斯或希腊的大学。在高等教育方面两国同样合作密切，拥有 350 名塞浦路斯留学生的法国，在塞浦路斯人评选的世界上最受欢迎的留学国家中排名第四。[①]

第二节　西班牙与六国的关系

西班牙与法国

西班牙与法国的合作相较于其他国家而言，是合作中的典范。两国在政治、经贸、人文交流等方面深入合作。政治互信方面，西班牙首相与法国总统每年举行政治首脑会谈，实现了机制化。在联合反恐方面是各国合作中的典范。法国内政部在西班牙成立了第一个海外网络。

西班牙与马耳他

西班牙与马耳他于 1977 年建立了外交关系。西班牙在马耳他 Ta'Xbiex 和 Balzan 的文化中心设有大使馆。西班牙大使表示西马两国均有巨大的发展潜力，双边关系平稳发展，两国对全球议程的问题有类似分析，并与地中海国家有共同的目标。2010 年，双方在不同领域签署了 10 个合作协议，为两国关系提供了良好的制度基础。2009 年西班牙国王访问马耳他，启动了西班牙马耳他新商会。新建立的西班牙马耳他商会有助于加强双方在经贸领域的联系和合作。马耳他企业可以瞄准西班牙超过 4500 万名消费者的市场。

---

① http://basedoc. diplomatie. gouv. fr/Traites/pays_TRAITES_bilateral. php? pays = chypre.

2010 年以来，两国在人文交流领域不断推进新计划。在马耳他的公立学校西班牙语作为第二语言，同时西班牙大使馆在财政上支持西班牙马耳他文化中心的相关活动。马耳他大学西班牙语专业为西班牙语和西班牙文化在马耳他的推广开展了基础性的工作。由于西班牙教育部提供的奖学金，2009 年，西班牙有 1 万名大学生前往马耳他学习英语，5 万名游客前往马耳他度假，10 万人前往马耳他的大港参加游轮的航海旅行。[①]

西班牙与葡萄牙

西班牙与葡萄牙两国覆盖了伊比利亚半岛的大部分，因此双方关系有时被称为伊比利亚关系。近年来，双方关系密切、友好，在打击贩毒、森林防火等方面广泛开展合作。两国签署了《阿尔布费拉公约》，即共享杜罗河、塔霍河和瓜迪亚纳河等跨界河流的协议，对公平使用水资源和环境保护问题做出了规定。2016 年，葡萄牙是西班牙的第六大进口来源国，占西班牙进口总量的 4.0%，进口额达 122 亿美元。2016 年西班牙向葡萄牙的出口总额达 241 亿美元。在人文交流方面，两国共享半岛在科学、技术领域的资源，从太空探索、高校合作到网络连接，双方在第二十九届西班牙－卢森堡首脑会议上发表联合声明，启动了以大西洋为中心的科研基础设施的研发、高级培训和加强计划，旨在建立大西洋国际研究中心（AIR Center）的倡议，以促进两国研究人员和专家在空间、海洋观测、能源和气候变化领域的合作、培训和流动，以及加强和管理科学与技术的发展，以期两国共同参与建立大西洋国际研究中心。

西班牙与意大利

两国在意大利统一后建立了外交关系。两国在政治、文化和历史方面保持了几个世纪的强大和友好关系。近年来，双方加强高层互访，2017 年

---

① http://www.independent.com.mt/articles/2010 – 06 – 14/local-news/Interview：-Strengthening-Ties-between-Spain-and-Malta – 275974.

意大利外长与国际合作部部长安吉利诺·阿尔法诺前往马德里与西班牙外交部部长就巩固意大利与西班牙良好的经贸关系进行商讨，2018 年意大利外交部秘书长艾莉莎贝塔·贝罗尼访问马德里，旨在为意大利和西班牙在战略领域加强合作进行沟通。①

2016 年西班牙对意大利进口额达 255 亿美元，出口额从 1995 年的 80 亿美元增长至 2016 年的 253 亿美元，仅 2009 年、2015 年经历小范围下降，其余年份均稳步增长。② 2016 年，为促进意大利产品在西班牙的推广，意大利驻西班牙政府推出一系列题为 "IT makes Es" 的项目，该举措得到了西班牙所有意大利商业机构的支持。此举是促进意大利海外综合战略的一部分，由意大利外交部发起，名为 vivere all' italiana。

在人文交流领域，2017 年，意大利文化研究所在马德里举办以 "小乌托邦" 为主题的展览，该主题展览以意大利外交与国际合作部的名义举办，旨在促进意大利建筑风格在西班牙的传播。该研究所在西班牙举办了多场意大利设计师的个人展览。

西班牙与希腊

西班牙在雅典设有大使馆，并在塞萨洛尼基设有名誉领事馆。两国均为欧盟、北约、欧洲安全与合作组织、经济合作与发展组织（简称经合组织）、地中海南欧七国联盟和联合国的成员国。西班牙地中海沿岸部分地区在古代被希腊人殖民化，中世纪后期希腊部分地区受到阿拉贡的统治，此外，希腊塞法迪（sephardi）犹太社区，特别是塞萨洛尼基的犹太人，传统上均讲犹太 – 西班牙语。2016 年西班牙对希腊的进口额达 135 亿美元，西班牙对希腊的出口额达 386 亿美元。两国经贸往来在 2007 年、2013 年达到两次高峰。③ 由于两国面临共同的非法移民问题，因此保持加强合作并有效对抗地中海地区非法移民的压力是双方切实合作的基础。

---

① https://www. esteri. it/mae/en/sala _ stampa/archivionotizie/comunicati/2017/02/spagna-il-ministro-alfano-a-madrid. html.

② https://atlas. media. mit. edu/en/visualize/tree_map/hs92/import/esp/ita/show/2016/.

③ https://atlas. media. mit. edu/zh/visualize/stacked/hs92/import/esp/grc/show/1995. 2016/.

在人文交流领域，近年来希腊的西班牙语学习掀起了新热潮，雅典塞万提斯学院西语学习者及参加 DELE 考试人数呈现井喷式增长，此外希腊还开设了众多提供西语语言研究的私人和公共中心。自 2006 年起，希腊中学生可将西班牙语作为选修科目。

西班牙与塞浦路斯

西班牙王国与塞浦路斯共和国于 1967 年建立外交关系。西班牙在尼科西亚设有大使馆和名誉领事馆。两国在 1968 年签订交换废止签证协议的注释，于 1980 年签订文化、教育和科学合作协定，1999 年签订国际公路运输协定，2007 年签订关于合作打击有组织犯罪的协定以及外交与合作部加强合作议定书，2008 年签订塞浦路斯共和国外交部和西班牙王国外交与合作部允许使用其他签署国在第三国领事馆的设施和基础设施的谅解备忘录。[①] 2016 年西班牙对塞浦路斯的进口贸易额达 287 万美元，出口额达 340 万美元。2006～2009 年为西班牙的进口贸易高峰期，其中，2007 年进口额达 326 万美元。2018 年前四个月，西班牙至塞浦路斯的旅客人数达到 2240 人次，2017 年西班牙入境人数为 6927 人，达到自 1998 年有统计数据记录以来的峰值，比 2016 年增长 42%。[②]

第三节　葡萄牙与六国的关系

葡萄牙与法国

葡萄牙与法国的双边关系十分友好，近年来双边对话大大加强。葡萄牙和法国在文化上极其相似，葡萄牙一直支持法国的外交活动，双方高层交往频繁。

---

① http://www.olc.gov.cy/olc/olc.nsf/all/10493CA49F4DD93BC22575D70033E627/ $file/SPAIN. pdf? openelement.

② http://www.mof.gov.cy/mof/cystat/statistics.nsf/services_71main_en/services_71main_en? OpenForm&sub=1&s.

葡萄牙与法国的经贸关系继续保持良好势头，法国是葡萄牙主要的贸易伙伴国之一，2016 年法国成为葡萄牙第二大产品和服务出口国以及第三大产品和服务进口国，双方贸易额接近 100 亿欧元。葡萄牙一直对法国处于贸易逆差，但 2010 年以来葡法贸易开始转向平衡，葡萄牙对法国开始出现贸易顺差。2016 年葡萄牙对法贸易顺差约为 10 亿欧元。葡萄牙与法国都认识到双方经贸交流的重要性，一直保持紧密联系。

葡法两国的人文交流与合作主要体现在科研、教育、语言和文化传播等领域。科研方面的合作主要针对生命健康科学、纳米科学和纳米技术以及海洋学和海洋科学。教育方面主要针对两国之间的学生交流项目。而文化传播主要针对的是葡法两国重大的文化节日，如法国电影节期间，近 30 部法国电影在葡萄牙 20 多个城市放映。

葡萄牙与西班牙

葡萄牙与西班牙两国关系十分友好，高层往来频繁。葡萄牙与西班牙同属伊比利亚半岛，历史上葡萄牙和西班牙共同经历了对北非摩尔人的战争和专制独裁统治。现今两国都走上了民主化道路，同是欧盟、欧元区、申根区、北约的成员国，共同打击毒品、森林防火等问题，共同面对欧债危机和欧洲难民问题。葡西两国关系十分密切，希望通过传统盟友和新盟友的关系来恢复两国对欧洲的影响力。

葡萄牙和西班牙在经贸关系方面非常密切。2016 年西班牙是葡萄牙产品出口的第一大目的地，出口总额 146 亿美元。西班牙同时也是葡萄牙进口产品第一来源国，进口总额达 222 亿美元。近年来，葡萄牙对西班牙的出口一直保持增长趋势，进口稍有减少，但葡萄牙对西班牙的贸易一直处于逆差地位，2016 年逆差额约为 76 亿美元。

葡萄牙与西班牙的人文交流丰富，人文合作在多领域、多层面进行。2009 年两国联合申办 2018 年和 2022 年世界杯。葡萄牙十分支持与西班牙的 2007 ~ 2013 年跨境文化合作项目。葡萄牙、西班牙、意大利的科研、创新机构于 2016 年 5 月在罗马举行会议，评估每个国家科研、创新体系的状况和表现。同时，葡萄牙与西班牙近年来的高校师生交流不断，为葡西两国的教育事业发展做出了贡献。

葡萄牙与意大利

葡萄牙与意大利建交后双方保持友好的关系。两国同是欧盟、欧元区和申根区国家，并于 2016 年与其他五国一起成立地中海南欧七国联盟，就欧盟重大问题如欧债危机、难民危机等问题进行协商。2015 年 2 月葡萄牙外交部部长与意大利外交与国际合作部部长亲切会晤，双方强调加强两国的亲和力。

葡萄牙与意大利的经贸关系保持稳定发展。2016 年意大利是葡萄牙第七大产品出口目的地，出口总额达 19.1 亿美元。意大利是葡萄牙第四大产品进口来源国，进口总额达 37.1 亿美元。意大利和葡萄牙近年来经贸关系稳定，葡萄牙对意大利贸易处于逆差地位，差额约 18 亿美元。

葡萄牙与意大利的人文交流合作主要体现在科研、创新、教育等领域。葡萄牙、意大利、西班牙共同签署了技术和科研合作协议，旨在加强大学、研究机构和部委之间的合作，促进各国研究人员的流动，并鼓励建立联合研究中心。三国还同意成立欧洲 COTEC 技术创新基金会，为欧盟提供咨询。

葡萄牙与希腊

葡萄牙与希腊两国政治互信关系十分友好。两国既是欧盟和北约成员国，也是欧元区、申根区国家。两国高层政治往来频繁，2018 年 3 月 13 日，希腊总理齐普拉斯在希腊雅典欢迎葡萄牙总统马塞洛·雷贝洛·德索萨。双方领导人认为希腊和葡萄牙应相互支持、应对共同挑战。

葡萄牙与希腊经贸合作不及与西班牙、法国等国深入。2016 年，葡萄牙向西班牙进口总额为 1.6 亿美元，主要货物为水产鱼类（27%）、电脑（13%）、丙烯聚合物（6.4%）；出口额为 1.39 亿美元，主要货物为乙烯聚合物（11%）、麦芽（7.3%）、咖啡（5.8%）。葡萄牙对希腊贸易处于贸易逆差地位，差额为 0.21 亿美元。贸易较为平衡。

葡萄牙与希腊在文化领域有很多共通之处，两国人文交流合作表现多样性。电影、音乐、文学、教育等领域的合作大放光彩。葡萄牙公众对当代希腊电影和音乐制作表现出浓厚的兴趣。希腊民众被葡萄牙的音乐深深吸引，也对葡萄牙许多知名作家十分喜爱，因此葡希共同举办了形式多样的文学庆典活动，得到了双方文化部的大力支持。葡萄牙和希腊教育部设立基金会，为两国的研究生计划和博士生计划提供奖学金。

葡萄牙与马耳他

葡萄牙与马耳他之间的外交关系于 1968 年建立。① 此后，两国保持稳定、友好和富有成果的双边关系。② 马耳他在里斯本设有大使馆和 4 个名誉领事馆，两国都是欧盟和地中海南欧七国联盟的成员国。

2016 年，葡萄牙对马耳他进口额为 1720 万美元，主要产品是药品（48%）、水乳性涂料（11%）。同年，葡萄牙对马耳他出口额为 2550 万美元。2013~2016 年，葡萄牙与马耳他的进出口贸易额缓慢下降，葡萄牙对马耳他一直处于贸易顺差地位，2016 年差额为 830 万美元。

葡萄牙和马耳他的人文合作在旅游和教育领域的潜力巨大。两国一直努力开通直航航线，促进两国旅游业的健康持续发展。同时，马耳他政府看到葡萄牙学生的巨大潜力，希望通过高层次、高水平的交流项目吸引葡萄牙学生。目前，葡萄牙科英布拉大学、阿尔加维大学和波尔图理工大学与马耳他大学健康科学系已经开始联合开展科研项目。③

葡萄牙与塞浦路斯

葡萄牙和塞浦路斯具有良好的双边关系，也是可靠的合作伙伴。葡塞两国在双边和国际层面以及欧盟框架内享有高层次的合作和相互支持。两国外交活动不断，塞浦路斯外交部部长卡素里蒂斯于 2013 年 9 月访问葡萄牙，葡萄牙国务秘书欧洲事务部布鲁诺·马萨斯于 2014 年 2 月访问塞浦路斯。葡塞两国希望保持良好的双边关系，进一步推动双边合作，为实现未

---

① https://en.wikipedia.org/wiki/Malta-Portugal_relations.
② http://mpcc.org.mt/wp/? page_id = 205.
③ http://mpcc.org.mt/wp/? page_id = 205.

来的共同目标而努力。

葡萄牙与塞浦路斯经贸合作主要表现在出口商品和服务上。2016 年葡萄牙对塞浦路斯出口额达 4120 万美元，同年进口额为 520 万美元。葡萄牙对塞浦路斯进出口贸易一直处于顺差地位，2016 年差额超过 3600 万美元。2016 年，葡萄牙主要向塞浦路斯出口产品为炼油、药品、家具等。

葡萄牙与塞浦路斯的文化交流把重心放在教育领域，[①] 近几年的教育合作不断增加，主要表现在以下几个方面：为了更好地理解双方不同的教育制度，在教育资料、文件、信息方面互通有无；为了提高知识的创新改革能力，加强教育专家之间的交流；对双方同等学力的认定；在学校之间建立合作合办关系并且加强高校之间的合作。除教育领域外，葡萄牙和塞浦路斯的文化合作也扩展到科学、体育、媒体等领域，两国于 2004 年 6 月在里斯本签订文化领域的合作协定。

第四节　意大利与六国的关系

意大利与法国

意大利和法国都是地中海地区的重要国家，两国的交往自古就非常频繁。不论是历史上关于领土的争端还是近现代的合作，或敌对的军事联盟，抑或是现代经济产业方面的竞争，意法之间的关系整体是十分活跃和友好的。作为欧盟、北约、八国集团的创始成员国，两国之间的经济、文化和历史联系十分紧密。意大利和法国互为彼此的第二大贸易伙伴（2016 年贸易额为 681 亿欧元）。意大利是法国的第五大投资者，仅次于美国、德国、英国和瑞士。两国在二十国集团和八国集团的框架下保持密切对话。意大利是联合国粮食和农业中心所在地，因此在推动农业原材料价格监管问题上发挥了积极作用。意大利还支持法国在金融监管和加强全球机构体系效力等关键领域的工作。意法之间的文化交流关系更是历史悠久。

---

① https://eacea. ec. europa. eu/national-policies/eurydice/content/bilateral-agreements-and-world-wide-cooperation – 53_fr.

法语是意大利除英语之外学习人数最多的语言，全意大利有约 30 家法语联盟培训机构，1998 年意法政府在佛罗伦萨签订成立"意法大学"的合作协议，旨在加强欧盟大学和研究教育体制的一体化。同样作为历史文化悠久的欧洲国家，两国在文化艺术领域的交流覆盖了电影、舞蹈、戏剧和音乐等众多领域，且两国间著名教育和艺术机构的互动合作非常丰富。

意大利与西班牙

意大利统一后迅速与西班牙建立外交关系。由于两国在政治、文化与历史方面有着千丝万缕的联系，两国的国家关系一直十分稳定而友好，并且在主要国际问题上一直保持着共同的利益。20 世纪 80 年代，意大利积极支持西班牙加入欧洲共同体，且一直呼吁缩小欧盟内的南北经济差距，主张政治联盟和经济联盟并进、东扩和南下并举。意、法、西共同提出欧洲 - 地中海的"南下战略"，并与法国、西班牙一起组建"快速反应部队"，以应付地中海地区出现的紧张形势。① 地中海形势的稳定对于意大利来说十分重要，意大利更是希望西班牙在欧盟内能与意大利一起共同提升南欧国家的经济实力、话语权和影响力，也希望获得欧盟更多的政策扶持。意大利也是西班牙重要的贸易合作伙伴，意大利经济部门与意大利国家旅游局和意大利商会共同合作，给予意大利公司在西班牙市场发展的各方面支持。意大利与西班牙两国由于地域相邻，不论是语言、文化、风俗习惯都有着天然的相似性和共同点。在西班牙，意大利语言周是热门的文化活动，主题丰富的讲座、电影节、学术会议以及见面交流会为意大利在西班牙的文化传播发挥了很大作用。

意大利与葡萄牙

与西班牙一样，葡萄牙最初加入欧洲共同体也与意大利的积极促成分不开。二战时期，葡萄牙曾追随德、意、日法西斯组成的轴心国集团，与意大利利益一致。1986 年葡萄牙加入欧共体，1999 年与意大利一样成为首

---

① 罗洪波：《意大利》，社会科学文献出版社，2010，第 9 页。

批加入欧元区的国家之一。近年来，葡萄牙和意大利经济有所回温，双方进出口贸易也呈现一定额度的增长。意大利被看作葡萄牙的重要贸易伙伴，尤其是在高级专业化生产领域（比如机械、化工、医药、汽车、纺织等）。然而双方在对象国的投资情况依然不太乐观，不仅投资总额有所下降，对象国公司的发展在当地也面临较大的局限和挑战。意大利和葡萄牙在文化交流方面的合作主要集中在语言、文化方面。意葡双方曾于 2011 年在里斯本签署意里文化科学合作第五次协议，旨在促进里斯本意大利文化学院更好地传播意大利语和文化，并与葡萄牙地方大学开展合作，提供部分意语文化课程。

意大利与希腊

意大利和希腊有着特别且强大的双边外交关系。自 1861 年意大利统一伊始，两国便建立了外交关系。二战以来，两国关系更加密切，部长级会面十分频繁。意大利和希腊在地中海安全和巴尔干半岛地区发展问题上有着共同的立场，并且都积极支持巴尔干地区国家融入"欧洲－大西洋大家庭"。意希两国均为欧盟、联合国和北约成员国，并在其他多边组织也开展合作，如欧洲安全与合作组织、世界贸易组织等，同时两国也共同推进与美国和以色列等其他重要国家的密切外交关系和合作。意大利是希腊的主要进出口贸易和经济合作伙伴，两国主要在能源、文化、教育和旅游领域开展合作。意大利威尼斯于 1951 年成立了研究拜占庭和后拜占庭的希腊学院；在希腊，意大利雅典学院也为传播意大利文化发挥着重要作用。

意大利与马耳他

意大利位于地中海的中心地带，本身就是天然的连接亚非欧的桥梁。意大利历来十分看重同北非的联系，位于地中海中心的微型岛国马耳他，因其特殊的地理位置，自然受到意大利的格外关注。意大利是马耳他独立后第一个与之建交的国家，也是第一个在马耳他派驻大使馆的国家。在意大利对地中海地区的政策中，马耳他是享有特殊权利的。1980 年 9 月 15日，意大利与马耳他签订了两国政治、军事、经济和文化合作协议。意大利保障马耳他的中立地位，防止其他国家在马耳他建立军事基地。①　意马关系因此奠定了良好、扎实的基础。马耳他本国经济发展主要靠加工制造业、旅游业和国际贸易。因马耳他是岛国，面积狭小，自然资源贫乏，国内物资大多靠进口，意大利作为与马耳他地理距离最近的欧洲国家，自然在进口贸易方面与马耳他保持极其密切的纽带关系。两国在文化领域的合作广泛，并且签署了相关协议。意大利语是马耳他的通用语种，也是马耳他的第一外语。成立于1971年的马耳他意大利文化协会旨在加强两国的教育交流和培训，实现教育资源的共享和流通，同时积极开展主题多样的文学、文艺和文化节活动。

意大利与塞浦路斯

地中海南欧七国联盟里的塞浦路斯是指南部希腊人政权管理下的塞浦路斯共和国（北塞浦路斯为土耳其人政权，尚未得到国际社会的承认）。塞浦路斯是地中海东部岛国，是地中海第三大岛，仅次于意大利的西西里岛和撒丁岛。由于地处地中海进入西亚地区的要冲，塞浦路斯似乎自古以来就是"兵家必争之地"。意大利与塞浦路斯的渊源由来已久，公元前58年罗马帝国就已经在这里建立塞浦路斯行省。经历了数千年被欧洲强国占领、割据和吞并，直至1960年塞浦路斯共和国才实现独立，意塞两国也于同年正式建立外交关系。自那时起，意大利便积极促进和改善两国的合作关系，且保持着既紧张又活跃的状态。意大利和塞浦路斯在欧盟和地中海地区有着共同的利益和诉求，给双方创造了无限的合作机会。近几年意塞两国的政府代表正式会议频繁，且双方都以取得实际的成果为谈话导向。双方就推动两国在有组织犯罪、环境保护、航空和文化领域的广泛合作达成了若干双边协议，特别是考古学方面的合作。双边经贸关系近几年发展迅速，意大利现在是塞浦路斯最重要的合作伙伴之一。同时，意塞两国签署了若干文化合作协议，旨在加强双方在文化、教育和科学领域的合作。每年在塞浦路斯举办的意大利文化月活动在传播和推广意大利语言和文化

———————————

①　详见《意大利》，第492页。

方面取得了显著的成就，也越来越受到塞浦路斯民众的欢迎。同时意大利政府也十分重视在塞浦路斯从基础教育至高等教育的课程设置，以提高意大利语的地位和受欢迎程度。此外，由于塞浦路斯岛面临两个政权并存的问题，意大利密切关注塞浦路斯共和国与北塞之间的关系，以便提供有效的建议和行动，帮助塞浦路斯解决潜在的问题和冲突。

第五节　希腊与六国的关系

希腊与法国

希腊与法国的现代外交关系自 1833 年建立以来持续发展。两国在两次世界大战、朝鲜战争和冷战期间都是盟友。目前已形成强有力的特殊关系，双方于 2015 年正式确定为战略伙伴。

法国在雅典设有大使馆，在萨洛尼卡设有总领事馆。希腊在巴黎设有大使馆，在马赛设有总领事馆，另有 11 个名誉领事馆。目前两国同是欧盟、联合国和北约成员国，并在许多其他国际组织中进行合作，如法语国家组织、欧洲安全与合作组织、世界贸易组织和地中海南欧七国联盟。两国间高层互访频繁，其中有 3 位法国总统（戴高乐、萨科齐和奥朗德）在希腊议会上发表过演讲，除此以外仅美国有 2 位总统在此演讲过。

两国在希腊入盟前就签订有双边贸易协定和避免双重征税协定。双方在许多领域包括文化、科学、司法和军事等有长期合作。2009 年以来，法国持续对希腊针对其债务危机的改革和随后的难民危机提供援助和支持。

希腊与意大利

希腊与意大利的联系从公元前 299 年罗马帝国入侵巴尔干半岛开始，直到公元前 146 年希腊成为罗马帝国的行省之一，在被罗马统治期间希腊文化也反过来征服了罗马人。

两国间的现代外交关系是在意大利实现统一后的 1861 年建立起来的，至今可以被称为是特殊和亲密的双边关系。目前意大利在雅典设有大使馆，其他地区设有 15 个名誉领事馆。希腊在罗马设有大使馆，另有驻米兰和那不勒斯总领事馆、威尼斯领事馆和 11 个名誉领事馆。两国同是欧盟、联合国和北约成员国，并在其他多边组织中进行合作，如欧洲安全与合作组织、世界贸易组织、经合组织和地中海南欧七国联盟。同时两国在与地中海国家以及美国等其他重要国家的外交中也有密切合作。

希腊未加入欧盟之前就与意大利签署了各项双边协定，包括 1949 年的经济合作协定、1964 年的避免双重征税协定、1977 年的大陆架边界划界协定等。两国之间定期进行高层互访，双方高层会晤频繁，在军事、教育、能源、文化和旅游等领域以及欧盟各层面都有深入合作。

贸易方面，意大利是 2016 年希腊第一大出口国和第二大进口国，[①] 是仅次于德国的希腊第二大贸易伙伴国。在文化领域，希腊拜占庭学院于 1951 年在威尼斯开设，雅典也建有意大利学院。大约 18 万名希腊东正教或希腊人后裔居住在意大利，其中大部分居住在意大利南部和西西里岛。约 20 万名罗马天主教意大利人或意大利人后裔居住在希腊，其中大多数在希腊爱奥尼亚群岛和首都雅典。

希腊与西班牙

希腊在马德里设有大使馆，在巴塞罗那设有总领事馆，其他地区设有共 9 个名誉领事馆。西班牙在雅典设有大使馆，在萨洛尼卡设有名誉领事馆。目前两国都是欧盟、北约、欧洲安全与合作组织、经济合作与发展组织、地中海南欧七国联盟和联合国成员国，双边外交关系良好。西班牙的索菲亚女王是希腊后裔。

两国于 1972 年签订科学技术合作协定、1975 年签订航空合作协议、2000 年签有避免双重征税协定。两国在难民问题上一直保持合作。

目前两国双边贸易规模较小。希腊的塞法迪犹太群体传统上讲拉迪诺语，源于一种古老的西班牙语。现约有 2000 名希腊人在西班牙，半数以上

---

①　根据世界银行数据，2016 年希腊对意大利出口额为 31.2 亿美元，进口额为 39.5 亿美元，http://wits. worldbank. org/。

居住在马德里和巴塞罗那。

希腊与葡萄牙

目前希腊与葡萄牙两国都是欧盟和北约成员国,双边外交关系良好。希腊在里斯本设有大使馆,在波尔图、丰沙尔和蓬塔德尔加达等城市设有名誉领事馆、葡萄牙在雅典设有大使馆,并在帕特雷、萨洛尼卡和科孚岛设有名誉领事馆。两国除在欧盟层面的合作外还签订了双边贸易协定和避免双重征税协定。

但两国目前双边贸易规模较小。在文化领域双方有很多共同点,另外还设有奖学金和科学交流项目。

希腊与马耳他

作为地中海岛国,马耳他与希腊两国历史渊源悠久。公元前 10 世纪起,腓尼基人定居马耳他。古希腊文化深受腓尼基文化影响,希腊字母就是在腓尼基字母的基础上创造出来的。公元前 8 世纪~前 4 世纪,马耳他被希腊人占领。3 世纪和 9 世纪期间,马耳他和希腊两国都被罗马帝国和拜占庭帝国所统治。两次世界大战中,希腊与马耳他都是盟友并赢得了胜利。[①]

1964 年,马耳他正式宣布独立并于 1974 年成立马耳他共和国。希腊与马耳他两国于 1976 年签订双边贸易协定,同年又签署了双边科技合作协定和文化协定。1980 年签订了经济、工业和技术合作协定。除两国持续促进双边关系和合作外,希腊还积极推动马耳他加入欧盟。1998 年,马耳他启动加入欧盟的进程。2001 年 5 月,希腊总理科斯塔斯·西米蒂斯(Costas Simitis)以欧洲理事会主席身份访问瓦莱塔,希马两国签订了民事保护合作协定和警察合作协议。马耳他于 2004 年成功加入欧盟。同年,希腊首次派大使入驻马耳他首都瓦莱塔的大使馆并签署了避免双重征税协定。

两国目前双边贸易规模较小。文化交流方面,希腊政府于 1992 年出资

---

① 英国于 1815 年将马耳他划归其所有,英国在二战中属于同盟国集团。

在马耳他建造公园以纪念扬尼斯·帕帕菲斯。①

希腊与塞浦路斯

与马耳他一样，塞浦路斯也是地中海岛国之一。早在公元前 1500 年，希腊人就开始迁入塞浦路斯。1571 年，土耳其占领塞浦路斯，逐渐形成了希腊和土耳其两大民族并存争斗的局面，其中希腊族占多数。1960 年塞浦路斯共和国的成立并未化解希土两族的矛盾。1983 年 11 月，土耳其族宣布成立"北塞浦路斯土耳其共和国"，遭到塞浦路斯政府和希腊及国际社会的强烈谴责。20 世纪 90 年代后，希腊和土耳其两国的关系开始好转，土耳其也致力于加入欧盟。塞浦路斯政府遂于 1997 年提出入盟申请。2004 年 3 月，由于希土两族统一谈判的失败，目前仅塞浦路斯希腊族及其统治区域加入欧盟。

塞浦路斯希腊族与希腊拥有共同的族裔、文化、语言、宗教和利益，两国之间关系异常紧密并不断发展。自 1960 年塞浦路斯独立以来双方就建立了正式的外交关系。塞浦路斯在希腊首都雅典设有大使馆，在塞萨洛尼基设有总领事馆；希腊在塞浦路斯首都尼科西亚设有大使馆。两国同是欧盟和经济合作与发展组织成员国。希腊是塞浦路斯的三个安全保证国之一，塞浦路斯也始终将维持和发展同希腊的关系置于其对外关系的首位。希腊坚决支持塞浦路斯希腊族在加入欧盟和解决希土问题上的立场，并在欧盟和联合国会议以及各国际论坛上积极斡旋相关问题，寻求公正可行的解决方案。同时希腊每年向塞浦路斯提供 2000 万美元的财政援助。两国之间高层互访频繁，自塞浦路斯独立以来在各领域合作中签署了大量双边协定、公约和备忘录，其中包括 1962 年的双边贸易协定，1968 年的避免双重征税和防止偷漏税公约，1978 年的两国间关于社会保障公约，1984 年的发展经济、工业和技术合作协定，1987 年的公共卫生领域合作协定，1988 年的旅游合作协定，1991 年的农业合作协定，1992 年的双边投资协定，

---

① 扬尼斯·帕帕菲斯（Ioannis Papafis，1792~1886），希腊人，被认为是希腊的国家捐助者。曾在马耳他和希腊建立众多孤儿院并大量捐款给教育和公共服务机构。

1993 年的安全合作协定等。

贸易方面，塞浦路斯是希腊的主要出口对象国之一。[①] 希腊是塞浦路斯的最大贸易对象国。[②]

第六节　马耳他与六国的关系

马耳他与法国

马耳他与法国的政治关系自马耳他加入欧盟以来变得更加密切，而且一直保持良好。法国对地中海地区的贡献也得到了马耳他的好评。就欧洲而言，法国和马耳他都秉承引导欧洲实现增长和团结一致的共同愿望。除了在金融交易的征税问题上的分歧以外，法国和马耳他在欧洲问题上的立场基本是一致的。法马两国的互访自马耳他加入欧盟以来越来越频繁。2012~2017 年两国高层互访达九次之多。法马间的最近一次高层访问在 2017 年 2 月 3 日，法国总统借参加欧盟非正式峰会之机访问了马耳他。[③]

就经贸关系而言，尽管法国在马耳他的经贸合作伙伴关系排行榜里位居第四，位于埃及、德国、意大利之后，法国在马耳他的投资也不多，但是法国的存在对马耳他的经济有着至关重要的影响：意法半导体（STMicroelectronics）是马耳他最大的雇主和岛上最大的出口商（占马耳他全国出口量的 50%），与法国达飞海运集团经营着马耳他的商业港口（占地中海集装箱运输量的 12%）。自 2008 年以来，三家法国金融行业的公司以及多家法国首都在线博彩公司进驻马耳他。在电信领域，阿尔卡特是法国领先的电话运营商 Go 的工业合作伙伴。2011 年 1 月，耐克森（Nexans）赢得了价值 1.78 亿欧元的合同，安装水下电力电缆将马耳他电网连接到欧洲

---

① 根据世界银行数据，2016 年希腊对塞浦路斯出口 16.8 亿美元，占希腊当年出口总额的 6.05%，排名第三，http://wits. worldbank. org/。

② 根据世界银行数据，2016 年希腊占塞浦路斯出口总额的 12.5%、进口总额的 21.3%。

③ https://mt. ambafrance. org/.

电网。自 2013 年起，一些法国品牌现已在马耳他成功登陆，如 Yves Rocher、Kiabi 和 Habitat。最后，法国公司把马耳他视为进入马格里布市场的基础。

人文交流与合作方面，法国在马耳他的文化传播主要依托其在马耳他的机构——法语联盟来进行，每年可接待 800 名学生，同时法语教育在马耳他的中学也开展得很顺利。法马两国之间的高校合作从结果上来看不是很理想。马耳他大学和南锡第二大学建立了合作关系，可是两所学院之间的学生缺乏交流。来自英国和意大利的竞争很大。法马之间的高校学生互动还主要是依赖奖学金项目。在科技领域，两国合作的最重要行动在于法国的国家研究中心在马耳他大学设立了一个地区办公室，并自 2011 年开始推进名为"气象学"（Mistrals）的研究计划。这也正好符合了法国想要建立一个欧洲－地中海研究领域的想法。①

马耳他与希腊

希腊与马耳他的政治关系是一种唇亡齿寒的关系。马耳他与希腊两个国家既是欧盟成员国又是地中海议会（Parliamentary Assembly of the Mediterranean）的成员国。两国具有共同的地中海特性，很多海上事务都会涉及双方，因此这些共性为两国的双边关系及两国国际组织间的合作提供了基础。希腊站在希望欧盟南部地区更强大的立场上，一直很支持马耳他加入欧盟。自 2004 年以来，希腊在马耳他首都瓦莱塔设立大使馆，并任命了第一位驻马耳他大使。在此之前，希腊与马耳他的外交事务一直是委托给希腊驻罗马大使馆的。马耳他也是在 2004 年开始在雅典设立大使馆，并在比雷埃夫斯（Piraeus）和塞萨洛尼基（Thessaloniki）设有两个名誉领事馆。马耳他与希腊的经贸关系证实了传统自由主义理论认为的经济上交织在一起的民主国家将在社会和经济上共同努力，不会发生战争。马希两国都从经济自由主义中获益匪浅。历史上马耳他和希腊两国之间的一系列经贸双边关系主要是在加强商业贸易及科学与技术合作的基础上发展起来

---

① https://mt. ambafrance. org/-Cooperation-et-Action-Culturelle-.

的。希腊和马耳他的第一个双边协议是在两个国家加入欧盟之前于 1976 年签订的旨在批准和管制两国之间贸易的一个经贸协定；同年，两国还签订了科技合作的双边协议。1980 年两国签订了《经济、工业、技术合作协定》。1999 年两国又签订了《航空运输协定》。

随着两国经济关系的逐步制度化，马耳他和希腊认识到两国的经济关系应该进一步升级并更多地交织在一起，这是符合两国共同的利益、观点和愿望的。两国之间在经济、工业和技术等多方面的合作协定也得到了埃及的首肯和加入，因此在欧洲－地中海伙伴关系框架里形成了极好的三方合作协定。这些协定有利于货物的流动，提升相互间发展经济贸易的能力，尤其是在航空运输和食品生产等方面。2004 年马耳他和希腊都强调了在欧洲避免双重征税范围内签署协议的重要性，并签署了避免双重征税的协定。这项协定对鼓励有形商品和金融服务方面的国际贸易的增长是非常重要的。此协定至今仍然有效，预计在任何情况下都不会被删除。双重征税减免是税收协定的一种形式，这意味着所有参与协定国家企业的贸易都可以在最少征税国获得批准和征税。鉴于马耳他的低税率，这项协议对马耳他的经济发展非常有利，因为对比希腊 23%的税率来说，希腊投资者就可以在马耳他申报收入，从而支付尽可能少的税金。总之，希腊和马耳他的经济合作是双边关系的重要组成部分。在两国的人文交流与合作方面，马耳他与希腊之间似乎也有着重要的文化认同。比如马耳他的学校里现在还在传授被希腊人认为是希腊共和国最高荣誉的希腊文化和哲学。这样的文化互动被视为人类互动的最高形式，被认为是对另一民族的最高认可。1976 年马耳他和希腊签订了文化合作的双边协议；2001 年两国签署了《关于公民保护的合作协议》；同年又签署了《警力合作协定》。1992 年希腊政府还在马耳他修建了一个希腊公园。

马耳他与塞浦路斯

马耳他与塞浦路斯是地中海的两个岛国，并双双于 2004 年 5 月加入欧盟。两个国家既是欧盟成员又是英联邦成员。由于这两个国家在历史、经济和区域上的相似性，因而政治关系非常密切。马耳他与塞浦路斯两国虽然没有互设大使馆，但是塞浦路斯通过其在罗马（意大利）的大使馆代为负责处理与马耳他的关系，而马耳他则通过其在雅典（希腊）的大使馆代为负责处理与塞浦路斯的关系。马耳他在塞浦路斯设有两个领事馆，分别在利马索尔（Limassol）和塞浦路斯首都尼科西亚（Nicosia）。塞浦路斯在马耳他的穆斯达（Msida）设有一个领事馆。2018 年 1 月 10 日，塞浦路斯和马耳他国防部部长就加强双方海上合作、地中海监视、科学研究、救援与反恐、教育和人道主义行动等领域的合作建立了合作框架。马耳他国防部部长迈克尔·法鲁吉亚首次正式访问塞浦路斯，并首次讨论这些话题。塞浦路斯和马耳他作为欧盟的地中海成员国面临共同的挑战和威胁，双方合作对于有效解决这些问题是必要的。两位部长还特别讨论了两国 "Med 7" 倡议框架内合作的前景。两国未来将制定一个国防部部长层面的合作框架，并会在不久的将来举行部长级会议，共同商量应对诸如移民、非法武器贩运、大规模杀伤性武器扩散、恐怖主义、海事海运、能源安全等具有挑战性的共同目标。

　　自 20 世纪 70 年代以来，马耳他与塞浦路斯两国经贸关系开始活跃起来。自 1975 年开始，两国陆续签订了一系列的贸易协定：《商业定期航空运输协定》《旅游领域合作协议》《避免双重征税协定与防范对应缴收入和资本税的逃避协议》《关于合作打击恐怖主义、非法贩运毒品和有组织犯罪的协定》《塞浦路斯内政部与马耳他司法部及地方政府部的谅解备忘录》《塞浦路斯内政部与马耳他司法部和地方政府的合作协定》《促进和相互保护投资协定》《商船协议》《塞浦路斯共和国外交事务部和马耳他外交部加强合作议定书》《塞浦路斯共和国外交事务部和马耳他外交部关于在巴勒斯坦当局派政府代表事务的谅解备忘录》等。双方的人文交流与合作也随着《关于在卫生、医学科学领和制药领域合作的协定》《文化与科学合作协议》等多个协议的签订而逐次展开。2018 年，在马耳他国防部部长访问塞浦路斯之时，双方又建立了科学研究、教育和人道主义行动等领域的合作框架。

马耳他与西班牙①

　　马耳他和西班牙是两个具有巨大潜力的国家，两个国家都是欧盟和地中海南欧七国联盟的正式成员。由于马耳他和西班牙同是欧盟成员国，又对全球问题持有共同观点，对地中海区域有着共同目的，因此两国关系非常好。两国于1977年建立外交关系，马耳他在西班牙马德里设有大使馆，在巴塞罗那、马略卡岛帕尔马、桑坦德、塞维利亚和瓦伦西亚等地设有名誉领事馆。西班牙在马耳他的 Ta'Xbiex 和 Balzan 两个城市设有大使馆。两国在不同领域签署了10个合作协议，为加强两国关系提供了良好的制度基础。西班牙支持马耳他成为新的欧洲庇护支持办公室（European Asylum Support Office）的主持人，这本身就表明马耳他已经成功地让欧盟其他成员国意识到了马耳他在欧盟政治议程中的移民问题上的重要作用。2008年12月，两国同意就非法移民，包括遣返问题进行合作。双边经贸关系上，2007年1月，马耳他与西班牙签署了避免双重征税的协议。2010年西班牙国王访问了马耳他，启动了西班牙、马耳他新商会。新商会有助于进一步促进和发展两国的贸易投资关系。马耳他企业关注西班牙超过4500万名消费者的市场。马耳他的旅游业每年吸引着超过5万名西班牙人来马耳他度假，约10万人前往马耳他的大港参加游轮的航海旅行。尽管根据马耳他旅游局的信息，西班牙游客已经在不断增长，但是随着一些西班牙城市开始与马耳他直接通航，西班牙在马耳他的游客数量还会继续增加。随着两国关系的密切，马耳他与西班牙的人文交流与合作也开始升温。两国正在开展一项计划，以强化在马耳他公立学校把西班牙语作为第二外语的机会，而且西班牙的大使馆也在财政上增加了很多投入以支持西班牙马耳他文化中心（Spanish Maltese Cultural Centre）的活动。马耳他大学的西班牙系在西班牙语及西班牙文化的推广上起到了很重要的作用，它为西班牙语言和文化知识在马耳他扎根奠定了基础。为了让西班牙文化走进马耳他，马耳

---

　　① http://www.independent.com.mt/articles/2010-06-14/local-news/Interview：-Strengthening-Ties-between-Spain-and-Malta-275974.

他大学的西班牙系经常在摄影、艺术、音乐、电影和舞蹈等领域开展一系列的文化活动。西班牙的教育部还设立有奖学金资助西班牙学生到马耳他学习马耳他语。

马耳他与葡萄牙

由于马耳他和葡萄牙两个国家都是欧盟和地中海南欧七国联盟的正式成员，因此双方对相互的政治关系非常重视。马耳他在葡萄牙首都里斯本设有大使馆，还在里斯本、法鲁（Faro）、蓬塔德尔加达和波尔图（Porto）设有4个名誉领事馆。葡萄牙在马耳他首都瓦莱塔设有一个大使馆和一个名誉领事馆。卢索迪亚斯（Russo Dias）是葡萄牙驻马耳他的首位常驻大使，他于2008年9月结束了他的使命。根据马耳他总理劳伦斯·冈齐的说法，葡马两国关系因卢索迪亚斯的努力而达到了前所未有的水平。2008年6月，马耳他驻葡萄牙大使Salv Stellini结束了他驻里斯本大使的任期。时任葡萄牙总统阿尼巴尔·卡瓦科·席尔瓦（Aníbal Cavaco Silva）感谢Stellini任葡萄牙驻马耳他大使时所给予的支持，并授予他葡萄牙秩序勋章。2017年4月11日，新任葡萄牙驻马耳他大使Francisco Maria de Sousa Ribeiro Telles在大马宫（瓦莱塔）会见马耳他总统玛丽－路易斯·科勒略·普雷卡（H. E. Marrie-Louise Coleiro Preca），与其讨论双边关系。马耳他和葡萄牙两国在经贸关系上有一定的历史渊源。2008年11月12日，时任马耳他总统爱德华·芬内克·阿达米（Edward Fenech Adami）率商务代表团访问葡萄牙并在葡萄牙推广马耳他企业。马耳他企业在此次访问中与波尔图工商会签署了谅解备忘录，也与葡萄牙商业论坛的主办方Associação Comercial de Lisboa签署了另一份谅解备忘录。马耳他科林西亚集团公司在葡萄牙的大量投资和葡萄牙Banif银行在马耳他的大量投资是马耳他和葡萄牙投资者成功开发商业机会的两个成功范例。葡萄牙Banif银行于2008年在马耳他开设了第一家分支机构，曾预计在"五年内增加25家分支机构并占据10%的市场份额"，现在在马耳他共设有9家分支机构。葡萄牙和马耳他之间的双边经贸关系近年来有所发展，但远低于双边经贸关系发展的潜力，比如在可再生能源和清洁能源等方面仍然有进一步发展的空间。尽管马耳他与葡萄牙的人文交流与合作目前还没有成为两国关系中被关注的一个热点，但是葡萄牙和马耳他的人文交流历史可以追溯到 18 世纪。2014年 9 月 18 日，葡萄牙举行了马耳他独立五十周年的庆祝活动。这对提高马耳他在葡萄牙的影响力起了助推作用。葡萄牙与马耳他之间直航的开通还在努力当中，直航实现之后，马耳他的首都瓦莱塔作为文化之都，将在马耳他和葡萄牙未来的人文交流中起到很好的推进作用。马耳他的英语学校也将成为双方教育交流的一个关注点。

马耳他与意大利[①]

马耳他与意大利在马耳他获得独立之后很快建立了官方的外交关系。意大利在马耳他首都瓦莱塔设有大使馆。马耳他在罗马设有一个大使馆，在意大利其他城市设有 18 个名誉领事馆。马耳他在欧盟最亲密的盟友曾经一直是英国，但是随着英国的退欧，接下来最有希望接替英国成为马耳他最佳盟友的就是意大利了。2017 年马耳他也抓住了任欧洲理事会轮值主席国的时机来改善与巩固同意大利的双边关系。马耳他与意大利的强大外交和双边关系可以升级两国之间存在共同利益的事务。就经贸而言，马耳他的欧洲邻国意大利为发达国家，且具有运输距离短、物流快捷便利、语言文化相通的地缘优势，特别是马耳他加入欧元区和申根协定后，货币流通及人员进出非常便捷，就吸引外来投资而言，其邻国意大利尤其更具优势。马耳他同 100 多个国家和地区有贸易关系，欧盟是马耳他最重要的贸易伙伴，其中意大利排在马耳他出口市场的第三位，位于德国、法国之后，但是位于利比亚、英国之前。同时，意大利又位于马耳他进口来源地第一位，位于美国、英国、德国、加拿大之前。马耳他和意大利若在更多领域寻求合作，将获得有利于两国经济增长的更多利益。意大利和马耳他之间除了商业、政治、宗教、语言等方面的联系外，两国之间的文化联系也源远流长，无论是在中世纪、文艺复兴、反法国叛乱还是在意大利统一

---

① https://www.timesofmalta.com/articles/view/20020721/opinion/malta-italy-relations-then-and-now.170591.

运动①，甚至是在英国殖民时期，意大利也介入马耳他最高级别的事务。比如意大利语曾经是马耳他几个世纪以来的文学语言，然而20世纪末的时候，英国的彻底英国化政策欲在马耳他公共生活中用英语完全取代意大利语。最后英国还修改了以"英语，仅英语"为原则的英国化政策。尽管法西斯主义，尤其是意大利对第二次世界大战中轴心国方面的干涉和灾难性的干预，对意大利和马耳他的关系造成了毁灭性打击，但是我们也必须承认马耳他各行各业的人才主要都曾受惠于独立奖学金（independent scholarship）去意大利留学，马耳他所有领域的人才主要来自意大利。

第七节　塞浦路斯与六国的关系

塞浦路斯与法国

过去几年，塞浦路斯与法国之间的关系越来越紧密，随着塞浦路斯加入欧盟，两国间建立了高层互访和对话。首先是2012年10月两国总统进行了会面，法国总统奥朗德在与塞浦路斯总统会面后表示，对塞浦路斯施加过于严苛的条件将阻碍其经济的复苏，法国支持能够让塞浦路斯脱离困境而又不附加过于严苛条件的解决方案。② 随后在2013年6月奥朗德在巴黎又一次会晤了到访的塞浦路斯总统阿纳斯塔夏季斯，奥朗德表示，在塞浦路斯经历严重经济衰退的背景下，法国支持并将同塞浦路斯一起执行欧元区提出的援助计划，法国将继续加强双边关系的发展。③ 2013年10月，两国元首在欧洲议会上再次碰面，就两国共同关心的问题相互交换意见。

在塞浦路斯分裂问题上，法国支持塞浦路斯共和国与北部土族塞浦路斯人共同努力，寻求公平和可持续的解决办法。法国非常希望能加强两国双边关系的发展，尤其是在能源领域的合作，法国道达尔公司对塞浦路斯

---

① 意大利语：Risorgimento，意为"复兴"，故中文亦有译为"复兴运动"。19世纪至20世纪初，"复兴运动"是将意大利半岛内各个国家统一为意大利的政治及社会过程。
② http://forex.hexun.com/2012-10-26/147274032.html.
③ http://news.cri.cn/gb/42071/2013/06/13/5951s4145860.htm.

的一个天然气项目表现了浓厚的兴趣。

自塞浦路斯加入欧盟以来，法国加强了与塞浦路斯的经济往来，加大了对塞浦路斯的直接投资额，并增加了出口额。法国的直接投资额大幅度增加，其中对于拉纳卡和帕福斯国际机场长达 25 年的建设和管理项目的投资额就高达 6.5 亿欧元，是塞浦路斯有史以来规模最大的来自国外的投资。此外，法国是塞浦路斯十大供应商之一，2014 年法国对塞浦路斯的贸易顺差为 2.72 亿欧元。

塞浦路斯与法国于 1969 年缔结了文化协议，其传统的文化合作是通过将法语课像英语一样作为塞浦路斯中学生在学校的必修外语课程来实现的。自 2006 年起塞浦路斯成了法语国家组织成员，约有近 12% 的塞浦路斯人能讲法语、听懂法语。两国的文化交流还包括法国尼科西亚研究所的创建，以及分别在利马索尔和帕福斯建立的两个法国法语联盟的分支机构。法国在被塞浦路斯人评选的世界上最受欢迎的目的地中排名第四，法国拥有 350 名塞浦路斯留学生。

塞浦路斯与法国也签署了不少政治、经济及文化协定：1951 年 12 月 31 日，双方在巴黎签署《领事公约》；1969 年 10 ~ 11 月，于塞浦路斯尼科西亚，双方先后签订了《文化、科技和技术协议》及《关于废除签证要求的交换协议》；1980 年 4 月 21 日，于法国戛纳签署了《试听领域合作协议》；1981 年 11 月 10 日，双方在巴黎签订了《财政协议》；同年 12 月 18 日，再次于尼科西亚，双方签订了《关于避免收入和资本双重征税协定》；1983 年 12 月 8 日，于巴黎签署了新的《财政协议》；1986 年 1 月 28 日，双方于巴黎签订了《旅游领域合作协定》。[①]

塞浦路斯与意大利

塞浦路斯在罗马设有大使馆，并且分别在热那亚、米兰、那不勒斯、佩鲁贾和奥古斯塔设有 5 个名誉领事馆；意大利也设有驻尼科西亚大使馆，并分别于利马索尔和拉纳卡设有 2 个名誉领事馆。

---

① 法国外交部网站，https://www. diplomatie. gouv. fr。

这两个同为欧盟和地中海南欧七国联盟正式成员的国家，它们之间有着悠久的文化和历史联系。塞浦路斯曾经为罗马帝国的一部分，并曾经从属于威尼斯共和国，至今意大利都有讲希腊语的少数民族存在；塞浦路斯也承认定居在岛上的罗马天主教威尼斯家庭的后代，将他们认定为受国家保护的少数民族，并授予他们在议会中的代表权。

塞浦路斯与意大利签订了许多涉及双方政治和经贸关系的协定：早在1880年6月8日，两国在伦敦签订了《救济受困船员协议》；1929年1月25日，双方在罗马签署了《承认客船证书的换文》；1930年12月17日，两国在伦敦签署了《法律诉讼公约》；1951年10月24日在罗马，双方签署了《有关航空危险货物运输的换文》；1954年6月1日，双方又在罗马签署了《领事公约》；两国于1962年7月19日在尼科西亚签署了《废除签证要求的交换协议》；1972年11月24日，同样在尼科西亚，两国签署了《航空运输协定及其相关附件》；1973年6月29日，两国签署了《文化合作协定》；1974年4月24日，于尼科西亚签署了《关于避免收入和资本双重征税协定》；随后在1981年5月2日，双方又签署了《国际公路运输协定》；1982年4月21日签署了《旅游领域合作协定》；同年7月2日，两国在尼科西亚签署了《技术合作协议及附加协定书》；1991年3月15日，双方在罗马签订了《打击恐怖主义、有组织犯罪及毒品走私的合作协定》；2002年6月28日，两国签订了《再次接纳非法入境或逗留在两国境内人员的协定》和《合作打击有组织犯罪及其他形式犯罪的协议》。①

塞浦路斯与西班牙

塞浦路斯在马德里设有大使馆，并分别在毕尔巴鄂和格拉纳达设立了两个名誉领事馆；西班牙在尼科西亚设有大使馆及名誉领事馆。两国所处地理位置的特点，促进了两国之间自古以来的交流，尤其从塞浦路斯加入欧盟之后，两国间有了紧密的双边关系，两国政府在若干问题上立场类似，在欧盟不断发展的项目中成了亲密的合作伙伴。地中海南欧七国联盟

---

① https://en.wikipedia.org/wiki/Foreign_relations_of_Cyprus.

成立之后，两国对于地区问题和欧盟事务的相似看法，进一步加强了两国之间的合作与交流。

两国于 1968 年 12 月 11 日在尼科西亚签署了《废除签证要求的交换协议》；随后于 1980 年 7 月 16 日，在马德里签署了《文化、教育和科技合作协议》；1999 年 1 月 20 日，两国于马德里签订了《国际公路运输协定》。

塞浦路斯与葡萄牙

塞浦路斯于 1999 年在里斯本设立大使馆，并在波尔图设有名誉领事馆；葡萄牙在尼科西亚设有大使馆，并在拉纳卡设有名誉领事馆。塞浦路斯和葡萄牙一直保持着良好的双边关系，也是可靠的合作伙伴，两国在双边和国际层面以及欧盟框架内享有高层次的合作和相互支持。同时，两国的外交活动不断，塞浦路斯外交部部长卡素里蒂斯于 2013 年 9 月访问葡萄牙，葡萄牙国务秘书欧洲事务部布鲁诺·马萨斯于 2014 年 2 月访问塞浦路斯。塞葡两国一直保持着良好的双边关系，并共同努力进一步推动双边合作，为实现未来的共同目标而不断努力。

塞浦路斯与葡萄牙经贸合作主要表现在出口商品和服务上。2016 年葡萄牙对塞浦路斯出口额达 4120 万美元，同年进口额为 520 万美元。葡萄牙对塞浦路斯进出口贸易一直处于顺差地位，2016 年差额超过 3600 万美元。2016 年，葡萄牙主要向塞浦路斯出口产品为炼油（36%）、药品（5.6%）、家具（3.0%）等。

塞浦路斯与希腊

塞浦路斯在雅典设有大使馆，在塞萨洛尼基设有总领事馆；希腊在尼科西亚设有大使馆。这两个国家都是欧洲联盟和欧洲安全与合作组织（简称欧安组织）的正式成员。自古以来，两国关系就非常密切。位于塞浦路斯境内的希族人与希腊境内的希腊民族拥有共同的种族、语言和宗教，这使得两国之间的政治关系非常好，并且这种友好关系在每个领域都在持续不断地发展。两国之间的往来甚密，两国政治领导人在各个层面均有非常频繁的会面，主要探讨关于北塞问题、其他地区性问题及欧盟问题。两国签署的大量双边协议充分反映了两国间的紧密合作涉及非常广泛的领域。

此外，自古以来，希腊一直是塞浦路斯的主要贸易伙伴。希腊和塞浦路斯在文化上的合作和艺术活动的交流也非常广泛。

塞浦路斯与马耳他

塞浦路斯与马耳他同为地中海岛国，于2004年5月共同加入欧盟，并同为英联邦的成员国。两国都没有在对方国家境内设使馆，塞浦路斯与马耳他的使馆任务是通过经塞浦路斯认可的驻意大利罗马的使馆来履行的；而马耳他驻塞浦路斯使馆的各项事宜则授权由马耳他在雅典希腊的大使馆来履行。

自20世纪70年代以来，塞浦路斯与马耳他两国签署了一系列的政治、贸易及人文教育领域的协定：1975年5月22日，双方签署了带附件的《商业定期航空运输协定》；1988年9月20日，签署了《旅游领域合作协议》；1989年3月16日，签署《关于在卫生、医学科学领和制药领域合作的协定》；1991年2月26日，双方签署《文化与科学合作协议》；1993年10月22日，签署《避免双重征税协定与防范对应缴收入和资本税的逃避协议》；1999年9月17日，签署《关于合作打击恐怖主义、非法贩运毒品和有组织犯罪的协定》；2000年6月13日，签署《塞浦路斯内政部与马耳他司法部及地方政府部的谅解备忘录》；2002年4月18日，签署《塞浦路斯内政部与马耳他司法部和地方政府的合作协定》；2002年9月9日，双方签署《促进和相互保护投资协定》；2002年9月9日，签署《商船协议》；2008年2月12日，《塞浦路斯共和国外交事务部和马耳他外交部加强合作议定书》签署。[①]

---

① https://en. wikipedia. org/wiki/Cyprus-Greece_relations.

第三章

地中海七国与中国的关系

第一节 法国与中国

建交背景

1959 年 1 月 8 日，戴高乐就任法兰西第五共和国总统。上台之后，他推行戴高乐主义，与美国相抗衡。20 世纪 60 年代，中法的角色类似：一个是在全球范围内向美国霸权挑战的不驯服的盟国；一个是不听从指挥棒直至公开脱离苏联轨道的"大家庭成员"。这正是促成中法建交的基本因素。可以说独立自主是中法之间的基本共同点，也是中法建交最重要的政治基础。

1963 年 10 月，戴高乐将军授权法国前总理富尔携带他的亲笔信来中国，代表他同中国领导人商谈两国关系问题。中国政府在坚持反对"两个中国"的原则立场的同时，对建交的具体步骤采取灵活态度，在中法双方就法国承认中华人民共和国是中国的唯一合法政府达成默契的情况下，同意法国提出的中法先宣布建交而后法国同台湾断交的方案。

1964 年 1 月 27 日，中、法两国政府发表联合公报决定建立外交关系。联合公报宣布："中华人民共和国政府和法兰西共和国政府一致决定建立外交关系。两国政府为此商定在三个月内任命大使。"这标志着中法两国正式外交关系的开始，法国由此成为向北京派驻大使的第一个西方大国。

政治关系

1997 年 5 月 16 日两国签署《中法联合声明》把中法关系定义为全面

伙伴关系。而后中法确定建立全面战略伙伴关系，它推动双边高层频繁互访。两国元首在国事访问、正式访问和重大国际峰会期间经常会晤。2012年5月奥朗德总统上任后，两国关系稳定发展。2013年4月25日至26日，奥朗德总统来华进行国事访问，访问了北京和上海。2012年7月、2013年4月和2013年9月，法国外交部部长曾三次访华。2013年10月30日至31日，中国外交部部长王毅访问法国。2014年3月底，中国国家主席习近平对法国进行国事访问。

中法关系的发展围绕三个重点：加强政治对话；本着对等精神致力于经济关系的平衡；鼓励两国公民增进交流，尤其是中法青年人之间的交流。

中法伙伴关系由若干个对话机制构成：2001年开始的战略对话机制，2013年开始的高级别经济财金对话机制，以及2014年9月启动的高级别人文交流对话机制。① 中法两国间的频繁政治对话体现在重大国际和全球问题上的协调与沟通，如气候变化、经济治理、世界金融与货币、地区危机等，在解决所有这些问题上，中国和法国在今天都是不可或缺的两个国家。这样的协调与沟通以双方的对等和互惠互利原则为基础，使两国在重大国际场合能够充分发挥双方的共同点，并就双方的分歧点进行深入讨论。中法关系正向有前景的新领域拓展，如环保、可持续发展、农产品加工、卫生和金融服务等。

经贸关系

截至2017年1月，法国是中国在欧盟内第四大贸易伙伴（位于德国、荷兰、英国之后）、第四大实际投资来源国、第三大投资目的国和第四大技术引进国。中国是法国在亚洲第一大、全球第五大贸易伙伴。2016年中法双边贸易额为471.3亿美元，同比下降8.2%。其中，中国出口额为246.6亿美元，同比下降7.8%；进口额为224.8亿美元，同比下降8.7%。

----

① 李鸿涛：《法中委员会负责人：中法经贸合作将再上新台阶》，《经济日报》2018年2月13日。

中国是法国最大的双边贸易逆差国，位居德国之前。2013 年，法国在中国占 1.18% 的市场份额，德国占 4.8%，英国占 0.85%，意大利占 1.03%。中国是法国第五大供货商（排在美国、英国之前），在法国占有 7% 的市场份额，尤其是服装、皮革（29.3%）和电子产品（21.9%）在法国的市场占有率靠前。

尽管两国的双边贸易存在明显反差，但法国在华企业取得了很好的发展，在新领域的经济合作前景也非常广阔。法国在华投资主要集中在能源、汽车、通信、航天、化工、水务、医药等领域，大部分为生产性企业，投资主要通过建立合资企业来实现，众多法国企业以合资方式落户中国，如阿尔斯通、米其林、威立雅、雪铁龙、拉法基等。截至 2016 年底，法国在华投资项目 5197 个，实际投资 157.3 亿美元。而中国在法投资尽管数额尚少，但增长迅猛：2016 年中国对法国非金融类直接投资金额为 4 亿美元，同比上升 62.6%。

人文交流

近年来，中法两国的文化交流日益活跃。在文化艺术交流方面，自 2006 年起每年举办的"中法文化交流之春"艺术节延续了"2004～2005 中法文化年"的成功，[1] 加深了两国文化的相互了解，展示了法国在文化、艺术、现代化和技术领域的新形象。两国的文化合作以 2002 年 9 月签署的《中法政府间文化合作协定》为基础，2013 年 4 月，法国总统访问中国时又更新了协定内容。

在高等教育领域，中法双方签有教育交流与合作协议，定期举行磋商会议。近年来，中国赴法国留学生人数不断增加，目前在法国各大专院校注册学习的中国学生已超过 4 万人，成为法国第二大外国学生群体。目前，双方已有 120 多对高校及 20 余对中学建立了校际交流关系。两国每年互换 65 名奖学金学生，法国在中国留学生人数也突破 1 万人。2003 年 9 月，中

---

① 《中国同法国的关系》（最近更新时间：2018 年 10 月），中华人民共和国外交部网站，ht-tp://www.fmprc.gov.cn/web/gjhdq_676201/gj_676203/oz_678770/1206_679134/sbgx_679138/。

法签署互认学历和文凭协议。目前，中国在法国本土和海外省开设 17 所孔子学院和 1 所孔子课堂，并在法国 9 个学区、23 所中小学开设中文国际班。2016 年 4 月，双方正式启动"千人实习生计划"，每年最多互派 1000 名青年到对方国家的企业实习。①

双边协定与协议

1966 年 6 月，《航空交通协定》。

1975 年 9 月，《海运协定》。

1978 年 12 月，《发展经济关系和合作长期协定》。

1979 年 5 月，《信贷协定》。

1979 年 10 月，《邮电合作议定书》。

1980 年 10 月，《互设领事机构协议》。

1983 年 5 月，《广播电视合作议定书》。

1984 年 6 月，《避免双重征税和防止偷漏税协定》《鼓励与投资保护协定》。

1985 年 3 月，《动物检疫协定》。

1994 年 1 月，《一·一二联合公报》。

1995 年 1 月，《动植物检疫卫生条件协议》。

1996 年 4 月，《海运协定》。

1997 年 5 月，《中法联合声明》《环境保护合作协定》《发展和平利用核能合作协定》《卫生和医学科学合作协定》《研究与和平利用外层空间合作协定》。

1999 年 1 月，《公务员制度合作协定》。

2002 年 3 月，《中法教育合作协议》。

2002 年 9 月，《中法政府间文化合作协定》。

2004 年 1 月，《中法联合声明》。

2004 年 10 月，《中法联合新闻公报》《预防和控制新发传染病合作协

---

① 刘军：《教育交流推动中欧民心相通》，《光明日报》2017 年 5 月 18 日，第 10 版。

议》《促进京都议定书第十二条清洁发展机制协议》。

2005 年 12 月，《关于开展青年领域合作的联合声明》。

2006 年 4 月，《中法两国政府关于农业合作的联合声明》。

2006 年 7 月，《中华人民共和国公安部与法兰西共和国内政和领土整治部联合声明》。

2006 年 10 月，《中法联合声明》。

2007 年 11 月，《中法应对气候变化联合声明》。

2009 年 12 月，《中法关于在中国建设乏燃料后处理/再循环工厂项目的联合声明》《中法关于科学研究和技术开发的合作框架协议》《中法关于水资源领域的合作协议》。

2010 年 4 月，《关于开展青年学生交流活动的意向声明》《中法高等教育合作机制框架协议》《中法合作拍摄电影的协议》。

2010 年 11 月，《中法关于加强全面战略伙伴关系的联合声明》。

2013 年 4 月，《中法联合新闻公报》《中华人民共和国科学技术部与法兰西共和国高等教育和研究部、生产振兴部关于创新的联合声明》。

2014 年 3 月，《中华人民共和国和法兰西共和国联合声明——开创紧密持久的中法全面战略伙伴关系新时代》《中法关系中长期规划》。

2015 年 6 月，《中华人民共和国政府和法兰西共和国政府关于第三方市场合作的联合声明》《中法两国深化民用核能合作的联合声明》。

2015 年 7 月，《中法引渡条约》。

2015 年 11 月，《中法元首气候变化联合声明》。

第二节　西班牙与中国

建交背景

中国与西班牙建交于 1973 年 3 月 9 日，两国政府以互相尊重主权和领土完整、互不干涉内政和平等互利的原则维持外交关系。西班牙政府承认中华人民共和国政府为中国的唯一合法政府，承认中国政府关于台湾是中华人民共和国的一个省的立场，并决定在 1973 年 4 月 10 日前从台湾撤走其官方代表机构。中华人民共和国政府和西班牙政府将在平等互利的基础上，根据国际法和国际惯例，在各自首都为对方的建馆、使馆人员的住宿及任务执行提供必要的协助。两国政治、经贸、文化、科技、教育、司法等领域的友好合作关系不断发展。双方签有引渡条约、被判刑人移管条约、刑事司法互助条约、航空协定、社保协定、文化协定、经济和工业合作协定、科技合作基础协定、避免双重征税协定、投资保护协定和打击有组织犯罪合作协定。

政治关系

近年来，中西关系继续保持良好发展势头。2005 年 11 月胡锦涛主席访问西班牙期间，两国建立全面战略伙伴关系。双方在各领域不断加强高层互访。自 2011 年以来中国访问西班牙的有：全国政协副主席孙家正（2011 年 6 月），全国人大常委会副委员长乌云其木格（2011 年 7 月），全国政协副主席黄孟复（2011 年 7 月），全国人大常委会副委员长严隽琪（2011 年 11 月），全国人大常委会委员长吴邦国（2012 年 5 月），全国政协副主席万钢（2013 年 5 月），全国政协副主席杜青林（2013 年 10 月），全国政协副主席、中联部部长王家瑞（2014 年 12 月），国务院总理李克强（2011 年 1 月，时任国务院副总理），中共中央政治局委员、中央书记处书记、中宣部部长刘奇葆（2015 年 6 月），国家主席习近平（2016 年 11 月），中央军委副主席范长龙（2017 年 6 月），国务委员杨洁篪（2017 年 9 月）等。2014 年 10 月，西班牙首相拉霍伊来华正式访问。2016 年 9 月，拉霍伊来华出席二十国集团领导人峰会。2017 年 5 月，拉霍伊来华出席"一带一路"国际合作高峰论坛。

经贸合作

随着中国"一带一路"建设的不断推进，西班牙成为中国经贸往来的重要合作伙伴。2014 年，中欧铁路班列"义新欧"正式开通，是目前世界上运营里程最长的货运班列。2017 年中国与西班牙实现进出口额达

3094048 万美元，① 其中出口额达 2291651 万美元，进口额达 802397 万美元，分别较 2016 年增长 12.7%、7.5%、30.8%。西班牙是中国在欧洲的第六大贸易伙伴国。截至 2016 年底，西班牙在华企业 700 余家，投资项目 2200 余个。西班牙投资促进局局长表示西班牙在汽车生产、航空制造、电子通信、商业、金融、工业设施、设备制造、农产品、食品等方面都具有较大优势，西班牙 14% 的收入来自服务出口，包括金融服务、物流服务、技术服务等。② 目前双方加强在交通运输方面的合作，两国间伊比利亚、国航、首航、东航、国泰等航空公司均开通了航线，2017 年，马德里与北京、上海、杭州、成都和香港 5 个城市均开通直飞航线，每周接近 30 个航班，较 2015 年增加了 4 倍。截至 2018 年 3 月，"义新欧"班列共往返运行354 列，其中 2017 年往返 168 列，发送 14910 标箱，同比增长 84.3%，为浙江金华加快融入"一带一路"、提升对外开放水平发挥了重要作用。③

人文交流

中国和西班牙的友好关系源于 16 世纪，人文交流是推动两国关系深入发展的重要支柱，中西在科技、文化、教育、旅游等领域合作成果丰硕。2016 年中国赴西班牙旅游人数达 60 万人次，2017 年春节到西班牙旅游的中国游客占比最多。目前，中国开设西班牙语专业的高校达 58 所，西班牙共开设 8 所孔子学院，8 个孔子学堂，开展汉语语言推广及传播中国文化。2006 年和 2013 年，西班牙塞万提斯学院北京分院和中国文化中心分别在对方首都成立。目前中国已开展两届"西班牙在中国：西班牙文化月"活动，该活动还将举办地点扩展到北京、成都、香港等全国其他地区。2017年举行的"西班牙文化月"活动让中国观众欣赏到了西班牙当代艺术以及高艺术水准的两场演出，分别是"哈维尔·贡德吉他之夜"和"画外奇缘——动画互动人偶剧"。此外，2017 年在西班牙成功举办了"中国非遗

---

① 中华人民共和国商务部欧洲司。
② 李留宇：《西班牙期待更多中国投资者进入》，《国际融资》2013 年第 12 期。
③ http://www.jinhua.gov.cn/11330700002592599F/ttxw/201804/t20180421_2265218.html.

文化周"系列活动，向西班牙民众展示了中国西南少数民族非遗文化。①
此外，西班牙中西文化艺术交流中心 CCACO 在马德里同当地高校开办了
"2017 西班牙 CCACO 第三届中国文化节"。2018 年西班牙驻华大使馆举行
了"中国西班牙合作 – 高迪与数字博物馆"发布会，西班牙将与百度百
科、SIG 善美共同打造多个合作项目，包括总体覆盖 400 多家西班牙博物
馆的大型数字博物馆项目——百度百科圣地亚哥之路数字博物馆，与收藏
西班牙绘画及雕塑作品最全面、最权威的普拉多美术馆进行全面合作等。②
截至 2017 年底，中国在西班牙留学生突破 1.3 万人，西班牙在华留学生超
过 4000 人。2017 年，西班牙公民来华旅游 15.6 万人次，同比上升
4.28%。2016 年，中国游客首站前往西班牙的有 24.99 万人次，同比增长
23.4%，人均消费居各国游客之首。截至 2018 年 3 月，两国建立有 25 对
友好省市关系，中西交流进入全面繁荣发展阶段。

双边协定与协议③

1973 年 3 月，中西驻法大使分别代表两国政府在巴黎签署建交联合
公报。

1978 年 6 月，《贸易协定和民用航空运输协定》。

1981 年 4 月，《文化、教育、科学合作协定》。

1984 年 11 月，《发展经济和工业合作协定》。

1985 年 9 月，《科技合作基础协定》。

1990 年 11 月，《关于避免双重征税和防止偷漏税的协定》。

1992 年 2 月，《关于相互鼓励和保护投资协定》。

1992 年 5 月，《关于民事、商事司法协助的条约》。

2000 年 6 月，《两国政府打击有组织犯罪的合作协定》。

2005 年 7 月，《关于刑事司法协助的条约》。

2005 年 11 月，《引渡条约》《关于移管被判刑人的条约》《关于互设

---

① http://wenhua.youth.cn/xwjj/xw/201707/t20170717_10308259.htm.

② http://tech.china.com/article/20180206/20180206105783.html.

③ 摘自中华人民共和国外交部网站。

文化中心的协议》。

2007 年 9 月,《关于开展大熊猫合作、保护和研究的协议》。

2007 年 10 月,《关于相互承认学历学位的协议》《关于教育领域合作的谅解备忘录》。

2014 年 9 月,《签署关于合作拍摄电影的协议》。

2016 年 3 月,《开展教育合作与交流执行计划(2015 年至 2019 年)》。

2017 年 5 月,《社保协定》。

2018 年 1 月,《文化、青年和体育合作执行计划(2018－2021)》。

第三节　葡萄牙与中国

建交背景

1974 年"康乃馨革命"后,葡萄牙新政府宣布放弃殖民主义,并公开承认澳门主权属于中国。1975 年 1 月,葡萄牙宣布同台湾国民党政权正式断交,为中葡建交奠定了基础。1976 年葡萄牙总统恩尼斯在出席联合国大会期间,与当时中国驻联合国代表黄华就中葡建交和澳门问题进行了交谈。经过两年多的洽商,1979 年 2 月,中葡双方在澳门地位问题上达成秘密协定,2 月 8 日,葡萄牙与中国在巴黎正式交换《中葡建交联合公报》,解决了两国一直悬而未决的外交问题。

政治关系

中葡 1979 年 2 月 8 日建交,近年来,中葡关系在相互尊重、平等互利、互不干涉内政的原则基础上稳步发展,双方高层往来频繁。1999 年 12 月 20 日,根据中葡关于澳门问题的联合声明的规定,中国政府恢复对澳门行使主权;2005 年,两国领导人宣布建立全面战略伙伴关系。2010 年 11 月,胡锦涛主席访问葡萄牙,将中葡关系推至新高度。2013 年,中国共有 20 余个副部级以上团组访问葡萄牙。2013 年 11 月,葡萄牙副总理保罗·波尔塔斯率团赴澳门出席中葡论坛第四届部长级会议。2014 年 5 月,葡萄牙共和国总统阿尼巴尔·卡瓦科·席尔瓦对中国进行国事访问。

经贸合作

据中国海关统计，2016 年中葡双边贸易额为 55.8 亿美元。同比增长 28.2%。其中中国出口 40 亿美元，同比增长 38.3%；进口 15.8 亿美元，同比增长 8.2%。中国对葡萄牙出口商品主要有电机电气设备、机械器具、玩具、家具、钢铁制品等，进口商品主要有机械器具、电机电气设备、软木及其制品、纸浆及废纸、矿产品等。

2016 年 3 月，中葡经贸混委会召开第九次会议。截至 2016 年底，中国对葡萄牙实际投资累计金额达 62.88 亿美元。葡萄牙累计对华投资共 222 项，实际投入 1.99 亿美元。目前葡萄牙在华投资项目主要有中交虹桥有限公司、烟台麒麟包装有限公司、山东凯威斯葡萄酒业有限公司、辽阳易发式电气设备有限公司、葡萄牙大西洋银行珠海分行等。

近年来，葡萄牙大力推进企业私有化进程，对外国企业投资持开放和欢迎态度，中国企业亦积极参与。主要项目包括：中国长江三峡集团收购葡萄牙电力公司 21.35% 股权，国家电网公司收购葡萄牙电网公司 25% 股权，均成为单一最大股东；中国石化集团收购葡萄牙石油和天然气公司旗下巴西分公司 30% 股份；香港北控水务集团收购法国威立雅水务公司旗下葡萄牙水务公司 100% 股权；复兴集团收购葡萄牙储蓄总行附属保险公司 80% 股份、葡萄牙电网 3.9% 股份和圣灵集团医疗服务子公司 EES96% 股份；海通国际控股公司收购葡萄牙新银行旗下圣灵投资银行。

人文交流

中葡建交后，两国在文化、科技和教育方面交流往来逐渐增加。两国间签有文化协定和为期 3 年的文化交流协定执行计划，2016 年签订关于互设文化中心的协定。2005 年两国签署《中华人民共和国政府和葡萄牙共和国政府关于相互承认高等教育学历、学位证书的协定》。2014 年签署《中华人民共和国教育部和葡萄牙共和国教育科技部外交部教育和培训合作执行计划（2014 年至 2017 年）》。葡萄牙米尼奥大学、里斯本大学和阿威罗大学先后开设孔子学院。中葡双方签有《中葡科技合作协定》，至今已召开八届中葡科技合作联委会，共商定 10 个合作项目。两国科技部签署合作谅解备忘录，根据协议，2013 年"中葡先进材料联合创新中心"正式落户浙江大学。两国分别于 2014 年和 2016 年签署《关于海洋科学领域研究与创新合作议定书》和《关于海洋领域合作谅解备忘录》。司法方面，两国签有《中葡刑事司法协定》、《中葡引渡条约》和《中葡移管被判刑人条约》，目前均已生效。中葡间建有北京—里斯本、上海—波尔图、无锡—卡斯卡伊斯、珠海—布兰科堡、铜陵—莱里亚、深圳—波尔图 6 对友好城市。2000 年 12 月 29 日，中国葡萄牙友好协会在北京成立。全国人大和葡议会互设友好小组。

中葡两军交往始于 1980 年。2006 年，葡萄牙国防部部长阿马多访华，签署《两国国防部合作协议》。2009 年，葡萄牙海、空军参谋长分别率团出席中国海、空军成立 60 周年系列活动。2010 年，葡萄牙海军"萨格雷斯"号风帆训练舰访问上海。2011 年，葡萄牙陆军参谋长拉马略上将访华。2013 年 4 月，由黄山舰、衡阳舰和青海湖舰组成的中国海军第十三批护航编队抵达葡萄牙首都里斯本，对葡萄牙进行为期 5 天的友好访问。2014 年，中国中央军委委员、总政治部主任张阳上将、武警政委许耀元上将先后访葡。同年 12 月，葡萄牙空军参谋长皮涅伊罗上将访华。2015 年，葡萄牙武装力量总参谋长蒙特罗上将访华，中国海军第二十批护航编队访葡。

双边协定与协议①

1978 年，《中葡新闻合作协定》。

1979 年，《中葡建交联合公报》。

1980 年，《中葡贸易协定》（已于 1986 年终止执行）。

1982 年，《中葡文化、科技合作协定》。

1982 年，《中葡经济、工业和技术合作协定》。

1987 年，《中葡关于澳门问题的联合声明》。

---

① http://www.fmprc.gov.cn/chn//pds/gjhdq/gj/oz/1206_32/sbgx/t7352.htm.

1991 年,《中葡政府体育交流协定》。

1992 年,《中葡投资保护协定》。

1993 年,《中葡科技合作协定》。

1998 年,《中葡关于避免双重征税和防止偷漏税协定》。

1998 年,《中国公安部和葡萄牙内政部合作协议》。

2002 年,《中国教育部与葡科学和高教部合作备忘录》。

2005 年,《中华人民共和国政府和葡萄牙共和国政府关于经济合作协定》。

2005 年,《中华人民共和国最高人民法院与葡萄牙共和国最高行政法院合作协议》。

2005 年,《中华人民共和国政府和葡萄牙共和国政府关于相互承认高等教育学历、学位证书的协定》。

2005 年,《中华人民共和国政府和葡萄牙共和国政府 2005 - 2007 年度文化交流执行计划》。

2005 年,《中国对外文化交流协会与葡萄牙东方基金会 2005 - 2007 年度交流合作协议》。

2005 年,《中国中央电视台和葡萄牙电视台合作协议》。

2005 年,《中华人民共和国航空当局与葡萄牙共和国航空当局关于代号共享安排的谅解备忘录》。

2005 年,《中华人民共和国和葡萄牙共和国关于刑事司法协助的协定》。

2005 年,《中华人民共和国司法部与葡萄牙司法部司法领域合作谅解备忘录》。

2005 年,《中华人民共和国和葡萄牙共和国鼓励和相互保护投资协定》。

2005 年,《中国国家对外汉语教学领导小组办公室与葡萄牙米尼奥大学关于合作建设孔子学院的框架协议》。

2005 年,《中华人民共和国卫生部和葡萄牙共和国卫生部关于卫生合作的协定书》。

2006 年,《中葡国防部合作协议》。

2007 年,《中华人民共和国和葡萄牙共和国引渡条约》。

2007 年,《中华人民共和国和葡萄牙共和国关于移管被判刑人的条约》。

2007 年,《中华人民共和国财政部和葡萄牙共和国财政和公共管理部关于双边财政合作的谅解备忘录》。

2007 年,《中华人民共和国商务部和葡萄牙共和国经济和创新部建立双边投资促进工作组的谅解备忘录》。

2007 年,《中国国家汉语国际推广领导小组办公室与葡萄牙里斯本大学合作建设孔子学院的协议》。

2007 年,《中华人民共和国外交部和葡萄牙共和国外交部关于档案领域的合作协议》。

2009 年,《中国商务部和葡萄牙经济和创新部关于中小企业合作谅解备忘录》。

2010 年,《中华人民共和国商务部和葡萄牙共和国经济、创新和发展部关于进一步加强经济合作的声明》。

2010 年,《中葡政府 2010 年至 2012 年度在文化、语言、教育、科学、技术、高等教育、青年、体育和传媒领域的合作执行计划》。

2010 年,《中华人民共和国和葡萄牙共和国旅游合作协定》。

2012 年,《中华人民共和国科学技术部与葡萄牙教育科学部关于科技创新合作的谅解备忘录》。

2014 年,《中华人民共和国科学技术部与葡萄牙共和国教育科学部关于海洋科学领域研究与创新合作的议定书》。

2014 年,《中华人民共和国政府和葡萄牙共和国政府在文化、语言、教育、体育、青年和传媒领域合作 2014 – 2017 年度执行计划》。

2014 年,《中华人民共和国教育部和葡萄牙共和国教育科学部、外交部教育和培训合作执行计划 (2014 年至 2017 年)》。

2014 年,《中华人民共和国政府和葡萄牙共和国政府关于互设文化中心的谅解备忘录》。

2015 年,《中华人民共和国新闻出版广电总局与葡萄牙部长理事会在图书和文学领域合作的谅解备忘录》。

2016 年,《中葡海洋领域合作谅解备忘录》。

2016 年，《中华人民共和国和葡萄牙共和国关于互设文化中心的协定》。

2016 年，《中华人民共和国商务部和葡萄牙共和国外交部关于加强第三方市场合作的谅解备忘录》。

2016 年，《中国保险监督管理委员会与葡萄牙保险和养老金监管局合作与技术协助协议》。

2016 年，《中华人民共和国国家档案局与葡萄牙共和国政府文化部档案领域合作谅解备忘录》。

第四节　意大利与中国

建交背景

意中关系有着悠久的历史。西汉时期的陆上丝绸之路以长安为起点，罗马为终点，连接着亚欧大陆的古代东西方文明。166 年罗马皇帝"帝王哲学家"马克·奥勒留曾遣使到汉朝，这也是欧洲与中国国家交好的最早记录。元朝威尼斯商人、旅行家马可·波罗经丝绸之路到达中国，回国后自述完成《马可·波罗游记》，这本书也成为欧洲了解中国和东方的开始。明朝时期，意大利传教士利玛窦于 1582 年到达中国澳门开始传教，是天主教在中国传教的开拓者之一，也是第一位阅读并钻研中国文学典籍的西方学者；同时他也与中国学者合作翻译了多部科学技术著作，向中国读者传播了西方文化。在清朝意大利传教士郎世宁于 1715 年来华传教，成为清代历经康、雍、乾三朝的宫廷十大画师之一，且参与了圆明园的设计和修建。中华人民共和国成立后，中意两国之间互动频繁。1964 年中国在罗马与意方签署了两国互设民间商务代表处的协议。1970 年 11 月 6 日，中意两国正式建交，开启了两国关系的新时代。两国分别在上海、广州和米兰、佛罗伦萨设立总领事馆。① 建交至今，两国在政治、经济、军事、文化、教育和科技等领域合作不断深入，结下了深厚的友谊。

---

① 截至 2018 年，意大利驻华大使馆还分别在广州和重庆增设了总领事馆。

政治关系

政治上，意大利政府始终坚持一个中国原则。1969 年 1 月 29 日，意大利外长南尼宣布，意大利政府正式承认中华人民共和国为唯一合法的中国政府，并于次年两国建交之际发表公报称："按照以下原则：相互尊重主权和领土完整、互不干涉内政、平等和互利，意大利共和国和中华人民共和国决定相互承认和建立外交关系，并在三个月内互派大使。中国政府重申台湾是中华人民共和国领土不可分割的一部分。意大利政府注意到这一声明。"① 意大利坚持一个中国原则，在中国恢复联合国合法席位和加入世界贸易组织时都表示大力支持。2004 年，两国建立全面战略伙伴关系。两国高层互访频繁，交流合作不断深入。特别是 2013 年中国国家主席习近平提出"一带一路"国家级顶层合作倡议，为中意关系注入了新的活力。意大利是古丝绸之路的终点，也是"一带一路"的交汇点。中意加强"一带一路"国际合作有着独特的优势。② 2017 年，意大利总理真蒂洛尼来华出席了"一带一路"国际合作高峰论坛。

经贸关系

意大利是中国在欧盟的第五大贸易伙伴，中国是意大利在亚洲的第一大贸易伙伴。中华人民共和国成立初期，中意两国进出口贸易额不过 322 万美元，③ 而这一数字到 2017 年已经达到 473.9 亿美元。④ 机电产品、运输设备、化工产品和纺织品及原料是意大利对中国出口的主要商品，意大利自中国进口的主要商品包括机电产品和纺织品及原料。意大利是欧洲第二大制造业国和农业国，在中小企业、高端制造、环保和时尚领域具有独

---

① 详见《意大利》，第 506 页。
② 节选自李瑞宇大使 2017 年 5 月 12 日在"'一带一路'倡议给意大利企业带来机遇"研讨会上的讲话，详见中华人民共和国驻意大利共和国大使馆网站。
③ 详见《意大利》，第 509 页。
④ 数据来源于中华人民共和国商务部国别报告。

特的优势，而中国是潜力巨大的市场，处于全面深化改革和经济转型升级阶段，双方在多领域的合作也符合各自的发展需求。中意双方都主张构建开放型世界经济，反对贸易和投资保护主义。目前中国是意大利的主要贸易逆差国之一，对于这种经济不平衡，双方仍需进一步加强贸易往来，清除不同性质的壁垒和障碍，使两国经济越来越稳健、良性的发展。两国政府还于2014年成立了中意企业家委员会，这是一个具备巨大潜力的创新互利平台，旨在加强中意双方信息、计划和投资的交流，确保两国的经贸合作伙伴关系稳健发展。

人文交流

中意两国是东西方两个具有代表性的文化大国，双方的人文交流合作有着独特的天然优势。1978年，两国签署《中意文化合作协定》，此后两国开展了许多交流文化项目，比如"中国古代文明展""秦始皇兵马俑展""意大利文艺复兴时期艺术与文明展"，中国的京剧、杂技艺术团与意大利歌剧团和音乐会等文化互访活动。① 21世纪以来，随着中意双边关系发展进入新的高速发展阶段，两国文化交流合作更加密切。2006年意大利在中国成功举办"意大利年"，意大利的时尚、艺术和设计在中国各地受到了广泛关注和欢迎。2010年"中国文化年"活动在意大利成功举办。2010年中国国家博物馆同罗马威尼斯宫国家博物馆互设长期展馆，开创了中欧文化交流的新模式。自2011年起，每年在罗马举办的"欢乐中国年"活动使得中国文化的影响力日益扩大。目前，中国在意大利建立了12所孔子学院，38所孔子课堂，为增进意大利人民对中国语言文化的了解和促进中意两国的文化交流发挥了重要作用。2016年萨兰托中意文化交流协会在意大利南部城市莱切成立，旨在促进中意两国的艺术文化交流，为中意双方提供文化、商务、教育、政企等各方面的合作平台。截至2018年3月，中意两国已建立90对友好省市和地区关系。

---

① 详见《意大利》，第510页。

双边协定与协议

1970 年 11 月,《中意关于两国建立外交关系的联合公报》。

1978 年 10 月,《中意文化合作协定》《中意科技合作协定》。

1984 年 3 月,《中意空间科学技术合作议定书》。

1986 年 6 月,《中意领事条约》。

1991 年 5 月,《中意关于民事司法协助的条约》《中意经济合作协定》。

1991 年 7 月,《中意关于和平利用与研究宇宙空间方面进行合作的协定》。

2001 年 4 月,《中意关于打击犯罪的合作协议》。

2004 年 5 月,《中意关于建立全面战略伙伴关系的联合公报》《中意成立中意政府委员会的联合声明》。

2004 年 6 月,《中意知识产权合作协定》《中意航空工业合作谅解备忘录》。

2005 年 7 月,《中意相互承认高等教育学历学位协议》。

2008 年 11 月,《中意科技合作联合声明》。

2009 年 7 月,《中意 2010 年在意举办"中国文化年"联合声明》《中意投资合作谅解备忘录》《中意高技术领域合作谅解备忘录》《中意旅游合作谅解备忘录》。

2010 年,《中意引渡条约》《中意刑事司法协助条约》《中意关于加强经济合作的三年行动计划》。

2014 年 6 月,《中意关于加强经济合作的三年行动计划 2014 年至 2016 年》《中意关于建立文化合作机制的谅解备忘录》。

2014 年 10 月,《中意环境伙伴关系联合声明》。

2015 年 4 月,《2015 ~ 2019 年文化合作执行计划》。

2016 年 5 月,《中意政府委员会第七次联席会议共同文件》。

2017 年 5 月,《中国和意大利关于加强经贸、文化和科技合作的行动计划(2017 – 2020)》。

2017 年 12 月，《中意政府委员会第八次联席会议共同文件》①。

第五节　希腊与中国

建交背景

中国与希腊虽距离遥远，但两国自中国汉代（希腊被罗马帝国统治时期）以来就通过欧亚草原丝绸之路及陆上与海上丝绸之路②进行经贸文化交往。1972 年 6 月 5 日，中国和希腊两国政府发表关于建立外交关系的联合公报。公报宣布："中华人民共和国政府和希腊王国政府根据互相尊重主权和领土完整、互不干涉内政和平等互利的原则，决定自一九七二年六月五日起，互相承认并建立外交关系，在六个月内互派大使。"两国正式建立大使级外交关系。

政治关系

40 多年以来，中希两国间友好合作顺利发展。当前，双方的政治关系持续稳固发展，各领域合作成果丰硕，进一步扩大和深化双边关系的前景广阔。2006 年 1 月，希腊总理卡拉曼利斯对中国进行正式访问。两国在此期间宣布建立全面战略伙伴关系，揭开了双边关系发展的新篇章。自此两国高层互访频繁，在重大地区和国际事务中保持沟通和协调。

2008 年 6 月，希腊总统帕普利亚斯（Karolos Papoulias）对中国进行国事访问。2008 年 11 月，胡锦涛主席对希腊进行国事访问。2010 年 10 月，温家宝总理对希腊进行国事访问。2011 年 10 月，全国政协主席贾庆林对希腊进行友好访问，2013 年 5 月，希腊总理萨马拉斯（Antonis Samaras）对中国进行国事访问。2014 年 6 月，李克强总理对希腊进行国事访问。中希双方共同发表《关于深化全面战略伙伴关系的联合声明》，重申了在互

---

① 中华人民共和国外交部官网资料。
② 张绪山：《整体历史视野中的中国与希腊－罗马世界——汉唐时期文化交流的几个典例》，《全球史评论》2008 年第 1 期，第 217 页。

利共赢原则指导下,不断加强两国在各领域的合作。两国同时也签署了双边文化、经贸、投资、海洋、防灾、基础设施建设等领域的合作文件。2014 年 7 月,习近平主席过境访问希腊罗德岛,希腊总统和总理亲自接待。2016 年是中希建立全面战略伙伴关系 10 周年,7 月,希腊总理齐普拉斯对中国进行正式访问,双方共同发表《关于加强全面战略伙伴关系的联合声明》,一致肯定两国间的战略合作关系,两国愿进一步加强和深化合作。2017 年 5 月,齐普拉斯总理来华出席"一带一路"国际合作高峰论坛。

经贸关系

近年来,两国经贸合作持续发展。2016 年,希腊经济下行趋势放缓,中国对外贸易开始复苏,中希双边贸易增幅较大,贸易总额达 44.8 亿美元,同比增长 13.5%。其中中国出口希腊 42 亿美元,同比增长 14.6%;自希腊进口 2.8 亿美元,同比下降 0.9%。中国一直以来在中希双边贸易中顺差较大。进出口货物以两国的传统优势产品为主,中国对希腊的出口产品主要为机电和家具类产品,中国自希腊进口以建材、药品、矿产和农副加工产品为主。中希贸易总额占中国对外贸易总额的 0.13%,两国双边贸易对中国对外贸易整体影响较小。而中国是希腊第三大贸易伙伴,中希贸易额占希腊对外贸易总额的 4.63%。

直接投资方面,中希双边投资总体规模不大。截至 2016 年底,希腊对华直接投资项目累计 142 个,实际投资额为 9622 万美元。根据中国商务部数据,2016 年中国对希腊直接投资流量为 2939 万美元。截至 2016 年底,中国对希腊直接投资总额约为 13 亿美元,投资集中在海运、电信和光伏领域。2014 年 6 月,两国签署《关于加强双边经济投资合作的谅解备忘录》。两国建有双边经贸混委会机制,截至 2017 年底共召开了 12 次会议。2017 年 9 月,中国以主宾国身份参加第 82 届希腊萨洛尼卡国际博览会。

海运是中希经贸合作最早的领域。2009 年 10 月,中国中远海运集团取得希腊比雷埃夫斯港 2 号和 3 号集装箱码头 35 年特许经营权,这是中国企业首次获得欧洲大型港口特许经营权。2016 年 8 月,中远海运集团以

3.685 亿欧元出价收购了比雷埃夫斯港务局 67% 的股份，由此接手该港务局，成为新的管理者。

2017 年 5 月，中国国家电网公司以约 3.2 亿欧元收购了希腊公共电力公司下属独立输电网络公司 24% 的股权。另外，中国民营企业复星集团是雅典机场旧址开发项目的投资方之一。①

就目前的双边合作以及未来发展趋势而言，两国合作的重点领域是基础设施建设。2017 年 5 月，希腊在出席 "一带一路" 高峰论坛期间，与中国国家发改委签署《中希重点领域 2017 - 2019 年合作计划》，双方将进一步加强在交通、能源和电信领域的基础设施建设与升级改造的合作，以及相关领域的融资支持，中希投资合作和经贸发展有了一个更为广阔和坚实的平台。

希腊债务危机后，希腊政府曾着力推动国有资产私有化改革，中国资本也积极参与其中。随后，希腊政府推出了一系列旨在吸引外资和鼓励创新创业的法案，对国外投资者起到了积极的引导作用，中国成为通过购买房产而获得居留许可最多的投资来源国。

人文交流

中希两国都有着悠久的历史和璀璨的文化。汉语和希腊语是世界上现存仅有的两个历经三千年依然被使用的语言。两国各自深厚的历史文化和对其他民族的尊重，极大地促进了双边文化交流。两国间签有文化协定和为期 3 年的文化交流协定执行计划，建有记者团年度互访机制。中国国家文物局与希腊文化部在文物保护、博物馆建设等领域保持经常性交流。

2007 年 9 月至 2008 年 9 月，"希腊文化年" 在中国举办。此次文化年特别安排在 2008 年北京奥运会举办之际，活动规模大，内容丰富，极大地加强了两国的友好关系。正因如此，中希两国就奥运会方面的合作非常密切。2007 年 8 月希腊古奥林匹亚圣火遗址附近发生特大森林火灾，烧毁了

---

① 《希腊私有化基金称雅典老机场开发项目将继续推进》，2017 年 3 月 6 日，中华人民共和国商务部网站，http://www.mofcom.gov.cn/article/i/jyjl/m/201703/20170302528271.shtml。

遗址周围的部分植被。希腊于 2008 年 2 月邀请 2008 名中国志愿者在该遗址旁种植橄榄树，创建"奥林匹亚中国林"；3 月，北京奥运会圣火取火及交接仪式在希腊成功举行。2009 年 10 月，希腊第一家孔子学院在雅典经商大学正式挂牌。2010 年 4 月，中国以主宾国身份参加希腊萨洛尼卡国际书展。2012 年 5 月，绍兴鲁迅纪念馆和希腊卡赞扎基斯博物馆结为友好馆。2014 年，两国签署关于互设文化中心的协定。2016 年 10 月，中共中央政治局常委、中央书记处书记刘云山访问希腊期间，出席中欧文明对话会并为雅典中国文化中心揭牌。

科技合作方面，自 1979 年两国签订科技合作协定以来，已先后召开 10 次科技合作混委会，合作项目涉及农业、能源、海洋学、生物、医学、材料和基础科学等领域。2016 年 2 月，故宫博物院与希腊研究与技术基金会签署《科学合作备忘录》，约定成立联合实验室，共同研发和应用激光技术清理和保护石质文物。

双边协定与协议

1973 年，《中希贸易支付协定》《中希海运协定》《中希民航运输协定》。

1978 年，《中希文化交流与合作协定》。

1979 年，《中希科技交流与合作协定》。

1983 年，《中希经济技术合作协定》。

1988 年，《中希旅游合作协定》。

1992 年，《中希双边投资保护协定》。

1994 年，《中希民事和刑事司法协助协定》。

1995 年，续签《中希海运协定》、《中国公安部和希腊公共秩序部公共安全合作协定》。

2002 年，《中华人民共和国政府和希腊共和国政府所得避免双重征税和防止偷漏税协定》《中华人民共和国国防部和希腊共和国国防部军事领域合作议定书》《中华人民共和国农业部和希腊共和国农业部农业合作谅解备忘录》《中华人民共和国外交部和希腊共和国外交部磋商议定书》。

2005 年，《中希体育合作协议》《中希教育合作谅解备忘录》。

2006 年，《中华人民共和国商务部与希腊共和国外交部关于中小企业合作的谅解备忘录》《中国国际贸易促进委员会与希腊－中国商务理事会合作谅解备忘录》。

2008 年，《中华人民共和国司法部和希腊共和国司法部交流与合作协议》《中华人民共和国商务部与希腊共和国外交部官方发展合作谅解备忘录》《中国合格评定国家认可委员会与希腊国家认可委员会技术合作谅解备忘录》。

2010 年，《中希海事技术合作备忘录》《中华人民共和国商务部和希腊共和国经济、竞争力与海运部关于加强双边投资合作的谅解备忘录》。

2011 年，《中华人民共和国商务部和希腊共和国地区发展、竞争力与海运部关于加强基础设施领域合作谅解备忘录》。

2014 年，《中华人民共和国文化部与希腊共和国文化部关于互设文化中心的协定》《中华人民共和国科学技术部与希腊共和国教育和宗教事务部关于科技型中小企业创新合作备忘录》《国家海洋局和希腊相关部门海洋领域合作谅解备忘录》《中国国家标准化管理委员会与希腊标准化组织合作协议》。

2016 年，《中华人民共和国科学技术部与希腊共和国教育、科研、宗教事务部关于科技创新合作的谅解备忘录》《中华人民共和国国家旅游局与希腊共和国经济、发展和旅游部 2016～2018 年旅游领域联合行动计划》《中国商务部投资促进局与希腊企业局双向投资合作谅备》《中国国家开发银行与希腊央行合作框架协议》。

2017 年，《中希重点领域 2017～2019 年合作计划》《中国证监会与希腊资本市场委员会证券期货监管合作谅解备忘录》。

第六节　马耳他与中国

建交背景

进入 20 世纪 70 年代后，随着中美关系的解冻，一些西方国家纷纷打消了对中国的顾虑。加上中国国家主席毛泽东对中国外交进行了很大调整，中国开始进一步敞开国门。在这样的背景下，形成了西方国家纷纷开始与中国建立外交关系的热潮。1970 年 10 月中国与加拿大建立外交关系，加拿大成了在 70 年代率先承认中华人民共和国的第一个重要的西方发达国家。紧接着意大利于 1970 年 11 月同中国建交，这对马耳他产生了直接的影响，1972 年 1 月 31 日，中国与马耳他签署《关于中国和马耳他建立外交关系的联合公报》，互相承认和建立外交关系。

政治关系

中国和马耳他两国自 1972 年 1 月 31 日建交以来，一直保持友好合作关系。双方高层互访较频繁。2001 年 7 月，江泽民主席与德马科总统成功互访。近年来中国访问过马耳他的还有：全国人大常委会副委员长王兆国（2004 年 7 月）、全国政协主席贾庆林（2004 年 9 月）、全国政协副主席王忠禹（2005 年 6 月）、国务院副总理回良玉（2005 年 8 月）、中央纪委书记吴官正（2005 年 9 月）、国家副主席习近平（2009 年 2 月）、全国人大常委会副委员长兼秘书长李建国（2010 年 9 月）、全国政协副主席陈宗兴（2012 年 6 月）、全国政协副主席杜青林（2013 年 10 月）、全国政协主席俞正声（2016 年 4 月）、全国人大常委会副委员长张宝文（2017 年 4 月）等。马耳他方面来访过中国的有：国民党副领袖、副总理冈奇（2000 年 4 月），议长塔博恩（2002 年 7 月），总理阿达米（2002 年 10 月），国民党副领袖、副总理博奇（2005 年 10 月和 2006 年 10 月），外长、议会外委会主席、议长弗南多（2007 年 5 月、2009 年 7 月、2012 年 9 月），总理冈奇（2008 年 10 月），副总理兼外长博奇（2010 年 3 月），工党领袖穆斯卡特（2010 年 4 月），国民党副领袖、副总理兼外长博奇（2011 年 8 月）。

2008 年汶川地震发生后，马耳他政府官员发来慰问电，并亲赴中国驻马耳他使馆吊唁，同时，马耳他政府还向中国提供了 100 顶帐篷和 4.6 万欧元捐款。2010 年 4 月，阿贝拉总统来华出席上海世博会开幕式期间意外受伤，胡锦涛主席亲往探望并派专机送阿贝拉总统回国。2011 年初利比亚国内局势发生动荡后，马耳他政府积极支持、配合中方撤离滞留利比亚的中国公民，从马耳他中转回国的中国公民近 5000 人。2013 年 3 月，中国海军第十三批护航编队 3 艘舰艇在亚丁湾执行完护航任务后访问马耳他。2013 年 9 月，穆斯卡特总理访问中国，在大连出席达沃斯论坛年会，与李克强总理进行会晤，签署了能源项目合作备忘录，密切了中马交流。2014 年 7 月，国务院总理李克强会见来华出席生态文明贵阳国际论坛年会的马耳他总理穆斯卡特。2014 年，中国外交部副部长、重庆市副市长等副部级官员访问马耳他。2015 年 6 月，中共中央政治局委员、北京市委书记郭金龙访问马耳他，与马耳他总统科勒略·普雷卡及总理穆斯卡特进行了会晤。2015 年 7 月，马耳他国民党领袖布苏蒂尔和外长维拉先后访华。2016 年 4 月，中国政协主席俞正声过境马耳他，会见了马耳他议会议长法鲁贾，双方表示珍视长期传统友好关系，愿意进一步加强各领域、各层次的交流与合作，共同推动中马关系深入发展。2017 年 1 月 31 日，习近平主席、李克强总理和王毅外长分别与马耳他总统普雷卡、总理穆斯卡特和外长维拉互致贺电，热烈庆祝中马建交 45 周年。2017 年 6 月，马耳他举行提前大选后，李克强总理、张德江委员长、王毅外长分别向总理穆斯卡特、议长法鲁贾、外长阿贝拉致就职贺电。2017 年 9 月，马工党副领袖兼经济、投资和小企业部部长卡东纳访华。10 月，马耳他总理穆斯卡特以工党领袖名义就中国共产党顺利召开十九大向习近平总书记致贺电。2018 年 3 月，马耳他总统普雷卡致信祝贺习近平主席再次当选国家主席。

经贸合作

1972 年建交后，两国经贸关系不断发展。1997 年，双方签署《贸易和经济合作协定》，确立了经贸混委会制度，目前已召开 10 次会议。2009 年 2 月，马耳他基础设施、交通和通信部部长奥斯汀·盖特访华，与交通部领导会谈并探讨两国合作新领域。2011 年 3 月，盖特部长再次访华。2010 年，中国证监会主席尚福林、中国银监会主席刘明康和国家税务总局局长肖捷分别访问马耳他，并签署有关协议和备忘录。2011 年 1 月，中国国家开发银行副行长郑之杰访问马耳他，积极推动两国金融务实合作。同月，马耳他－中国商会成立，为两国开展经贸活动提供了新平台。此外，汇丰银行（马耳他）跨境贸易人民币结算业务启动、中国国际投资促进会代表团赴马考察，进一步便利了双边贸易往来，拓展了两国经贸合作。2012 年 1 月，中国工业和信息化部副部长刘利华访问马耳他，就促进电子政务、信息安全、电信管理及软硬件开发方面的合作等议题与马方交换意见。同年 3 月，由中国驻马耳他使馆经商处、中国对外贸易中心和马中商会共同主办的第 111 届广交会推介会在马举办。同年 5 月，中国银监会副主席郭利根访马。2014 年 7 月马耳他总理穆斯卡特来华期间，双方签署《中马政府中期合作规划谅解备忘录》。2014 年 12 月，上海电力股份有限公司与马耳他能源公司签署项目合同，交易总额达 3.2 亿欧元。2016 年，双边贸易额为 19.6 亿美元，同比下降 30.3%，其中中国出口额为 15.6 亿美元，同比下降 34.2%，进口额为 4 亿美元，同比下降 9.3%。2017 年，双边贸易额为 25 亿美元，同比增长 27.5%，其中中方出口额为 20.9 亿美元，同比增长 33.9%，进口额为 4.1 亿美元，同比增长 2.7%。2015 年，马耳他成为亚洲基础设施投资银行意向创始成员国，是首批申请加入亚洲基础设施投资银行（简称亚投行）的欧洲国家之一。2016 年 1 月，马耳他正式成为亚投行成员。[①]

马耳他国内市场小，经济发展条件先天不足，政府效率有待进一步提高。在目前世界政治经济和文化大融合、大变革中，马耳他经济在不断转型，以提高产业增加值为目标。欧洲债务危机以来，马耳他政府积极谋求拓展与欧盟域外国家合作。为搭上中国经济高速发展的"顺风车"，近年来马耳他政府高度重视与中国的经贸合作，这为中马企业带来了新的商机。为了深化中马经贸合作，两国未来可在以下重点经贸合作领域推进：能源领域、基础设施领域、金融领域、高新技术领域、贸易领域、教育等人文领域等。另外，两国旅游市场也具有相互开拓的潜力。

人文交流

1972 年两国建交后，中国的杂技、歌舞及体育代表团频频访问马耳

---

① http://www.fmprc.gov.cn/web/gjhdq_676201/gj_676203/oz_678770/1206_679450/sbgx_679454/.

他。1992 年 8 月，中马签订文化协定，随后相继签署了 1996～1998 年度、1998～2000 年度、2001～2003 年度、2005～2008 年度、2009～2012 年度、2014～2018 年度 6 个文化交流执行计划。2003 年 9 月，中国在马耳他正式成立欧洲首个中国文化中心。近年来该中心通过举办展览、讲座、演出等活动，特别是每年春节期间组织"中国品牌"活动，很好地营造了"中国热"氛围。中心组织的一年一度的"马耳他世界太极日"更是吸引了众多马耳他人和外国游客的目光。2009 年 2 月，中国文化部部长蔡武访问马耳他，进一步密切了双方交流与合作。2012 年 5 月，湖北省京剧院代表团成功赴马耳他访演。2013 年 12 月，湖北省艺术团访问马耳他。2014 年 8 月，广西壮族自治区文化代表团访问马耳他并举行"广西文化日"活动。2014 年 12 月至 2015 年 1 月，马耳他交响乐团访问中国，在 8 个城市成功演出。2015 年 7 月，马耳他外长维拉访华期间与国家新闻广电出版总局签署《中国与马耳他政府关于合作拍摄电影的协议》。

中马医疗卫生合作始于 1984 年。20 世纪 90 年代，中国在马耳他设立了地中海地区和欧洲首个中医中心，每年为患者提供治疗近 5000 人次，并通过举办培训等活动，在马耳他影响渐大，并于 2008 年在马耳他新建的公立医院设立了中医门诊科，系中医首次以独立科室的形式进入欧盟国家级医院。2008 年 12 月，马耳他社会政策部部长约翰·达里访华，与民政部和卫生部领导会谈并签署有关医疗合作协定。2012 年 9 月，马耳他卫生、老年和社区服务部部长卡萨访华，与中国卫生部签署中医药领域合作议定书。2017 年 1 月，中国国家卫生计生委主任李斌访问马耳他，双方续签了中医药领域合作议定书。

关于教育领域的合作，中国每年向马耳他提供 1 至 2 个全额奖学金留学名额，马耳他大学地中海外交关系学院和国际海洋法学院则向中国共提供 2 至 3 个奖学金名额。2009 年 2 月，习近平副主席访马时签署了《中国孔子学院总部与马耳他大学关于合作设立马耳他大学孔子学院的协定》，2011 年 10 月马耳他大学孔子学院正式揭牌。2013 年 5 月，马耳他教育部部长巴托罗率团访华，双方签署两国教育部互认高等教育学位学历证书协议。2015 年 5 月，上海中医药大学同马耳他大学签署合作协议，合作建立中医诊疗中心并开设"中医和中国文化"硕士课程。目前,约有30多名中国留学生在马耳他大学和旅游学院就读。

在其他领域,中马合作也很频繁。近年来,中马在军事、党务、司法、警务、民政、青年、媒体等领域的交流合作不断增多,已签署了多个合作文件。2008年12月中国总参谋长助理杨志琦中将访问马耳他。2009年1月马耳他武装部队司令卡梅尔·瓦萨洛准将访华。这两次访问保持和巩固了两军关系。中央委员、江西省委书记孟建柱于2007年7月,中央政策研究室常务副主任何毅亭于2010年3月,中共中央政治局委员、天津市委书记张高丽于2010年11月,中联部副部长刘结一于2012年8月,中共中央政治局委员、北京市委书记郭金龙于2015年6月率中共代表团访问马耳他。2009年2月,习近平副主席访问马耳他期间,两国有关部门签署了刑事司法协助条约和合作打击跨国犯罪协定。2010年11月,马耳他警察署长约翰·里佐访华,与中方就应对恐怖犯罪、毒品交易、非法移民等进行了深入探讨,为两国警务合作注入新活力。中国民政部和国家老龄委多年来与在马耳他的联合国老龄问题研究所保持良好合作关系,北京市民政局已多次派员赴马耳他培训。近两年来,两国在青年领域交流增多,增进了两国青年的彼此了解。2009年4月,由全国青联主席助理倪健率领的代表团在访问马耳他期间分别会见马耳他副总理兼外长托尼奥·博奇、青年和体育国秘克莱德·普里,同青体部对口会谈并与马耳他青年理事会进行了交流。2011年系中欧青年交流年,马耳他派员出席2011年2月在北京举办的中方开幕式。5月,作为"2011中欧青年交流年"旗舰项目之——"中欧青年周"活动的一部分,中华全国青年联合会代表团访马。2015年3月,中马签署体育合作谅解备忘录。此外,中方已将马耳他列为中国公民出境旅游目的地国,双方签署了关于互免持外交和公务护照人员签证的协定,并于2008年生效。马耳他公交部门还于2011年1月采购174辆厦门金龙大巴,用于升级公交系统。2011年4月,新华社瓦莱塔分社在马耳他成立。9月,中央电视台英语新闻频道在马耳他有线电视网落户。2013年3月,中国人民解放军海军第十三批护航编队对马进行友好访问。

截至2013年12月,中马共结成一对友好城市(2001年11月,苏州市姑苏区与桑塔露西亚市）。

双边协定与协议

1972 年 1 月，《关于中国和马耳他建立外交关系的联合公报》。

1992 年 8 月，《文化协定》。

1994 年，《地中海地区中医中心》。

1997 年，《贸易和经济合作协定》。

2001 年 11 月，中国苏州市金阊区与马耳他桑塔露西亚市结成一对友好城市。

2003 年 9 月，欧洲首个中国文化中心成立。

2011 年 1 月，马耳他 – 中国商会成立。

2011 年 10 月，马耳他大学孔子学院正式揭牌。

2013 年 9 月，《能源项目合作备忘录》。

2014 年 7 月，《中马政府中期合作规划谅解备忘录》。

2014 年 12 月，上海电力股份有限公司与马耳他能源公司签署项目合同。

2015 年，马耳他成为亚洲基础设施投资银行意向创始成员国。

2015 年 5 月，《上海中医药大学同马耳他大学合作协议》。

2015 年 7 月，《中国与马耳他政府关于合作拍摄电影的协议》。

2016 年 4 月，《华为公司与马耳他政府战略合作备忘录》。

第七节　塞浦路斯与中国

建交背景

塞浦路斯位于地中海东部，扼亚、非、欧三洲海上交通要冲，为地中海第三大岛，其巨大的地理优势、政策优势及文化优势显而易见；此外，塞浦路斯一贯奉行中立的和平外交政策，支持不结盟运动，是不结盟运动 25 国的创始国之一，因此，与塞浦路斯建交对中国意义非凡。中塞两国于 1971 年

12月14日正式建交，自建交以来，两国在政治、经济、文化、贸易、卫生等各个领域的关系发展良好，两国在国际舞台上的合作也在不断地加强。由此开始，两国之间的关系走上了新的阶段，两国间的友谊不断加深。

政治关系

中塞两国于1971年12月14日建交，随后，1981年塞浦路斯驻北京大使馆成立。自建交以来，塞浦路斯历届总统都访问过中国。近年来，双方的外交往来较为频繁，塞浦路斯领导人多次访华：总统阿纳斯塔夏季斯（2015年出席亚洲政党丝绸之路专题会议）、总统赫里斯托菲亚斯（2008年两次来华分别出席北京奥运会开幕式和第七届亚欧首脑会议）、议长赫里斯托菲亚斯（2007）、议长卡洛扬（2011）、外长基普里亚努（2008、2010）、国防部部长弗卡伊迪斯（2014）等。中国领导人也对塞浦路斯进行过多次往访：国务院副总理回良玉（2007）、全国人大常委会副委员长华建敏（2009）、全国政协副主席厉无畏（2009）、全国政协副主席王刚（2010）、全国政协副主席陈宗兴（2012）、国务委员刘延东（2012）、文化部部长蔡武（2014）、全国政协副主席、科技部部长万钢（2015）、外交部部长王毅（2015）、发改委副主任宁吉喆（2016）。

塞浦路斯政府一直对一个中国的政策表示支持，并且始终支持中国人民实现祖国统一的合法权利，反对统一进程的任何分裂主义行为；中国政府也一向在塞浦路斯统一问题上给予塞浦路斯政府支持。

经贸合作

中国与塞浦路斯于1981年2月签署了中塞贸易协定；随后又于1984年签订政府间经济和科学技术合作协定；1990年两国签订避免双重征税协定、海运协定；2001年两国签订相互投资保护协定；2006年两国签订新的经济合作协定。

自2011年起，中塞双边贸易告别连续6年的强劲增长，转而呈现波动回落趋势。2011年和2013年两度出现贸易规模走低，降幅在20%上下徘徊，将双边进出口总额迅速拉回2008年的贸易水平。2013年塞浦路斯爆发银行业危机，由于塞浦路斯金融市场大幅震荡，经济滑坡势头加剧，市场需求继续萎缩，因此中塞双边贸易也面临较大压力。据中国海关统计，2013 年中国与塞浦路斯实现进出口贸易额为 7.66 亿欧元，与 2012 年相比下降 18.89%。其中中国对塞浦路斯出口 7.26 亿欧元，同比下降 14.89%；自塞进口 3986.80 万欧元，同比下降 56.27%；贸易顺差 6.86 亿欧元，同比下降 9.94%。

据中国海关总署统计，2016 年双边贸易总额达 5.1 亿美元，同比减少 20.3%；其中，中国出口 4.6 亿美元，同比减少 21.7%；自塞浦路斯进口 0.5 亿美元，同比减少 4.3%。

塞浦路斯具有地理、历史、政治、经济优势，是中国面向欧盟市场、辐射中东北非的战略要地，也是中国"一带一路"倡议的沿线国家。当前，塞浦路斯正在大力开展经济结构性改革、继续推进私有化进程、打造国际商业中心和区域贸易物流中心、开发近海油气资源、强化离岸金融中心优势、推广旅游新品牌、试点开放博彩业等，中塞经贸合作在未来仍然会大有作为，双方在能源、旅游、航运、通信、电力等领域的投资合作空间广阔，潜力巨大。

人文交流

自两国建交以来，在文化、教育、科技和卫生等多个领域均有双边的交往及合作。

首先，中塞两国的文化关系发展顺利。两国于 1980 年在北京签署了一项政府间的文化合作协定，随后，又先后签署了 9 个年度执行计划。2013 年 12 月，在塞浦路斯教育与文化部部长访华期间，两国签署了《关于塞浦路斯和中国两国政府加强文化合作的谅解备忘录》。次年 1 月，中国文化部部长蔡武访塞，两国签署了《2014－2018 年度文化合作执行计划》，并于同年 10 月在塞浦路斯成功举办"塞浦路斯－中国文化节"。2016 年，在中国驻塞使馆与塞浦路斯帕福斯市政府的共同支持下，"中国文化之夜"系列活动在塞浦路斯顺利举办。

其次，中塞两国在教育领域的合作最近几年也在不断发展，2012 年双方签署了《中塞高等教育合作协议》，塞浦路斯第一家孔子学院也于 2014 年 10 月成立。

另外，两国在科技领域的合作也在近几年内有了一定进展，继 2013 年 10 月，塞浦路斯能源商工旅游部部长拉科特里皮斯访华之后，中国科技部部长万钢也于 2015 年 9 月对塞浦路斯进行了访问，并且签署了《中塞科技创新合作协定》，从而建立了两国政府间的科技创新合作机制。

最后，卫生方面，中塞两国于 1999 年首次签署了卫生合作协议，随后签署了 2006～2015 年的卫生合作计划，两国卫生部及医学专家考察组的互访与交流活动一直在顺利进行

协定与协议

自 20 世纪 80 年代起，中塞两国在各个领域相继签署了多项双边协定与协议，主要包括：

1981 年，《中国和塞浦路斯贸易协定》。

1984 年，《中国和塞浦路斯政府间经济和科学技术合作协定》。

1995 年，《中国和塞浦路斯关于民事、商事和刑事司法协助的条约》。

2001 年，《中国和塞浦路斯政府间相互促进和保护投资协定》。

2003 年，《中国和塞浦路斯政府间海运协定修改议定书》。

2006 年，《中塞经济合作协定》。

2007 年，《中华人民共和国农业部与塞浦路斯共和国农业、自然资源和环境部关于在农渔业领域科技合作的谅解备忘录》。

2007 年，《中华人民共和国国家环境保护总局与塞浦路斯农业、自然资源和环境部关于在环境保护领域合作的谅解备忘录》。

2008 年（2013 年更新），《中塞关于防止盗窃、盗掘和非法进出境文物的协定》。

2012 年，《中塞高等教育合作协议》。

2013 年，《关于塞浦路斯和中国两国政府加强文化合作的谅解备忘录》。

2014 年，《中国政府和塞浦路斯政府 2014 年至 2018 年文化合作执行计划》。

2015 年，《中塞科技创新合作协定》。

参考文献

"11ème réunion de haut niveau Espagne-Maroc，" sur Maroc. ma.

"1ère Conférence ministérielle de l'UpM sur l'Environnement et le Changement climatique ｜ dimed. gouv. fr，" sur archives. dimed. gouv. fr.

"2ème Conférence ministérielle UpM sur les transports ｜ dimed. gouv fr，" sur archives. dimed. gouv fr.

"3ème Conférence ministérielle UpM sur le renforcement du rôle des femmes ｜ dimed. gouv. fr，" sur archives. dimed. gouv. fr.

Abdelkader El Khissassi, *Les enjeux des relations euro-méditerranéennes entre la chute du Mur de Berlin et les déboires du Printemps arabe*，Sarrebrucken，éditions universitaires européennes，2016.

Bouchra Benhida et Younes Slaoui, *Géopolitique de la Méditerranée*，PUF，2013.

"Coulisses de Bruxelles-L'Union pour la Méditerranée，un rêve démocratique de Nicolas Sarkozy-Libération. fr，" sur bruxelles. blogs. liberation. fr.

"Déclaration de Barcelone et partenariat euro-méditerranéen，" sur *EUR-Lex*，28 novembre 1995.

（en）"Two new regional projects labelled by UfM member countries-Union for the Mediterranean-UfM，" sur *Union for the Mediterranean-UfM.*

"La Tunisie et le Portugal appellent à renforcer le soutien à la coopération régionale développée dans le cadre de l'UPM-Union pour la Méditerranée-UpM，" sur Union pour la Méditerranée-UpM.

"Les dépenses somptuaires du sommet de l'Union pour la Méditerranée，" sur *France info*，https：//plus. google. com/101981383502610968026.

"L'intégration régionale en méditerranée：impacte et limites des politiques communautaires et bilatérales，" sur europarl. europa. eu，2014.

"L'Union pour la Méditerranée en 2017：bilan et consolidation"，sur *le Huffington Post.*

"L'Union pour la Méditerranée，une union en devenir，" sur www. club-jade. fr.

"New dynamics for regional cooperation in the Mediterranean-European Commission，" sur

European Commission, 2 juin 2016.

"Pourquoi et comment l'Union pour la Méditerranée sera plus forte que jamais en 2016," sur *La Tribune*, https://plus. google. com/ + latribune.

"Regional report: A Partnership for Democracy and Shared Prosperity with the Southern Mediterranean Partners," sur eeas. europa. eu, 27 mars 2014.

"UfM launches LOGISMED-TA project to promote competitiveness and job creation in the Mediterranean logistics industry-Union for the Mediterranean-UfM," sur *Union for the Mediterranean-UfM*.

"United Nations Framework Convention on Climate Change," *Admitted IGO*, sur unfccc. int.

"Young Women as Job Creators: UfM prepares to launch second phase extending project to Egypt and Tunisia," sur enpi-info. eu.

第二部分

地中海南欧七国联盟国情

第四章

法国国情

概　述

　　法国（法语：français），全称法兰西共和国，是一个由位于西欧的法国本土与几个海外领土组成的国家。法国本土区域南北从地中海延伸到英吉利海峡和北海，东西从莱茵河一直到大西洋。海外领土包括南美洲的法属圭亚那和大西洋、太平洋以及印度洋的几个岛屿。法国总共18个完整大区（其中5个位于海外）的面积为643801平方千米，总人口为6715万人（截至2017年10月）。① 法国是一个单一制国家，法兰西共和国政府是由第五共和国的法国宪法确定的半总统制政府。法国首都位于巴黎，是法国最大的城市，也是最主要的文化和商业中心。其他主要中心城市包括马赛、里昂、里尔、尼斯、图卢兹和波尔多。

　　法国之前居住着高卢人，即在铁器时代和罗马高卢时期聚居于高卢地区的凯尔特人。高卢人在公元前51年的高卢战争中被罗马征服，此后便一直生活在罗马的统治下，直至476年西罗马帝国被日耳曼人入侵以致覆灭。在中世纪后期的百年战争（1337~1453）中，法国取得胜利。百年战争的胜利使法国完成民族统一，成为欧洲的主要强国。文艺复兴时期，法国文化蓬勃发展，并建立成了一个全球殖民帝国，在19~20世纪初，它成了仅

① "Field Listing：Area," *The World Factbook*，CIA，Retrieved 1 November 2015.

次于大英帝国的第二大殖民帝国。① 16 世纪，法国天主教势力同新教胡格诺派（即加尔文派）进行了一场宗教内战。法国在国王路易十四的统治下，成为一个文化、政治和军事力量在欧洲均占主导地位的国家。② 18 世纪下半叶，法国大革命摧毁了法国的君主专制统治，传播了自由民主的进步思想，对世界历史的发展产生了很大的影响，震撼了整个欧洲的君主专制制度，《人权宣言》与《拿破仑法典》为其他欧洲国家宪法的制定提供了范本。

19 世纪，拿破仑一世（Napoleon 1）掌权，建立了法兰西第一帝国（法语：Premier Empire français）。之后，法国对外的一连串战争称为"拿破仑战争"，将法国的影响力扩大至整个西欧及波兰甚至整个欧洲。帝国垮台后，法国政府经历了一连串动荡，最终在 1870 年成立了法兰西第三共和国。法国是第一次世界大战的主要参与者，并从中获胜。随后法国又成为第二次世界大战的同盟国之一，但在 1940 年被轴心国占领。1944 年法国解放，成立了第四共和国，后来在阿尔及利亚战争中解体。由夏尔·戴高乐领导的第五共和国于 1958 年成立，一直持续到今天。阿尔及利亚和法国的几乎所有其他殖民地在 20 世纪 60 年代独立，并与法国保持密切的经济和军事联系。

法国长期以来一直是全球艺术、科学和哲学中心。它是欧洲第三大联合国教科文组织世界文化遗产地，旅游业发展居世界领先地位，每年接待约 8300 万名外国游客。③ 法国是一个名义 GDP 排名世界第七的发达国家，④ 在购买力最强的国家中排名第九。⑤ 法国是欧盟和欧元区的主要成员国，也是七国集团、北大西洋公约组织（NATO）、经济合作与发展组织（OECD）、世界贸易组织（WTO）和法语国家组织的成员。

---

① Hargreaves, Alan G., ed., *Memory*, *Empire*, *and Postcolonialism*: *Legacies of French Colonialism*, Lexington Books, 2005, p. 1.

② R. R. Palmer and Joel Colton, *A History of the Modern World* (5th ed.), 1978, p. 161.

③ *UNWTO Tourism Highlights* (2014 ed.), United Nations World Tourism Organization, Retrieved 11 September 2013.

④ *World Economic Outlook Database*, International Monetary Fund, 17 April 2018.

⑤ *GDP*, *PPP* (*current international* $), The World Bank Group, Retrieved 1 November 2015.

第一节 自然环境

法国是西欧面积最大的国家，绝大多数领土和人口位于欧洲大陆西部，被称为法国本土，以区别于法国的各种海外行政体。法国南到赤道、北至北极的距离相等。三面临水，三面靠陆，西北一面隔英吉利海峡和多佛尔海峡与英国相望；西部紧靠大西洋和比斯开湾，港口连接西非及南、北美洲各国；东部临地中海，与北非及南欧的水上交通非常便利。法国陆界的三面自东北至西南共与八个国家接壤：比利时、卢森堡、德国、瑞士、意大利、摩纳哥、西班牙和安道尔。除东北以外，法国大部分的陆地边界大致由自然边界和地理特征划分：南部和东南部分别是比利牛斯山脉、阿尔卑斯山脉及汝拉山脉，东部则是莱茵河。由于其形状独特，法国通常被戏称为"六边形"（法语：l'Hexagone，英语：Hexagon）。法国包括各种沿海岛屿，其中科西嘉岛是其最大的岛屿。

法国本土西部属海洋性温带阔叶林气候，南部属亚热带地中海气候，中部和东部属温带大陆性气候。年平均降水量从西北到东南由 600 毫米递增至 1000 毫米以上。1 月平均气温北部 1~7°C，南部 6~8°C；7 月北部气温 16~18°C，南部 21~24°C。法国有卢瓦河、罗讷河、塞纳河、加龙河、马恩河及莱茵河六条主要河流，河川年径流量为 18000 亿立方米。地下水丰富，水质良好，年平均降雨量 800 毫米，植物蒸发量 500 毫米，人均年水资源量为 3000 立方米，降水时空分布均匀。

法国在 1971 年创建环境部，是最早创建环境部的国家之一。[①] 虽然法国是世界上工业化程度最高的国家之一，但它的二氧化碳排放量只排在第 17 位，低于一些人口较少的国家，如加拿大和澳大利亚。这是因为法国在 1973 年的石油危机之后决定投资核电，[②] 现在核电占法国电力生产的

---

① *Protection of the Environment*, Archived from the original on 25 April 2011.

② *Nuclear Power in France*, World Nuclear Association, July 2011, Archived from the original on 19 July 2011, Retrieved 17 July 2011.

75%，减少了环境污染。[1]

森林面积占法国国土面积的 28%，[2] 拥有欧洲最多样化的森林树种，除此之外还有 9 个国家公园和 46 个自然公园，[3] 政府计划到 2020 年将其专属经济区的 20% 转化为海洋保护区。根据耶鲁大学和哥伦比亚大学发布的《2016 年环境保护绩效指数报告》，法国在世界上最具环境意识的国家中排名第十。[4]

第二节　历史发展

1968 年在 Chilhac 和 2009 年在 Lézignan-la-Cèbe 发现的石器工具表明，至少在 160 万年前法国地区就有早期人类的踪迹。在 Lascaux 和 Hautes-Pyrénées 地区的 Gargas 发现的举世闻名的洞穴壁画以及卡纳克石头都是当地史前活动的遗迹。

当今的法国由罗马人称为高卢的大部分地区组成，高卢包含了现代法国、比利时、德国西北部和意大利北部的大部分地区，法国人也因此自称高卢人。公元前 2 世纪末，罗马共和国吞并了高卢南部，而在恺撒大帝统治下的罗马军队在公元前 58 ~ 前 51 年的高卢战争中征服了整个高卢。随着高卢越来越融入罗马帝国，出现了高卢 - 罗马文化。

高卢被占领后被划分为几个不同的省份，罗马通过人口迁徙来防止本地居民成为罗马帝国的威胁。因此，许多阿基坦尼亚的凯尔特人被移居，或被奴役并从高卢移出。高卢在罗马帝国时期发生了剧烈的文化演变，其中最明显的一个变化是拉丁语逐渐替代了高卢语。有人认为，高卢语和拉丁语之间的相似性促成了这一过渡。高卢在经过罗马帝国长达几个世纪的

① "Nuclear energy in France," *La France en Chine*（in French）, 7 January 2008.
② "Countries Compared by Environment > Forest area > % of land area," Nationmaster. com. International Statistics, Retrieved 7 January 2018.
③ "Federation of Regional Natural Parks of France（in French），" archived from the original on 12 July 2010.
④ Hsu, A., et al., "2016 Environmental Performance Index"（PDF）on 4 October 2017, 2016.

统治之后，凯尔特文化逐渐被高卢－罗马文化所取代，高卢人与罗马帝国融为一体。例如，Marcus Antonius Primus 将军和 Gnaeus Julius Agricola 将军都出生在高卢，以及克劳迪亚斯和卡拉卡拉皇帝；安东尼奥斯·皮乌斯皇帝也来自一个高卢家族。

当罗马帝国处于崩溃的边缘时，阿基坦尼亚最终被弃置于西哥特人，他们很快征服了高卢南部以及伊比利亚半岛的大部分地区，而高卢北部实际上被留给了法兰克人。

中世纪前期，486 年，萨利昂法兰克人（Salian Franks）的首领克洛维一世在苏瓦松打败了西格里乌斯，将高卢的北部和中部地区统一起来。克洛维随后又战胜了很多其他日耳曼部落，如托尔比亚克的阿拉曼尼。496 年，异教徒克洛维皈依了天主教，这给了他更多统治的合法性和与基督教相关的话语权。507 年，他在沃伊勒击败阿拉里克二世，并将阿基坦和图卢兹吞并到他的法兰克王国。

哥特人最终撤退到托莱多并演化为当今的西班牙人。克洛维以巴黎为首都，建立了墨洛温王朝，而他的王国在 511 年他死后分崩离析。依照法兰克人传统的继承规则，国王的所有儿子都可继承部分国土。于是，出现了以巴黎、奥尔良、苏瓦松和兰斯为中心的四个王国。随着时间的推移，法兰克王国的边界和数量变得很不稳定。与此同时，皇宫的长官，即国王的首席顾问，逐渐成了法兰克土地上真正的掌权人，而墨洛温王朝的国王们反而成了傀儡。

这时穆斯林入侵者征服了 Hispania 并威胁到法兰克王国。奥多伯爵于 721 年在图卢兹击败了一次地方的主力入侵，但未能在 732 年取得胜利。随后，作为皇宫长官的查尔斯·马特尔在图尔之战中击败了这一支入侵军队，赢得了法兰克王国内部的尊重并掌权。751 年，Pepin the Short（查尔斯·马特尔的儿子）登基并建立了法兰克王国的加洛林王朝。[①]

加洛林王朝在 Pepin 的儿子查理曼执政时达到了全盛时期。771 年，查理曼重新统一了分裂的法兰克王国，随后征服了今意大利北部的隆巴德

---

① 〔法〕杜比：《法国史》，吕一民等译，商务印书馆，2010。

（774）和今德国的巴伐利亚（788），击败了多瑙河平原的阿瓦尔人（796），将与伊斯兰西班牙的边界南推至巴塞罗那（801），并在经过长时间的战役后征服了下萨克森州（804）。

鉴于他的成功和对罗马教廷的政治支持，查理曼在 800 年被教皇利奥三世加冕为罗马皇帝。查理曼的儿子路易斯（814~840）维持了帝国的统一，然而路易斯一世死后，他的三个儿子于 843 年签署《凡尔登条约》，统一的帝国被分裂。在最后一次短暂的统一（884~887）之后，帝国的西部构成了未来的法国，而东部则建立了撒克逊王朝。

中世纪时法国是一个非常分散的国家。国王通常是一个宗教符号而不具备行政意义，诺曼底、法兰德斯和朗格多克等州在 11 世纪基本都是诸侯自治。卡佩家族作为罗伯特家族的后裔，在某种程度上拥有国王和诸侯的双重地位：作为国王他们拥有查理曼王冠，而作为巴黎伯爵，他们拥有领地，即法兰西岛。[1]

作为诸侯和国王的卡佩家族的地位十分复杂，相较其他诸侯，他们拥有作为国王的宗教权威，而实质上他们参与了法国内部同其他诸侯的权力斗争。这些卡佩君王把其他诸侯视为敌人或盟友，而不是作为下属，他们的皇室称号被诸侯认可，但经常遭到忽视。在一些偏远地区，卡佩当局的权力非常薄弱以至于土匪充当了政府的角色。

法国国王的一些封臣发展得很强大以至于能够成为西欧最强大的统治者。法国历史上最重要的此类事件之一是诺曼人战胜了英格兰的统治者"征服者威廉"。在黑斯廷斯战役之后，诺曼人尽管是法国国王的封臣，但同时也是与国王有平等地位的英格兰国王。[2]

君主政府在接下来的几个世纪中通过与各个领主的斗争，在 16 世纪建立了对法国的绝对主权。许多因素促成了法国君主制的兴起。首先，休·卡佩建立的王朝从建立之初到 1328 年，长子继承法保证了有序的权力继承。其次，卡佩的接班人被认为是一个杰出的皇室成员，在政治和经济方

---

① Georges Duby, *France in the Middle Ages 987 – 1460: From Hugh Capet to Joan of Arc*, 1993.

② David Carpenter, *The Struggle for Mastery: The Penguin History of Britain 1066 – 1284*, London: Penguin, 2014, p. 91.

面的能力都优于其竞争对手。最后，卡佩家族得到了教会的支持，教会希望支持一个强大的中央政府，因此这个与教会的联盟是卡佩家族的先人留给后代最伟大的遗产。随着时间的推移，国王的权力因征服、掠夺和成功的封建政治斗争而扩大。

后期的卡佩国王，虽然经常比他们较早的同行统治的时间更短，但往往更有影响力。比如，菲利普一世无法命令巴黎的贵族，而菲利普四世甚至可以指挥教皇和皇帝。这一时期的欧洲，法国国王、英格兰和神圣罗马帝国皇帝经历了跨越朝代的联盟与对立，形成了错综复杂的政治生态。

法国近现代的早期包括从 1461 年到 1789 年爆发的法国大革命。

当时的法国领土约 52 万平方千米，1484 年有 1300 万人，而到 1700 年达到 2000 万人，位居欧洲人口总数第二。当时英国有 500 万 ~ 600 万人，西班牙有 800 万人，奥地利哈布斯堡王国有 800 万人左右，而俄罗斯是欧洲人口最多的国家。1700 年以后，法国的领先地位逐渐消退。

这一时期，法国的政治力量仍旧分散。法国的法院（议会）拥有很大的权力，而国王只有大约 1 万名王室官员，而且内部通信速度很慢，道路系统不完善。天主教会控制着全国大约 40% 的财富，国王（不是教皇）提名主教，但通常必须与当地寺院和教堂建立密切联系的贵族家庭进行谈判。贵族在财富方面排在第二位，但财富分布较为分散。每个贵族都有他自己的土地、地区关系网和军事力量。①

当时，巴黎是法国最大的城市，1547 年拥有 22 万人口，并稳定增长。里昂和鲁昂各有大约 4 万人，但里昂拥有强大的银行社区和充满活力的文化氛围，波尔多只有 2 万人。人口结构中，农民占绝大多数，1484 年法国的 1300 万人中约 97% 的人居住在农村，到 1700 年，2000 万人口中至少有 80% 是农民。由于少量的贵族掌握大量的财富，广大的农民阶层又占据了人口结构的大多数，这一基本情况可以帮助我们更清楚地了解早期现代法国的社会结构、经济乃至政治制度的演变。

当查尔斯国王在 1477 年去世之后，法国和哈布斯堡王国便开始了瓜

---

① Frederick J. Baumgartner, *France in the Sixteenth Century*, 1995, pp. 4 - 7.

分勃艮第土地的漫长过程并导致了许多战争。1532 年，布列塔尼被并入法兰西王国。同时法国参加了漫长的意大利战争（1494～1559），标志着早期现代法国的开始。力图确立君主制的法国当时在欧洲寻求盟友，并与奥斯曼帝国确立了友好关系。16 世纪，西班牙和奥地利哈布斯堡王国是欧洲的主宰国，给法国带来了不小的压力，比如西班牙大方阵在对阵法国骑士时取得了巨大成功。1558 年 1 月 7 日，吉斯公爵从英国人手中夺取了加来。

16 世纪，法国国王开始在北美建立殖民地。[1] 法国人 Jacques Cartier 是 16 世纪深入美国领土的伟大探险家之一。17 世纪初，在萨缪尔·德·尚普兰的航行中，第一次完成了法国人在新大陆的定居，其中最大的定居点是新法兰西，即魁北克市（1608）和蒙特利尔（1639 年建立罗马天主教使团，1642 年成立殖民地）。

随后登场的"太阳王"路易十四从 1643 年至 1715 年统治法国。路易十四相信国王的神权，他宣称君主的权力超越上帝以外的每个人，因此不会屈从于他的人民、贵族或教会的意志。路易十四在前任国王的基础上，继续创造一个由巴黎统治的中央集权国家，试图消除法国封建主义的残余，并削弱和征服贵族。通过这些手段，他巩固了法国绝对君主统治体系，直到法国大革命的爆发。法国在路易十四的统治下走向强大，然而法国在这期间也卷入许多耗尽国库的战争之中。

国王路易十五在 1774 年去世，留给他的孙子路易十六一个濒临破产的无能政府。但人们仍然对皇室有信心，路易十六的登基受到热烈欢迎。[2] 十年后，不间断的战争，特别是七年战争（1756～1763）和美国革命战争（1775～1783）已经使国家破产。多年的歉收和运输系统不完善导致粮食价格上涨，人民遭受饥饿和营养不良，下层阶级越来越觉得皇室对他们的艰辛漠不关心。

1789～1799 年这十年的法国大革命是法国历史上血雨腥风的黑暗时

---

[1] "Colonialism and the Early Modern French State in Recent Historiography," *History Compass*,（January 2010）8#1，pp. 101 – 117.

[2] William J Roberts，*France：A Reference Guide from the Renaissance to the Present*，2004，p. 34.

期。民众痛恨以国王为代表的贵族阶层，将路易十六等一众人送上了断头台，彻底推翻了法国的君主专制统治。然而，激烈的变革导致法国社会彻底失去了秩序和理智，更激进的革命者不断将前人送上断头台，无数无辜的人失去了性命，法律和秩序都荡然无存。这一切直到拿破仑上台才告一段落。

1804 年，举世闻名的科西嘉人、军事天才拿破仑成了法国的新任皇帝，君主制在法国又获得了新生。对外，拿破仑的军队征服了几乎所有的西欧国家；对内，他主持制定了宪法和各种法律，包括著名的《民法典》。他认为法律面前人人平等，鼓励科学、文学和教育，并彻底结束了封建主义，今天法国法律仍然以拿破仑的《民法典》原则为基础。1814 年，波旁王朝推翻了拿破仑的统治。1848 年，拿破仑的侄子路易斯·波拿巴当选法兰西第二共和国总统。1852 年路易斯·波拿巴称帝，为拿破仑三世，建立法兰西第二帝国，1870 年被推翻。

从 1906 年到 1909 年，再从 1917 年到 1920 年，克列孟梭是法国总理，他不同意拿破仑三世的政治观点，他更加保守，对英国持对峙态度，并警告法国警惕德国。随后的几十年间，法国和其他欧洲国家一样，经历了残酷的战争洗礼。德国在 1914 年向法国宣战并在第一次世界大战中入侵法国，在这场战争中，有十分之一的法国人死亡或失踪，超过英国甚至德国死亡或失踪的人数。1940 年 5 月，德国军队再次入侵法国，法国投降，这是法国历史上一段黑暗的时期。1940～1944 年德国占领了法国，并将其作为对抗英国的战争基地。法国最著名的领导人之一戴高乐曾在第一次世界大战中与德国进行交战，又在第二次世界大战中与德国进行了无数次的战斗。1944 年 6 月 6 日，盟军在诺曼底挺进，解放法国，推翻了维希的傀儡政权。

经过两次世界大战，法国遭到了严重的破坏，经济低迷，重建困难，食物和燃料稀少。到了 20 世纪 50 年代初，法国又重新振作起来，经过几十年的发展建设，今天的法国无论在政治、经济、军事还是文化方面，都有着重要的地位和突出的贡献，成了国际舞台上不可缺少的成员。

第三节 制度建设

法国宪法的历史跌宕起伏，自 1789 年大革命以来，宪法的历史可以分为四个阶段。第一阶段是 1789 ~ 1848 年，在这 59 年间法国先后建立起国民公会统治、威权主义、君主立宪以及议会制的政体，这些体制虽然最终被推翻，但奠定了法兰西的国家宪政制度的基础。第二阶段，法兰西第二和第三共和国在尝试了多种模式后选择了多种制度的融合。法国宪法史的第三阶段从 1879 年一直延续到 1958 年，民主、普选和政府稳定等方面的均衡成了主要问题。1958 年宪法赋予了总统前所未有的权力，在内政和外交两个方面都大大加强了总统的作用。第四阶段是从 1958 年至今，从最早的法国宪法到现行的 1958 年宪法，法国的宪法经历了不同版本的演变，而其中每一部宪法都和当时的政府紧密相关。

法国现行的宪法通常被称为法兰西第五共和国宪法，该宪法在 1958 年公投通过，并于同年 10 月 4 日正式颁布。该宪法由戴高乐推动制定，米歇尔·德勃雷起草。宪法序言回顾了 1789 年《人权宣言》以来的历史，旨在将法国建成一个世俗的民主国家。宪法规定了总统和议会的选举、政府任命及国会政府关系，确认了司法权威以及审判总统的权力。宪法确立了宪法委员会、经济委员会、社会委员会等机构，还规定了宪法修正案的实施程序。宪法在制定之初，就确保了总统强有力的政治权力。宪法还许可国际条约以及有关欧盟条例的批准和实行，[①] 但是某些形式的条约（如互惠储备）是否与欧盟法律相符合尚不明晰。

法兰西第五共和国宪法自颁布以来，共历经了 24 次修正，比如共和国总统以公民直接普选方式产生（1962）、加入公务人员刑事责任新条款（1993）等，仅次于生效 65 年的法兰西第三共和国 1875 年宪法，目前该宪法已实行 60 年。与宪法密切相关的机构为法国的宪法委员会，委员会由

---

① Dominique Schnapper, *Une sociologue au Conseil constitutionnel*, éditions Gallimard, 11 mars 2009.

九名成员组成，主要使命是监督各级选举定期进行，以及对提交给宪法委员会的组织法以及其他法律的合宪性进行审查。

法兰西第五共和国政府是由第五共和国的法国宪法确定的半总统半议会制政府。宪法规定政府分为立法、行政和司法三个分支，并称法国是"由1789年宣言明确的人权和国家主权原则的连接体"。

法国的国会包括国民议会和参议院，它负责制定并通过法规，并可就预算案做表决和批准。国会可通过对政府提出正式质询，并成立调查委员会来控制和干预行政机构的行为。法规的合宪性由宪法委员会检查，委员会成员由共和国总统、国民议会议长和参议院议长任命。

法国的总统由公民直接普选产生，任期五年，现任总统埃马纽埃尔·马克龙是法兰西第五共和国的第八位总统，于2017年5月7日当选。共和国总统任命总理，并根据总理的提名任命政府其他成员（宪法第8条）；总统主持内阁会议，颁布法律；总统是三军统帅，有权解散国民议会；在面临重大危机时，总统拥有采取非常措施的权力（宪法第16条）。

作为欧洲联盟的创始成员国，法国把它的部分主权移交给欧盟，因而法国政府必须遵守欧盟的条约、指令和规章。

独立的司法源于《拿破仑法典》演变来的民法系统，它被分为司法分支（处理民事法律和刑事法律）和行政分支（处理对行政决定的申诉），每个分支都拥有自己独立的最高上诉法院，即针对司法法院的翻案法院和针对行政法院的国务委员会。法国的检察机关没有独立的组织系统，其职能由各级法院中配备的检察官行使。作为个人自由的卫士（宪法第66条），法国司法机关分为两种职责界定明确的体系：一种是司法法庭，负责审理普通民事和刑事案件；另一种是行政法庭，负责审理国家机关、官员和公民之间的纠纷。

司法法庭分为民事法庭和刑事法庭两类。民事法庭是指普通法庭（最高法院）或专门法庭（初审法庭、商务法庭、社会安全事务法庭以及解决劳资纠纷的劳资调解委员会）。而刑事法庭审理三种类型的犯罪案件：由警察法庭审判轻微犯罪案件、由轻罪法庭审判轻罪案件，以及由重罪法庭审判重大犯罪案件。最后，还设有处理民事和刑事案件的专门法庭，即少年法庭。最高法院为最高的司法机关，负责受理对上述法院判决的合法上诉。

行政法院是最高行政诉讼机关，对所制定的行政法令的合法性做最后裁决。同时，在政府制定法律草案和某些法令草案时为政府提供咨询。

从卡佩王朝开始，法国的君主们致力于在法国确立中央集权的君主制，而随着宪法的深入人心，民主和分权的思想也深入人心。

第一批地方分权法律（德费尔法，Lois Deferre）在 1982～1983 年由皮埃尔·莫鲁瓦（Pierre Mauroy）政府推行，第一批地方分权运动源于副总理奥利维埃·吉夏尔（Olivier Guichard）在报告《一起生活》中的倡议。它们是继戴高乐将军的"区域化"计划（于 1969 年公投中失败）之后的第二次尝试。

让-皮埃尔·拉法兰（时任总理）在 2002 年和 2004 年再次将地方分权改革提上了议事日程，而这新的一波浪潮被称为地方分权的第二幕。这次改革的结果普遍让人失望，因而进行第三幕的要求也被提出。权力分散的优点之一在于它将公共政策的制定更迫近于民众的需要。但同时，由于地区间资源和决策潜在的不均等，新的区域间不平等的可能性也会被引入。

1981 年 5 月密特朗当选总统之后，组成有法国共产党参加的左翼联合政府，法共社会党政府采取了一系列经济、社会变革措施，积极宣扬"法国式的社会主义"，开始大力推行分权改革，主张增设大区为一级地方自治单位，国家行政层级由三级"中央—省—市镇"，演变为"中央—大区—省—市镇"四级。[1]

长期以来，法国政界、政治学界对地方分权的理论动因的探讨可谓卷帙浩繁。人们从各种角度、各个侧面说明地方分权的重要性和必要性。但是，第一个完整、准确、深刻地论证这个问题的，是 19 世纪法国著名思想家托克维尔。他在两部经典著作《论美国的民主》和《旧制度与大革命》中提出的地方分权的三个理由——效率、民主、自由，被以后的理论家们

---

① 武贤芳：《法国地方分权改革与府际关系的变迁》，博士学位论文，浙江大学，2015。

普遍接受、反复引用并不断补充，至今仍作为法国地方分权改革的指导方针。[①]

第四节 经济建设

法国是全球经济发达国家之一，实行的是现代市场经济体制，产权的基本形式是私有制，市场是其配置资源的主要机制。法国经济对外开放程度较高，奉行自由贸易政策。作为世界第七大经济体，法国 2017 年的国内生产总值（GDP）为 2.42 万亿美元，同年其购买力平价指数（PPP）约为 2.83 万亿美元，是仅次于德国的欧盟第二大经济体。[②] 法国的贫困率较低，生活水平较高，人均 GDP 为 43652 美元。目前，服务业是其经济的主要贡献者，占 GDP 的比重超过 70%。在制造业中，法国是全球汽车、航空、铁路、化妆品和奢侈品领域的领导者之一。

法国是世界上最大的出口国和进口国之一。在对外经济贸易中，法国最亲密的贸易伙伴是德国，两国贸易总量占法国出口总额的 17% 以上，占法国进口总额的 19%。法国主要出口机械、运输设备、航空航天设备和塑料，主要进口机械、汽车和原油。此外，法国是世界上游客数量最多的国家，旅游业成为经济发展的突出行业。

与其他国家相比，法国经济在经济危机中的表现相对较好，部分原因是法国对外贸的依赖度低和私人消费率稳定，2009 年法国仅出现了 GDP 收缩。然而，法国经济复苏之路却相当缓慢，失业率居高不下，特别是在年轻人中，这些现象使政策制定者的担忧逐渐加重。危机开始后，经济停滞不前，法国不得不面对政府的税收减少和消费者购买力下降的经济挑战。

2015 年之前，法国连续两年经济增长居欧盟平均水平以下。在西班牙和德国的拉动下，欧盟经济开始好转。高于 1% 的经济增长终于为过去连续三年停滞的经济状况画上句号。经济合作与发展组织于 2017 年 9 月发布

---

① 许振洲：《法国的地方分权改革——理论动因与托克维尔》，《欧洲》1995 年第 1 期，第 17～27 页。

② "GDP ranking | Data," www.imf.org, retrieved December 20, 2017.

的《2017 年法国经济调查》(OECD Economic Surveys of France 2017) 报告表明，受私人消费及投资的支持，2017～2018 年法国经济增长了 1.6%。但是据近期法国经济部公布的经济数据显示，法国当前整体经济运行情况恐不及预期，财政赤字仍在加大，总体规模仍处于高位状态。具体而言，法国 2017 年 4 月的预算赤字继续扩大，达到 579 亿欧元规模，而这一数字在 2016 年 4 月仅为 565 亿欧元，法国经济部在报告中将此恶化趋势归因于"高位支出"。[①]

此外，虽然法国劳动力市场正在改善，但生产率增长过低，不足以保持当前的社会保障水平、高质量的公共服务以及长期的收入增加。近期改革措施促进了若干服务业的竞争，但其他行业仍然缺乏竞争。同时，高额和复杂的税收对就业和生产率增长带来压力。太多成年人缺乏基本技能，过多使用的固定期限合同及复杂的培训体系限制了他们接受培训的机会。虽然总体来说法国贫困率较低，但许多年轻人和低技能工人仍然被排除在劳动力市场之外，尤其是当他们生活在贫困地区时。

所以，劳动法有必要进行改革，给予企业和员工更多的灵活性，以便于他们协商工作条件和薪资，在雇主和员工之间确保一种合理的力量平衡，从而促进就业和提高生产率。对法国经济和社会发展而言，劳动法改革至关重要，甚至被视为刺激经济的关键。[②] 除此之外，法国需要一项长期战略，在不危及社会保障水平的前提下，削减公共支出，由此得以在保持公共财政可持续的情况下降低税收。这种战略组合可使经济增长更快，失业率更低。养老金支出仍然居高不下，因为退休年龄仍然较低，尽管近期改革已经逐步延迟了退休年龄。增加对穷人的基础设施和教育支出的关注可以改善公平性。医疗卫生保健质量虽高，但仍有改进预防和增加供应商之间统筹协调的余地，尽管对大多数家庭广泛的支出覆盖导致了大量公共支出的使用。[③]

法国的主要工业部门是电信（包括通信卫星）、航空航天和国防、造

---

① 王灏晨：《2016 年欧洲经济形势分析及 2017 年展望》，《宏观经济管理》2017 年第 2 期。
② 葛文博：《刺激经济，法国推动劳动法改革》，《中国经济周刊》2017 年第 37 期。
③ 经济世界网站，www.economyworld.org。

船（军舰和特种船）、制药、建筑和土木工程、化学品、纺织品和汽车生产。法国的研发支出占 GDP 的比例也高达 2.26%，在经济合作与发展组织中排名第四。

法国是世界上核能最多的国家，是产生全球能源巨头阿海珐输配电公司（Areva）、法国电力公司（EDF）和法国燃气苏伊士集团（GDF Suez）的国家。核电目前占全国电力生产的 78%，从 1973 年的 8%，上升到 1980 年的 24%，再上升到 1990 年的 75%。核废料储存在再加工的设施上。由于对核能的大量投资，法国是世界上七个工业化程度最高的国家中二氧化碳排放量最少的国家。[①]

法国是世界第六大农业生产国，是欧盟最大的农业生产国，农业用地约占欧盟全部农业用地的三分之一。法国北部拥有很多大片的小麦种植田地，乳制品、猪肉、家禽和苹果的生产集中在西部地区，牛肉的生产位于法国中部，而水果、蔬菜和葡萄酒的生产范围从法国中部一直扩散到南部，目前正在发展林业和渔业产业。共同农业政策（CAP）和《关税与贸易总协定》（GATT）的实施促使法国农业经济部门的改革。

作为世界第二大农业出口国，法国排名仅次于美国，[②] 其 49% 的农产品出口目的地是欧盟其他成员国。法国还向许多贫穷的非洲国家（包括其前殖民地）出口农产品，这些国家面临严重的粮食短缺。小麦、牛肉、猪肉、家禽和奶制品是主要出口商品。来自美国的出口产品面临来自法国、欧盟其他成员国和第三世界国家出口产品的激烈竞争。美国每年向法国出口的农产品价值约 6 亿美元，主要由大豆和大豆制品、饲料、海产品、消费品、休闲食品和坚果组成。法国向美国出口的产品更多的是高价值产品，如奶酪、加工产品和葡萄酒。法国农业部门获得欧盟将近 110 亿欧元的补贴。法国的竞争优势主要在于其产品的高品质和全球知名度，如奶酪和葡萄酒。

---

① *L'Electricité en France en 2006：une analyse statistique.*
② *L'Agriculture en chiffres.*

法国是世界上最受欢迎的旅游胜地之一，2014 年的游客超过 8370 万人,[①] 这一人数还排除了在法国停留少于 24 小时的人，例如在夏天前往西班牙或意大利时横渡法国的北欧人。法国有许多有文化趣味性的城市（巴黎居于首位），这里有海滩、海滨度假胜地、滑雪胜地和农村地区，许多人喜欢它们的美丽和宁静。法国也吸引了许多宗教朝圣者到卢尔德，这是一个每年都有几百万名游客来访的城市。

法国军火工业的主要客户是法国政府，军工业主要为他们建造军舰、枪支、核武器和装备。法国国防开支在时任法国总理让－皮埃尔·拉法兰（Jean Pierre Raffarin）的领导下大幅上升，开创了 350 亿欧元的纪录，这在很大程度上归功于法国的军火工业。2000～2015 年，法国是世界上第四大武器出口国。[②] 法国制造商向阿拉伯联合酋长国、巴西、希腊、印度、巴基斯坦、新加坡等许多国家出口大量武器。

初步 GDP 数据显示，2018 年第一季度法国经济增速降低，因为私人消费增长滞缓，固定投资额减少。尽管增长缓慢，但法国的宏观经济状况基本仍保持良好态势，2018 年 2 月的失业率维持在多年以来的最低点。2018 年 4 月 11 日，法国政府公布了 2018 年至 2022 年的稳定计划，制定了未来五年的财政整顿计划。该文件计划通过实施养老金、失业救济和公共服务的深层次改革来减少财政赤字和降低公共债务。欧元区失业率的下降、欧元的坚挺和货币政策的宽松有助于促进 2018 年的私人消费和固定投资的强劲增长。

第五节　文化发展

根据宪法第 2 条，法国的官方语言是法语,[③] 是一种源自拉丁语的罗

---

① http://www.lefigaro.fr/societes/2015/04/08/20005 – 20150408ARTFIG00013-la-france-toujours-premiere-destination-touristique-au-monde.php.

② *SIPRI Arms Transfers Database*, data 2000 – 2015, Stockholm International Peace Research Institute.

③ La Constitution-La Constitution du 4 Octobre 1958-Légifrance.

曼语。自1635年以来，法兰西学院一直是法国官方的法语权威机构，尽管其建议不具有法律效力。法国也有地区语言，如布雷顿语、加泰罗尼亚语、佛兰芒语（荷兰方言）、阿尔萨斯语（德语方言）和巴斯克语等。

法国政府并不规定个人在公共场合中对语言的选择，但法律要求在商业和工作的交流场所必须使用法语。除了提倡在本国使用法语，法国政府还试图通过法语国家等机构在欧盟和全球范围内推广法语。由于英语化的威胁，法国人一直在努力维护法语在法国的地位。除法语外，法国有77种方言，8种在法国本土，69种在其海外领地。

从17世纪到20世纪中叶，法语作为外交和国际事务中最杰出的国际语言，也是在欧洲受教育阶层中使用的一种通用语言。[1] 但自美国作为大国开始崛起，法语在国际事务中的主导地位被英语所取代。[2]

法国的第一幅画是出现在史前时期的绘画，画在1万多年前的拉斯科洞穴中。法国的艺术早在1200年前查理曼大帝时代就已经繁荣起来了，展现在当时的许多手工和手绘书籍中。

哥特式建筑起源于12世纪的巴黎，并于12～15世纪蔓延至整个欧洲。作为建筑史上的一座丰碑，哥特式建筑艺术远不止是建筑现象，它成为一个涵盖面很广的综合文明现象。哥特式建筑艺术实现了中世纪基督教哲学与艺术创作的完美结合。哥特式建筑以塔形屋顶、飞扶壁结构、玫瑰花窗、柱子雕像等特点来体现其宗教精神实质。

17世纪是法国艺术史上的重要阶段：法国绘画以自己独特的方式出现，风格逐渐从巴洛克走向古典主义。17世纪的法国建筑也具有影响力，为国王路易十四建造的凡尔赛宫，被誉为欧洲皇宫的典范。[3] 18世纪，更加轻浮的洛可可风格作为巴洛克风格的延续而出现。18世纪末，雅克·路易·大卫（Jacques-Louis David）和多米尼克·安格尔（Dominique Ingres）

---

① Joffre Agnes, "ls the French Obsession With 'Cultural Exception' Declining" archived 17 October 2011 at the Wayback Machine, France in London, 5 October 2008.

② "Why Is French Considered the Language of Diplomacy?" Legal language. com, archived from the original on 30 December 2010, Retrieved 23 January 2011.

③ 〔法〕里乌：《法国文化史》，杨剑译，华东师范大学出版社，2012。

成为新古典主义最具影响力的画家。

格里格（Géricault）和德拉克鲁瓦（Delacroix）是浪漫主义时期最重要的画家。后来出现的画家更倾向于真实地描绘大自然（巴比松学派）。现实主义运动是由库尔贝（Courbet）和奥诺雷·杜米埃（Honoré Daumier）领导的。印象派是由克劳德·莫奈（Claude Monet）、埃德嘉·德嘉（Edgar Degas）和卡米耶·毕沙罗（Camille Pissarro）等艺术家在法国发展起来的。目前，法国已成为创新艺术的中心。西班牙画家毕加索（Spaniard Pablo Picasso）和其他许多外国艺术家一样来到法国，在法国施展了几十年的绘画才华。立体主义是20世纪20年代兴起的先锋派艺术运动，这场运动对欧洲的油画和雕塑艺术产生了革命性的影响，也是20世纪最具影响力的艺术运动。这一思潮还引发了音乐界、文学界和建筑界的一系列变革。1910~1920年，巴黎诞生的众多艺术品（蒙马特、蒙巴纳斯和皮托）中广泛应用了立体主义的元素。

法国是一个世俗国家，宗教自由是宪法赋予的权利。法国的宗教政策是以拉伊西特的概念为基础的，严格区分教会和国家，公共生活是完全世俗的。根据2016年蒙田研究所和弗兰研究所的调查，当年法国总人口的51.1%是基督徒；同时，39.6%的人口没有宗教信仰（无神论或不可知论），5.6%是穆斯林，2.5%是其他信仰的追随者，0.8%是虔诚的犹太人，其余的0.4%还未决定自己的信仰。法国穆斯林人数的变化很大，2003年，法国内政部估算有穆斯林背景的人口总数为500万~600万人（占法国总人口的8%~10%）。[①] 法国的犹太社区在欧洲是最大的，在世界上是第三大的，排在以色列和美国之后。

天主教作为法国最主要的宗教已经超过一千年。在法国的47000座宗教建筑中，有94%是罗马天主教建筑。[②] 在法国大革命期间，激进分子进

① "France-International Religious Freedom Report 2005," U. S. State Department, retrieved 30 October 2010.

② "Observatoire du Patrimoine Religieux," 1 February 2012, archived from the original on 26 November 2013. 94% des édifices sont catholiques (dont 50% églises paroissiales, 25% chapelles, 25% édifices appartenant au clergé régulier).

行了一次残酷的反基督教运动，天主教不再作为国家宗教。在某些情况下，神职人员和教堂会受到攻击，教堂里的圣像和装饰被摧毁。1905 年，恐怖的继任者鲁维耶推动通过了《世俗法》（*la Loi de séparation de l'Eglise et de l'Etat*，又称"1905 年法"），确立了政教分离的原则，法国建立了与教会的政教协定（le Concordat），用于宗教崇拜的财政支出被废除，教会财产归天主教协会管理。教宗谴责这项法案并禁止成立类似协会。虽然每个时代关于政教分离的实施都受到当时政治及社会背景的影响，政教分离原则（La laïcité）早已成为法国共和国价值观极为重要的组成部分。

虽然法国的教育体系可以追溯到查理曼大帝时代，但是法国的现代教育制度开始于 19 世纪末。在 19 世纪 80 年代，数次交替出任法国教育部部长和总理职务的朱尔·费里（Jules Ferry）被认为是法国现代共和学校的创立人，他要求所有儿童必须入学，直到 16 岁。[①]

现在，法国的教育制度是中央集权制，由小学教育、中等教育和高等教育三个阶段组成。中小学教育主要由国家教育部管理。在法国，教育是强制性的，从 6 岁到 16 岁，公立学校是世俗化和自由的。法国的高等教育制度分为公立学校和私立学校。法国的公立大学一律免费，只需支付一定的注册费（约 500 欧元）。法国的高等教育历史悠久，现有 80 余所大学以及 300 多所专业高校和研究中心。发达的教育体制使法国的高等教育质量得以保证，法国的文凭国际公认，并且学费低廉。法国大学于 2004 年起开始实行与国际接轨的 LMD 教育制度，分三个阶段：第一阶段（Licence）三年，毕业后获大学基础文凭，相当于我国学士文凭；第二阶段（Master）两年，毕业后获硕士学位；第三阶段（Docteur）三年，毕业后可获博士学位。

法国是思想的摇篮，其独特思维的形成离不开哲学大师笛卡儿，他那句"我思故我在"奠定了法国人思维的传统。同英国哲学家霍布斯和休谟的实证主义相反，笛卡儿认为人的视觉和嗅觉不可靠，真正可靠的是思维的力量。法国人对抽象概念兴趣浓厚，喜欢构建理论，用理性结构探讨社

[①] "L'évolution du contenu de l'obligation scolaire," Sénat. fr.

会的演变、断裂、革命和进步，一些思想都经历过被怀疑、批判直至摧毁或传承。即使是在君主制的绝对统治下，法国人各种思潮的相互争辩也从未停止过，并潜移默化地影响到 1789 年法国大革命的爆发。法国大革命中出现了"自由（liberté）、平等（égalité）、博爱（fraternité）"的格言，并在 1946 年和 1958 年被写进法国宪法中，现在已成为法国精神的代表。1789 年通过的人权和公民权宣言指出："'自由'即所有人皆拥有的，做一切不伤害其他人的自主权。除了保障社会上其他人享受同样权利外，此天赋的权利不应有任何限制。""平等"指所有人视为同等，废弃各人生来和地位的差别，只考虑各人对国家做出的贡献。1795 年的法国宪法中，"平等"定义为"于法律面前，无论受法律保护者，或受法律惩罚者，人人皆平等"。"平等"承认生来的差别，和不受遗传影响的能力。"博爱"则定义为"己所不欲，勿施于人；己所欲者，常施于人"的精神。法国人追求个人主义的价值取向，但同时也具有值得称道的集体观念。在"自由、平等、博爱"的箴言中，充分地蕴含着法国人既追求实现自我价值，又强调社会关怀的观念诉求。

第六节　与欧盟的关系

早在 16 世纪就出现了形成大欧洲的概念，二战后，如何营建欧洲新秩序、对欧洲进行整合成了政治人物的新课题。为了弥补战后的虚空，知识分子也纷纷投入欧洲意念的建构。到 20 世纪后半叶欧洲整合体制化终于巩固，成了国际上区域整合的典范，客观地观察分析这 50 多年来的欧洲整合史，基本上可以说是由法国主导、德国积极配合而实现。在这个过程中，有时是迫于国际形势（如冷战或是德国的统一），有时则是基于理念或是整合有成，有必要继续进一步推动。二战后初期，冷战体系形成东西两大阵营的对峙，英美盟国为应对苏联的威胁，向法国施加压力要求其同意西德整军。法国朝野被迫不得不去思考任何可以让法国人民接受的方案，此时法国外交家让·莫内大胆地提出了一个日后对世界格局产生深远影响的构思：把法德两国的煤和铜合并在一起，这样既可以剥夺一方的特权地位，又可以为另一方消除战争的威胁，使两国共同实现和平。让·莫内的想法得到了法国外长罗伯特·舒曼（Robert Schuman）的支持，1950 年舒曼提出"欧洲煤钢联营计划"，建议将本国经济中的煤钢部门管理权委托给某一独立机构的国家成立煤钢共同市场。西德首任总理康拉德·阿登纳（Konrad Adenauer）顶住压力，与舒曼一致同意建立一个把欧洲大部分的钢铁和煤炭生产置于联合控制下的国际权威组织，这个史无前例的安排导致了欧洲煤钢共同体的诞生，法德终于团结在一起。1951 年 4 月 18 日，由法国、西德、意大利、荷兰、比利时、卢森堡 6 国在巴黎签署《欧洲煤钢共同体条约》，欧洲在走向统一的道路上迈出了举世瞩目的最为扎实的一步。

1957 年《罗马条约》签订。根据《罗马条约》的规定，1958 年 1 月 1 日，法国、联邦德国、意大利、荷兰、比利时和卢森堡 6 国成立了欧洲经济共同体和欧洲原子能共同体，开始了西欧经济一体化的进程。法国在这个共同市场中起着决定性的作用，但也数次减缓了欧洲一体化进程。1954 年，法国否决防务共同体的创建，之后的 1965～1966 年，戴高乐实行了"空椅"政策，[①] 以反对其合作伙伴的联邦制野心。然而，戴高乐与阿登纳总理的友谊促进了法德合作，成为欧洲一体化的"推动力"。20 世纪 70 年代法国德斯坦总统倡议建构"欧洲货币制度"，再后，法国在欧洲政治议题上进一步发挥领导作用，德国则凭着其经济实力，与法国合作共同主导欧洲的整合。[②]

法国在欧洲联盟的创建过程中积极参与，并于 1992 年通过公民投票批准了《马斯特里赫特条约》，最终启动了欧元。2005 年 5 月 29 日，法国就是否批准《欧盟宪法条约》举行了全民公投，而反对票高达 54.87%，条约未获通过。

自 2004 年大幅扩张以来，法国一直试图保持其在欧洲建设中的主导地位。2008 年，法国加入了德国一方共同应对金融危机。法国还试图将自己

---

① 刘作奎：《戴高乐巧用"空椅"外交》，《环球时报》2005 年 10 月 5 日，第 23 版。
② 张锡昌、周剑卿：《战后法国外交史》，世界知识出版社，1993。

定位成南欧和地中海国家中的领导者，倡导建立强大的欧洲－地中海联盟。

在英国公投决定脱离欧盟之后，法国试图给予欧盟新的生命，特别是在法德之间的结盟关系坚固的情况下。[1] 2017 年当选的法国总统马克龙尤其支持围绕核心成员国来实现更强大的欧洲一体化，他建议欧元区单独建立预算，单独设立议会，有一个共同的财政部部长，通过这些措施来加强欧元区建设。除此之外，马克龙还建议在全欧发起民主协商，最后达成一个被全体成员国接受的条约。

法国是南欧七国中面积最大的国家，其面积约占欧洲领土的 15%。作为北部和南部大陆的中转站，法国与它的邻国们之间形成了一个集成的航空、公路和铁路运输网络，它的主要贸易伙伴是欧洲各国。

作为联合国安全理事会常任理事国之一，法国与欧盟中的英国一样，是世界五个核大国之一。通过扩展其海外领土，法国拥有世界第二大的海上力量以及许多地缘战略支撑点。由于其在非洲的殖民历史，法国在法语国家（分布在五大洲，占世界总人口数的 3%）中有着特别的影响力。

2017 年 5 月，法国年仅 39 岁的马克龙正式就任法国总统后，迅速掀起改革风暴。新政府抓住上台后的窗口期，迅速有序地推进各项改革。大半年时间内，马克龙就成功完成难度极高的劳动法改革，还把改革扩展到政治、税收、教育等多个方面。在外交方面，法国欲领头重振欧盟，为欧洲一体化注入新动力。展望未来，法国仍面临一系列考验：能否平稳度过经济改革带来的阵痛，如何坚持高质量的改革，如何协调各方利益来推进欧洲一体化。法国值得继续被全世界关注。

参考文献

〔法〕杜比：《法国史》，吕一民等译，商务印书馆，2010。

葛文博：《刺激经济，法国推动劳动法改革》，《中国经济周刊》2017 年第 37 期。

---

① 杨帆、杨柳：《英国脱欧的深层原因与欧盟的发展前景》，《新视野》2017 年第 1 期。

李鸿涛：《中法经贸合作将再上新台阶》，《经济日报》2018 年 2 月 13 日，第 8 版。

〔法〕里乌：《法国文化史》，杨剑译，华东师范大学出版社，2012。

刘军：《教育交流推动中欧民心相通》，《光明日报》2017 年 5 月 18 日，第 10 版。

王灏晨：《2016 年欧洲经济形势分析及 2017 年展望》，《宏观经济管理》2017 年第 2 期。

武贤芳：《法国地方分权改革与府际关系的变迁》，浙江大学，博士学位论文，2015。

许振洲：《法国的地方分权改革——理论动因与托克维尔》，《欧洲研究》1995 年第 1 期。

杨帆、杨柳：《英国脱欧的深层原因与欧盟的发展前景》，《新视野》2017 年第 1 期。

张锡昌、周剑卿：《战后法国外交史》，世界知识出版社，1993。

第五章

西班牙国情

概　述

西班牙王国（英语：The Kingdom of Spain；西班牙语：Reino de España）简称西班牙，位于伊比利亚半岛，处于欧洲、非洲、大西洋和地中海的咽喉位置。西临葡萄牙，西北为大西洋，东北与法国、安道尔接壤，北濒比斯开湾，南隔直布罗陀海峡与非洲的摩洛哥相望，东南和东部邻地中海。[①] 西班牙王国是南欧七国联盟的成员国之一，人口位居南欧七国联盟第二。

伊比利亚人是半岛上的早期居民。此后，伊比利亚半岛先后居住着凯尔特人（Celts）、腓尼基人、希腊人和迦太基人、罗马人等。15 世纪开启了西班牙历史上的"黄金时期"，西班牙在美洲推行殖民制度，同时也为世界留下了超过 5 亿人讲西班牙语的宝贵财富。然而随着殖民时期的结束，尤其是在 18、19 世纪后，西班牙发展陷入困境，难以跟上其他国家的发展步伐。

自 2014 年来，西班牙经济实现恢复性增长，开始超过欧盟平均水平，2015 年增长 3.2%。2017 年经济增长排在欧元区前列，增长势头持续强劲，在当前欧元区经济复苏仍整体乏力、英国退欧动摇欧盟经济信心之时，西班牙逆势而上，成为欧元区经济增长的动力。西班牙正在逐渐消除

[①] 中华人民共和国外交部网站，http://www.fmprc.gov.cn/web/gjhdq_676201/gj_676203/oz_678770/1206_679810/1206x0_679812/。

经济危机的后遗症。在西班牙的经济发展振奋七国联盟的形势下，西班牙以经济发展为依托，带动联盟在政治、社会等方面的发展与振兴。

西班牙的艺术文化是世界文化的重要组成部分。西班牙孕育了多个建筑、绘画、文学大师。西班牙文学因塞万提斯的创作而登上文艺复兴欧洲文学的高峰，高迪这个建筑界的巨人为今天的巴塞罗那留下了丰富的遗产，毕加索毕其一生为后人留下了数万件巨作。可以说，西班牙为世界留下了宝贵的丰富遗产。

第一节　自然环境

西班牙王国占伊比利亚半岛面积的 5/6，面积为 50.6 万平方千米，是欧盟国土面积第二大的国家（仅次于法国），相当于欧洲总面积的 1/20，是西南欧国土面积最大的国家。西班牙领土还包括地中海的巴利阿里群岛、大西洋的加那利群岛以及非洲北部休达和梅里亚两块飞地。西班牙海岸线长约 7800 千米，境内多山，是欧洲高山国家之一。[①]

受地形特征的影响，西班牙气候呈现多样性，主要分为三大气候区：全国中心梅塞塔高原为温带大陆性气候，冬季寒冷，夏季炎热，年温差和日温差均较大；北部和西北部沿海为温带海洋性气候，受大西洋海洋气流的影响，冬季温和，夏季凉爽；南部和东南部为地中海型亚热带气候，夏季酷热，冬暖多雨，降水主要集中在冬春季节。[②] 西班牙四季分明，最冷月份为 1~2 月，东部、南部平均气温为 8~13℃，北部平均气温 2~10℃；最热月份是 8 月，东部、南部平均气温为 24~36℃，北部平均气温为 16~21℃。北部和西北部沿海一带雨量充沛、气候湿润，其他大多数地区气候干燥、严重缺水。年降水量：西北沿海地区为 800 毫米，中部及东部沿海

---

① 《对外投资合作国别（地区）指南》（2017），"走出去"公共服务平台，http://fec. mofcom. gov. cn/article/gbdqzn/。

② 张敏：《西班牙》，社会科学文献出版社，2007。

地区为 600 毫米，南部地区为 300 毫米。① 西班牙主要矿产储量：煤 88 亿吨，铁 19 亿吨，黄铁矿 5 亿吨，铜 400 万吨，锌 190 万吨，汞 70 万吨。森林总面积 1500 万公顷，森林覆盖率 30%。

西班牙总人口为 4644 万人，人口密度为 92.9 人/平方千米，贫困人口率为 0.8%。② 全国划分为 17 个自治区，下设 50 个省、8117 个市镇。首都马德里，是欧洲的历史名城，也是西班牙政治、经济、文化和金融中心。马德里市区人口 317 万人，有 400 多年的历史。马德里是西班牙中央经济区的综合性经济中心，运输、物流、研发、消费和高新技术产业的中心。市内通信、交通发达，市区 13 条地铁线总长 226 千米，年客运量约 6.25 亿人次；现代建筑与文化古迹相映生辉，市内有规模名列欧洲榜首的马德里自治大学，36 个古代艺术博物馆、100 多个博物馆、18 家图书馆和 100 多个雕塑群。③

巴塞罗那（Barcelona）是西班牙第二大城市、第一大工商业城市、重要港口城市，也是加泰罗尼亚自治州的首府，西班牙东北部的政治、经济、文化中心。市区面积 91 平方千米，人口 162 万人，气候宜人，是典型的地中海气候。④ 从古至今，巴塞罗那一直是西班牙重要的商埠，从 2 世纪起，这里就是一座繁华的港口城市，到 19 世纪，它发展成为全国最重要的工商业城市，也是西班牙目前工业最发达、生活水平最高的地区之一，传统的纺织、化学、飞机制造和造船工业都十分发达，新兴的电子、电子机械、汽车、精密仪器和塑料制造工业方兴未艾，另外，还有造纸、金属加工、医药等工业。安东尼·高迪的建筑是巴塞罗那建筑的一大特色。

此外，瓦伦西亚（Valencia）、塞维利亚（Sevilla）、科尔多瓦（Córdoba）也是西班牙重要的城市。瓦伦西亚是西班牙重要的工商业城市，

---

① 《对外投资合作国别（地区）指南》（2017），"走出去"公共服务平台，http://fec. mofcom. gov. cn/article/gbdqzn/。

② 世界银行数据，https://data. worldbank. org/country/spain? view = chart。

③ 《对外投资合作国别（地区）指南》（2017），"走出去"公共服务平台，http://fec. mofcom. gov. cn/article/gbdqzn/。

④ 同上。

人口 79.7 万人，面积 135 平方千米，是西班牙最大、欧洲第五大集装箱港口。塞维利亚是安达卢西亚自治区首府，人口 70.2 万人，是全国第四大城市，南部地区第一大城市，也是西班牙唯一有内河港口的城市，西班牙南部经济、贸易、旅游和文化重镇。塞维利亚有汽车、机械等工业和知名学府塞维利亚大学。科尔多瓦人口 32.9 万人，是马布德拉曼一世建立的科尔多瓦王国首都，现为旅游城市，并且是附近小麦、橄榄、葡萄等农产品的集散地。

第二节　历史发展

由于特殊的地理位置，从史前时代到作为一个完整国家诞生期间，西班牙受到许多外部因素的影响，同时它也是世界其他地区发展的重要灵感来源地，特别是殖民帝国时期，给世界留下了超过 5 亿名讲西班牙语人群的宝贵遗产。[1]

伊比利亚人于公元前 3000 年从地中海东部沿岸迁移到了伊比利亚半岛，成为半岛上的早期居民。此后，伊比利亚半岛先后居住着从比利牛斯山北麓来的凯尔特人（Celts）、腓尼基人、希腊人和迦太基人，他们先后争夺着半岛的控制权。罗马人统治时期从公元前 395～前 19 年，在第二次布匿战争中（公元前 218～前 201），罗马人入侵西班牙，攻打此时在半岛上居住的迦太基人和伊比利亚人，此后由于实力悬殊，迦太基人和伊比利亚人最终被罗马人征服，罗马帝国在经济、文化、政治、语言等各方面给伊比利亚半岛带来了深远的影响。西班牙采用罗马的行省制度，对国内进行分区域管理，岛上建立了多个罗马建筑风格的建筑，拉丁语、基督教在伊比利亚半岛的传播与普及同样是深远影响之一。此后，西班牙在长达 300 年的时间里被西哥特人统治（415～711），阿拉伯地区的不断向外扩展，形成了穆斯林统治下的"穆斯林西班牙"。

西班牙作为国家诞生于 15 世纪两个主权国家的王朝联盟时期，即卡斯

---

[1] 《对外投资合作国别（地区）指南》（2017），http://fec.mofcom.gov.cn/article/gbdqzn/。

蒂利亚和阿拉贡联盟时期。卡斯蒂利亚在西班牙诸王国中的势力最大,其国土面积约占半岛总面积的 3/5;阿拉贡是半岛上第二大国,由三部分组成,包括内陆部分以及沿海的加泰罗尼亚和巴伦西亚地区。两个主权国家本身是通过联盟或征服在中世纪建立起来的,起初是不同的政治、文化和语言实体,这些实体存在于受西班牙现行宪法承认的多个历史民族中。1474 年,伊莎贝拉继位为卡斯蒂利亚女王。1479 年,费尔南多也登上了阿拉贡王位,两国正式合并,然而合并之初,各国仍旧保留各自的政治、经济制度。

1492 年,哥伦布发现美洲新大陆,掀开了西班牙历史上最辉煌的一页,西班牙推行海外扩张政策,迎来了庞大殖民帝国的新时期,这一时期在西班牙历史上被称为"黄金时期"。开辟海上新航线,寻求新市场,追求东方特产及财富的累积,不断开拓新的海外富地,西班牙成为第一个全球性帝国,也是世界历史上规模最大的帝国之一。1493 年,随着哥伦布的第二次航行,西班牙以海地为起点,建立了第一个永久性殖民地,随后,殖民活动扩张至牙买加、古巴,直至整个西印度群岛地区。渐渐地,扩张欲强的西班牙将目光投向面积更加广大的中美洲地区,最终于 16 世纪中叶,占领了富饶的中南美洲地区。

漫长的两个世纪殖民期间,西班牙推行残酷的统治,将国内的君主制、中央集权制移植到美洲殖民地,经济上实行委托监护制,传播基督教,全面控制美洲地区,建立了完整的殖民体系。随着教会的逐步发展、英国海上实力的不断壮大,17 世纪成了西班牙王国政治、军事、经济和社会全面走向衰落的时期。

腓力五世成为西班牙波旁王朝的第一位国王,西班牙不仅在文化上,而且在政治上成了专制主义的法国的追随者。18 世纪西班牙取得了实质性的发展,但是这种发展无法挽回西班牙相较于欧洲其他地区发生的巨大变革。特别是在整个 19 世纪和 20 世纪初,西班牙的世界影响力逐步降低。随着殖民地的减少、民族主义的兴起,以及在内战中政治、经济、社会危机的爆发,西班牙陷入了发展的困难期。

西班牙于 1873 年建立第一共和国。1931 年建立第二共和国。[1] 1936～1939 年爆发内战，1939～1975 年佛朗哥实施独裁统治，自任终身国家元首。1975 年 11 月佛朗哥病逝，胡安·卡洛斯一世国王登基。1976 年 7 月胡安·卡洛斯一世国王任命原国民运动秘书长阿道夫·苏亚雷斯为首相，开始向西方议会民主政治过渡。1978 年 12 月，胡安·卡洛斯－世国王宣布实行议会君主立宪制。2014 年 6 月，胡安·卡洛斯一世国王宣布退位，将王位传给王储，费利佩六世国王登基。2018 年 6 月 1 日，人民党政府遭弹劾下台，前首相拉霍伊辞去党主席职务。6 月 2 日，工人社会党执政，桑切斯宣誓成为新任首相。

1986 年西班牙正式加入了欧洲共同体，是欧盟成员国之一。在欧盟事务中承担重要的责任，在投票权方面是部长理事会的第五大国。1998 年 5 月西班牙成为首批进入欧元区的国家之一。[2]

第三节　制度建设

西班牙现行宪法经全民公决后颁布于 1978 年 12 月 6 日，于 12 月 29 日生效。该宪法是西班牙历史上内容最为广泛的一部宪法，它规定西班牙是社会与民主的法治国家，实行议会君主制，王位由胡安·卡洛斯一世的直系后代世袭。国工为国家元首和武装部队最高统帅，代表国家。政府负责治理国家并向议会报告工作。宪法承认并保证各民族地区的自主权。[3]宪法的基本原则是建立正义、自由和安全，在行使其主权时促进其所有成员的福利，并宣布将保证宪法和法律的民主共存，符合公平的经济和社会秩序；巩固法治国家，确保法治是大众意志的表现；保护所有西班牙人和西班牙人民行使人权，保护他们的文化和传统、语言和机构；促进文化和

[1] 中华人民共和国外交部网站，http://www.fmprc.gov.cn/web/gjhdq_676201/gj_676203/oz_678770/1206_679810/1206x0_679812/。
[2] 《对外投资合作国别（地区）指南》（2017），http://fec.mofcom.gov.cn/article/gbdqzn/。
[3] 中华人民共和国外交部网站，http://www.fmprc.gov.cn/web/gjhdq_676201/gj_676203/oz_678770/1206_679810/1206x0_679812/。

经济的进步，确保人人都有尊严的生活。①

宪法规定西班牙议会行使国家立法权，议会由参议院和众议院组成，行使立法权，审批财政预算，监督政府工作。立法权以众议院为主，参议院为地区代表院。议员由普选产生，任期四年。众议院为下院，人数不少于300人、不多于400人。参议院是地区代表院，大部分由直接选举产生，议会下设审计法院和民众利益保障委员会，监督政府行政活动。②

西班牙的政府由中央政府与地方政府组成。中央政府主要指由首相、副首相和其他大臣组成的部长理事会，政府部门分别为外交与合作部、司法部、国防部、财政和公共管理部、内政部、发展部、教育、文化和体育部、就业和社会保障部、工业、能源和旅游部、农业、食品和环境部、经济和竞争力部等。③ 一般情况下，理事会每周五召开例会，讨论和研究政府重要工作，并做出相应的政治决策，是最高的权力机关。西班牙由议会批准首相人选，并须经国王任命。首相推选各部大臣经由国王任命后组成部长理事会。政府负责制定外交、经济和社会政策，管理国家的国防事务，并向议会报告工作和接受其监督。④

中央政府有权颁布有关法令、提出对某法令的修改草案，以及向议会提交每年一度的国家预算草案等。紧急状态时，内阁有权发布暂时法令。1978年颁布的宪法明确了地方自治的权利，宪法明确这一举措是西班牙保证民族国家团结的重要组成部分。

西班牙审计署、西班牙监察署是西班牙政府的行政监督机构。监督机构均由1978年宪法规定产生，西班牙审计署是国家账户和财务管理的最高监管机构，也是公共部门的监管机构。审计署主席由国王提名，由全体会议成员任命，任期三年。全体会议由12名成员和首席检察官组成。西班牙主席任期五年，主要负责国家基本权利的捍卫。此外，西班牙政府拥有两个国家咨询机构，分别为国务咨询理事会和经济社会理事会。国务咨询理

---

① 西班牙政府网，http://www.lamoncloa.gob.es/lang/en/espana/leyfundamental/Paginas/index.aspx。

② 《对外投资合作国别（地区）指南》（2017），http://fec.mofcom.gov.cn/article/gbdqzn/。

③ 中华人民共和国驻西班牙王国大使馆经济商务参赞处，http://es.mofcom.gov.cn。

④ http://www.lamoncloa.gob.es/lang/en/espana/leyfundamental/Paginas/index.aspx。

事会由州议员组成，成员须在行政、民事或军事方面担任高级职务，并在学术领域有所建树。经济社会理事会目的是实施社会和民主法治，它由一位主席和 60 名成员组成，其中 20 名成员由工会任命、20 名由商业组织任命，其余从协会和组织任命。[①]

根据 1978 年的西班牙宪法，司法权力来源于人民。最高司法委员会是西班牙的最高司法权力领导机构，由议会选举产生，并由经国王任命的 20 名成员所组成，最高法院院长兼任司法总委员会的主席。[②] 最高司法委员会的 12 名委员必须具有 15 年以上的大法官资格，必须是从事司法的杰出人士且有 15 年以上职业经历。最高法院是国家最高司法机关，是国家的审判机构。最高法院对议会负责，下设 5 个法庭：民事法庭、刑事法庭、诉讼法庭、社会法庭和军事法庭。省级法院只设民事和刑事法庭。最高监察机构是国家总检察院，下辖各级检察院及派驻各司法部门的检察官。

司法机构分为宪法法院和普通法院两大系统。宪法法院主要负责审查西班牙政府法案与章程是否违宪，对违宪案件和违宪争议进行审理，保护公民的基本权利，具有撤销违宪法律的权力、维护宪法法律的权力，解决立法、司法和行政三个机构之间的冲突和矛盾，调整中央政府与各自治大区之间的矛盾。普通法院设置为最高法院、全国法院、大区高级法院、省级法院和市级独任法院，大体实行两审终审制。

从 19 世纪中期开始，西班牙出现了要求建立分权式国家体制的各种尝试，但是均以失败告终。在第二共和国期间，加泰罗尼亚颁布了加泰罗尼亚自治州章程，建立了加泰罗尼亚地方政府（1932），1936 年颁布了巴斯克州自治章程。在佛朗哥独裁统治期间，他建立了一个统一的中央集权帝国，地方自治权利均被剥夺。[③] 1978 年的宪法规定民族和地区自治权是保障国家民族团结的重要组成部分。目前西班牙是欧洲权力最分散的国家之一。

自治区政府采取议会制，基本机构由议会、自治区主席和地区政府构

---

①　中华人民共和国驻西班牙王国大使馆经济商务参赞处，http://es.mofcom.gov.cn。

②　《对外投资合作国别（地区）指南》（2017），http://fec.mofcom.gov.cn/article/gbdqzn/。

③　张敏：《列国志》，社会科学文献出版社，2007。

成。自治区在经济和财务管理方面拥有极大的自由。他们能够批准自己的年度预算，并通过税收、费率和附加费确定自己的资源。自治区的一般筹资制度包括国家赋予的税收和参与国家税收，由国家和自治区经多方商议制定，西班牙一系列财务机制确保了在国家范围内提供基本公共服务的区域间团结与和平。①

自治区政府近三十年的实施经验总体积极向好，三十年的经验还明确了需要改革资金体系以增加自治区的联合税收责任，以确保团结和加强区域凝聚力。目前为完善各自治区的状况，多数自治区近年来都实行了"区域自治法"的改革。自治国家正处于成熟和完善的最后阶段，还需要几年时间才能达到顶峰。

第四节　经济建设

西班牙是中等发达的资本主义工业国，经济总量居欧盟第五位。20 世纪 80 年代初，西班牙开始实行紧缩、调整、改革政策，采取了一系列经济自由化措施。以 1986 年加入欧共体为契机，经济发展出现高潮。90 年代初，由于出现经济过热现象，经济增长速度放慢并陷入衰退。90 年代中期以来，在西班牙政府采取的宏观调控政策的作用下，经济开始回升并持续稳步增长。1998 年 5 月西班牙成为首批加入欧元区的国家后，经济持续快速增长，年增幅高于欧盟国家平均水平。近年来，西班牙经济受国际金融危机和欧债危机负面影响较大，经历了 4 年的经济衰退期（2009～2013，2010 年除外），西班牙国内生产总值萎缩了 8.9%。2014 年起实现恢复性增长，当年经济增长率达到 1.4%，开始超过欧盟平均增速，2015 年增长 3.2%。②

2017 年西班牙经济增长排在欧元区前列，增长势头持续强劲，国内生产总值达 1.237 万亿美元，同比增长 3.3%，人均 GDP 达 27580 美元，农

---

① 西班牙政府网，http://www.lamoncloa.gob.es/lang/en/espana/spanishinstitutions/Paginas/index.aspx。

② https://www.tresor.economie.gouv.fr/Ressources/17166_situation-macroeconomique-de-lespagne-.

业产值占国内生产总值的 3%、工业产值占 23%、第三产业产值占 74%，出口商品和服务总额占国内生产总值的 33%，进口商品和服务总额占国内生产总值的 30%，① 在当前欧元区经济复苏仍整体乏力、英国退欧动摇欧盟经济信心之时，西班牙逆势而上，成为欧元区经济增长的动力。西班牙正在逐渐消除经济危机带来的后遗症。

近年来，西班牙预算赤字居高不下。由于政府采取紧缩政策，2016 年预算赤字占 GDP 比重从 2010 年的逾 9% 降至 4.5%，首次完成欧盟对西班牙提出的年度赤字目标（4.6%），但仍是预算赤字率最高的欧盟成员国，高于欧盟平均值（1.7%）和欧元区平均值（1.5%）。受电力、燃油、住房等产品价格上涨影响，2016 年西班牙通货膨胀率为 1.6%，达到 2012 年以来最高通胀水平，是整个欧元区通胀水平最接近欧盟目标（2.0%）的国家之一。2016 年，西班牙公共债务总额为 1.1 万亿欧元（在欧盟内仅低于意大利），人均债务为 2.4 万欧元，公共债务总额占 GDP 比重高达 99.4%，高于欧盟平均值（83.5%）和欧元区平均值（89.2%）。17 个大区债务总额为 2730 亿欧元，约占 GDP 的 25%。私人债务占 GDP 比重高达 160%。②

经济部门运行与影响因素分析

旅游业、汽车工业是西班牙的重要支柱产业。2017 年汽车产量达 284 万辆，位居欧盟第二、世界第八。出口汽车 214 万辆，占汽车总产量的 75.5%。③ 福特、日产、大众、奥迪、标致、雪铁龙、奔驰、雷诺等多家跨国车企在西班牙设立整车或零部件工厂。西班牙历届政府高度重视发展旅游，国内旅游资源丰富，2017 年西班牙入境旅游人数为 8178 万人次，仅次于法国居世界第二位。入境旅游收入达 734.3 亿美元，同比增长

---

① 世界银行，https://data.worldbank.org/country/spain? view = chart。
② 《对外投资合作国别（地区）指南》（2017），http://fec.mofcom.gov.cn/article/gbdqzn/。
③ 中华人民共和国外交部网站，http://www.fmprc.gov.cn/web/gjhdq_676201/gj_676203/oz_678770/1206_679810/1206x0_679812/。

10.1%，位列世界第二。旅游总收入占西班牙国内生产总值的 11.2%。^①加泰罗尼亚是吸引外国游客最多的地区。此外，2016 年西班牙工业和能源业产值为 3920 亿欧元，同时西班牙还是新能源大国，是世界第二大、欧洲最大的电热太阳能生产国，世界第二大太阳能光伏能源生产国，第四大风能生产国。近年来西班牙发展特色农业，半数产品销往国外，年出口水果总额超过 30 亿美元。2017 年，西班牙对外贸易总额约 5789 亿欧元，其中进口额 3018 亿欧元，出口额 2771 亿欧元，贸易逆差 247 亿欧元。

西班牙经济增长势头强劲，得益于宏观经济形式趋稳，西班牙传统行业进一步加强，现代工业发展提速。此外，西班牙优势产业独特，在航空航天、生物技术、农产品、机械装备等领域都拥有较强的技术优势与品牌优势。同时，西班牙有健全的法律体系，政策透明度较高。世界经济论坛公布的《2016~2017 年全球竞争力报告》显示，西班牙在全球最具竞争力的 138 个国家和地区中，排第 32 位。世界银行发布的《2017 年全球营商环境报告》显示，西班牙在全球 190 个经济体中营商环境便利度排第 32 位。^②

2018 年世界银行对西班牙的经济预期调至 1.9%。^③ 西班牙政府的经济发展目标是，在保持宏观经济稳定的前提下，增强本国各经济部门的竞争力。为此，政府在工业方面大力支持研发投资计划，重点扶植、优先发展工业，鼓励企业间合作、合并、集团化等；在农业方面，改善农业结构，增加农业资本化和集约化程度；鼓励储蓄，改进教育和职业培训，加强基础设施建设，完善行政管理等。西班牙承诺实施"欧洲 2020 年战略"，重点在就业改革、削减赤字两方面进行完善，并进一步清除外商投资的市场障碍、改进行政审批效率、宽松融资环境等。

第五节　文化发展

西班牙语是西班牙的官方语言和通用语言，属于印欧语系－罗曼语族

---

① 西班牙统计局，http://www.ine.es。
② 《对外投资合作国别（地区）指南》（2017），http://fec.mofcom.gov.cn/article/gbdqzn/。
③ 世界银行，https://data.worldbank.org/country/spain? view = chart。

的一支，少数民族语言有加泰罗尼亚语、加利西亚语以及巴斯克语。目前全球有 5 亿人讲西班牙语，是世界上使用人数第三多的语言，也是使用国家第二多的语言，仅次于英语。西班牙人在经贸往来时一般使用本国语言，从事对外事务的政府官员和商人会讲英语和法语。加泰罗尼亚语的使用地区集中在比利牛斯山东部两侧，目前除西班牙外，也是安道尔公国的官方语言，该语言的使用者约为 120 万人。加利西亚语使用人口主要分布于西班牙西北部的加里西亚自治共同体和葡萄牙，共 300 万 ~ 400 万人。巴斯克语是分布于西班牙北部的部分地区以及法国西南部与西班牙接壤的比利牛斯 - 大西洋省部分地区的一种语言，大部分学者将其归为独立语言，使用人数约 100 万人。

西班牙的建筑受罗马人影响最为突出。阿尔坎塔拉桥、塞哥维亚渡槽、圣地亚哥的罗马大教堂就是他们的杰作。西班牙建筑的弧形墙、铁艺、陶艺挂件、小拱旋、文化石外墙、红色坡屋顶等都是其主要特色，受多种文化影响的西班牙也涌现了一批杰出的建筑艺术家，疯子大师安东尼奥·高迪是西班牙最具代表性的建筑家，此外还有天才大师圣地亚哥·卡拉特拉瓦、里卡多·波菲尔。

西班牙文学在欧洲文学史上占有重要地位，最早的文学作品出现在 10 世纪，以口头吟唱的史诗为主要形式，代表作是《熙德之歌》。16 世纪以来，西班牙文学进入"黄金时代"，塞万提斯、贡戈拉、洛佩·德·维加是西班牙文学的三巨头，"黄金时代"西班牙文学的最高成就是塞万提斯的创作，西班牙文学也因他的创作登顶文艺复兴欧洲文学的高峰，《堂吉诃德》是这一时期最重要的硕果。

西班牙绘画是其艺术中最浓墨重彩的一笔。毕加索是现代派绘画的主要代表人物，一生创作油画 1800 多幅，作品总计 3 万多件，《亚威农少女》是第一张被认为有立体主义倾向的作品，是一幅具有里程碑意义的著作。它不仅标志着毕加索个人艺术历程中的重大转折，而且也是西方现代艺术史上的一次革命性突破，引发了立体主义运动。除他之外，西班牙超现实主义画家和版画家达利、开创了当代绘画史纪元的戈雅、"黄金时代"的委拉斯贵兹均是大师级的画家。

西班牙的戏剧发展至今已有 700 多年历史，它始于中世纪的基督教宗教宣传，以耶稣生平故事为主要内容，保存至今的脚本是《三王剧》。洛贝·德·维加是"黄金时代"西班牙民族戏剧的代表。他最优秀的作品是《羊泉村》，描述了 1476 年羊泉村人民反抗领主，歌颂君主政治，要求正义、忠诚和秩序，体现了西班牙"黄金时代"戏剧文化的最高水平。

西班牙自罗马人统治时期就确立了天主教的地位，全国有 96% 的居民信奉天主教，属于基督教文化圈，其余也有一些新教徒、犹太教徒、伊斯兰教徒。许多禁忌与习俗和欧美基督教国家相同，如某些数字及颜色会被认为是不吉利的象征，黄色象征疾病、嫉妒，黑色象征死亡等。西班牙分为 11 个教区，其中托莱多教区是最大也是最重要的教区之一。宗教的影响深入日常生活，出生后的洗礼、婚礼、葬礼都依据宗教传统。

由于气候温和、日照时间长，西班牙人的生活习惯比较特殊，喜欢晚睡晚起。一般是 8 点早餐，11 点前后茶歇，下午 2 点午餐，晚上 9 点之后晚餐。西班牙的特色菜是海鲜饭和西班牙火腿，中部地区的烤乳猪、西北地区的海鲜汤也很出名。大多数公司上班的时间是上午 9 点至下午 2 点，下午 5 点至晚上 7 点或 8 点。商场购物中心等商业场所周日一般不营业。西班牙人把生活休闲看得比工作还重要，街头的咖啡馆、酒吧是人们常常聚会的地方。

西班牙重要的特色节日有三王节、狂欢节、瓦伦西亚法雅节、圣周、奔牛节、番茄节等。圣周是西班牙最大的全国性宗教节日，举办时间在圣诞节前一周，西班牙全境基本上都有圣周活动，但不同地方活动形式千差万别。总体来说，中北部省份是比较传统和正式的宗教仪式，圣周游行气氛庄严，观赏游行的教徒也较为肃穆，让人感受到教徒对信仰的绝对尊重。西班牙各地的狂欢节是每年的二月到三月初，各式各样装扮的游行方队和音乐舞蹈表演活动从早至晚。其中加迪斯（Cadiz）和特内里费岛（Tenerife）两个地方的狂欢节最著名。

西班牙政府推行的"文化 2020 计划"已通过立法法案，"文化 2020 计划"旨在推广并促进本国文化模式，该计划依托西班牙国家教育、文化和体育部实施，设定了五个基本目标：提倡高质量的文化产品、更新文化保护的法律框架、促进社会文化联盟的成立、拓宽文化的传播、开展创意活动。2015 年,西班牙政府为进一步促进文化产业发展,把文化产业的增值税 IVA 从 21% 下调至 10%。2013 年西班牙政府为了增加税收,将文化产业如电影、戏剧等表演门票的增值税从 8% 上调至 21%,使该行业的收入剧减,官方预计这一减少大约会影响约 2 亿欧元的税收。

第六节　与欧盟的关系

欧洲联盟目前拥有 28 个成员国,旨在促进成员国和平与发展,鼓励科技进步,反对不平等与歧视,建立可持续经济发展环境。在一体化进程中奉行自由、民主、平等、尊重人权与尊严的原则。

西班牙于 1985 年 6 月 12 日正式签署入欧协议,1986 年 1 月 1 日成为欧共体正式成员国,开始参与欧盟一体化道路。经历了近三十年的谈判,历经艰难,最终完成了西班牙的发展蜕变,正式回归欧洲。

二战结束后,西方国家一致认为,由佛朗哥为首的西班牙政府实行独裁政策,因此,边缘化西班牙政府成了当时欧洲的主流。20 世纪 50 年代的西班牙经济低迷,饱受内外环境的困扰,国家发展困难重重。1958 年 1 月,随着《罗马条约》正式签署,标志着欧洲经济共同体诞生。面对欧洲大陆划时代意义的巨变,西班牙政府看到了国家发展的重要机遇并多次表示将继续寻求与欧洲的合作,在国内设立了入欧申请的专门机构,进行政策研究。最终西班牙与欧共体就贸易协定进行了两个回合的谈判,终于在 1970 年达成一致,签署了贸易协议,成为西班牙加入欧共体最为坚实的一步。然而,政治体制改革的滞后始终成为西班牙入欧的障碍,1976 年新首相苏亚雷斯上台,国王与首相迅速推动国家开始民主化进程。1982 年成为北约成员国,西班牙基本具备了入欧的成熟条件。西班牙加入欧共体是内外因素共同作用的结果,一方面欧共体及其成员国不断壮大,另一方面也符合西班牙自身经济、政治发展的需要。西班牙在一体化进程中所取得的成绩远大于付出的成本和遇到的困难,加入欧共体是历史的必然。

西班牙进入欧共体后,国民经济取得了快速发展,本国投资及外国投资逐步增加，工社党在 1992 年的聚合报告中提出了以市场为导向的改革措施，包括改革劳动力市场、放松管制、减少公有企业、冻结对公有部分的补贴政策、削减过高的医疗开支等。经济上采取全面自由化政策，加快公有企业的私有化进程，取消贸易关税，成为欧元区的首批成员国。先后通过了"国际工业合作计划""促进工业设计计划"，通过了新的企业法。西班牙是欧盟为解决区域发展不平衡问题设立的团结基金的最大受益国，西班牙环境建设、交通基础设施建设的项目得到了自主发展，促进了南部落后地区的发展。

目前西班牙在欧盟议会拥有 54 名议员，[①] 西班牙分别于 1989 年 1～6 月、1995 年 7～12 月、2002 年 1～6 月、2010 年 1～6 月，担任欧盟的轮值主席国。由西班牙提名的欧盟委员会成员是 Miguel Arias Cañete 委员，负责欧盟气候与能源事务。欧盟的咨询机构欧洲经济和社会委员会，目前有西班牙成员 21 人，为欧盟成员国的就业及社会发展提出意见。

加入欧盟以来，西班牙将自身从欧盟最贫穷的成员国逐渐转变为经济繁荣的国家。依托国内的旅游、金融、工业实现经济的飞速发展，政治道路上，在欧盟一体化进程中不断实现自身政治民主化，政治地位逐年稳步提升。

欧盟各成员国承担着欧盟资金的来源，各成员国对资金的贡献和资金分配既能体现成员国间的团结合作，也能体现成员国之间各种斗争力量的较量，欧盟的预算主要用于农业、贫困地区、科教文、对外援助和欧盟机构行政开支。2016 年欧盟在西班牙的总支出达 115 亿欧元，占西班牙国民收入的 1.04%；2016 年西班牙对欧盟的资金贡献达 95 亿欧元，占西班牙国民收入的 0.86%。西班牙政府在发展国内经济的同时对欧盟资金贡献稳步提升。目前，西班牙政府积极发挥国家在欧盟的政治影响力，就职于欧盟委员会及其机构的官员不断增加，目前议员人数为 54 人，西班牙驻欧盟代表定期在欧盟理事会会议上通过欧盟相关立法和协调政策，根据所讨论的政策领域，定期参加欧盟会议。西班牙在欧盟中的政治影响力不断提

---

① 欧盟官方网站，http://www.europa.eu。

升，成为欧盟在南欧地区的重要国家之一。

参考文献

https://atlas. media. mit. edu/en/visualize/tree_map/hs92/import/esp/ita/show/2016/.

《对外投资合作国别（地区）指南》（2017），http://fec. mofcom. gov. cn/article/gb-dqzn/。

欧盟官方网站，http://www. europa. eu。

世界银行，https://data. worldbank. org/country/spain？view = chart。

西班牙统计局，http://www. ine. es。

西班牙政府网，http://www. lamoncloa. gob. es/lang/en/espana/leyfundamental/Paginas/index. aspx。

张敏：《西班牙》，社会科学文献出版社，2007。

中华人民共和国外交部网站，http://www. fmprc. gov. cn/web/gjhdq_676201/gj_676203/oz_678770/1206_679810/1206x0_679812/。

中华人民共和国驻西班牙王国大使馆经济商务参赞处，http://es. mofcom. gov. cn。

第六章

葡萄牙国情

概　述

　　葡萄牙是地处欧洲西南部的文明古国，历史悠久，物产丰富，文化多样。15、16 世纪葡萄牙开启了大航海时代并成为当时的海上强国。随着去殖民化时代的到来和邻国西班牙、法国等国的崛起，葡萄牙帝国逐渐没落。受法国大革命的熏陶和民主、自由思想的影响，葡萄牙从 19 世纪初开始探索国家民主化道路。经过第一共和国失败、萨拉查新政，最终葡萄牙通过"康乃馨革命"推翻了旧势力，真正开始了民主化进程。现今，葡萄牙是一院议会制共和国，实行半总统制，拥有共和国总统、议会、政府、法院四大权力机构，司法制度完善，法律法规健全。

　　葡萄牙在欧洲及国际政治中拥有独特的地位，是欧盟、北约、世贸组织的成员之一。葡萄牙语按照使用国家数量来算是世界排名第七的语言，共计九个国家或地区使用。葡萄牙在葡语国家中的历史、地位及影响力不容小觑。

　　葡萄牙是欧洲传统的发达国家，自然资源十分丰富，社会治安良好，基础设施完善，是欧洲旅游和投资的最佳目的地之一。葡萄牙的金属矿产、软木、葡萄酒、制造业、旅游业是其特色产业，也是葡萄牙经济的支柱产业。

　　葡萄牙经济在 2008～2012 年遭受了严重的打击。2008 年的全球金融危机和欧债危机之后，葡萄牙经济一度陷入衰退状态。2011 年，葡萄牙政府无法偿还大批国债，不得不向欧盟和国际货币基金组织请求援助。经过三年外部的援助和本国的财政紧缩政策之后，葡萄牙经济逐渐走上正轨，在2017～2018年全球竞争力报告中排第42位，比2016～2017年报告排名提高了4位。

葡萄牙与中国的关系源远流长，最早可追溯到16世纪初。1979年2月8日中葡建交，开启了两国关系的新纪元。1999年，中国恢复对澳门行使主权，澳门回归。2005年12月中葡建立全面战略伙伴关系。近年来，双方高层往来频繁，政治互信不断加强，经济交流也逐步扩大。2016年，中葡货物贸易总额达到56.36亿美元，较2015年增长29.24%。中国已经成为葡萄牙在亚洲的第一大贸易伙伴。其中中葡投资合作成果丰硕，2016年底，中国企业对葡萄牙的投资已超过68亿欧元，涉及能源、金融、保险、交通、水务、建材、工程设计、餐饮等领域。当前，中葡关系正处于历史最好时期，葡萄牙作为"一带一路"的重要一站，中葡双方希望在"一带一路"的框架下建立更多联系和合作，为中葡全面战略伙伴关系的发展做出新的贡献。

第一节　自然环境

葡萄牙共和国地处西经9°10′～6°9′，北纬36°58′～42°8′，位于伊比利亚半岛西南部，东部和北部紧邻西班牙，南部和西部是大西洋海岸，首都里斯本以西的罗卡角是欧洲大陆的最西端。葡萄牙首都里斯本属于0时区，比北京时间晚8个小时，施行夏令时比北京时间晚7个小时。除欧洲大陆的领土以外，大西洋的亚速群岛和马德拉群岛也是葡萄牙领土，共有海陆国土面积92212平方千米，居世界第110位。①

葡萄牙地形地貌丰富多样，地势北高南低，山地丘陵广布。北部是梅塞塔高原，中部为山区，平均海拔800～1000米，南部和西部是丘陵地带和沿海平原，沿海地区有许多渔村和度假胜地。主要的山峰有埃什特雷拉

---

① 维基百科。

峰，海拔 1991 米。主要的河流是塔霍河（Tagus），也称"特茹河"，是伊比利亚半岛最长的河流，发源于西班牙的阿尔瓦拉辛附近的山脉，向西流淌，最终在葡萄牙里斯本注入大西洋。该河全长 1038 千米，其中 275 千米在葡萄牙境内，流域面积仅次于杜罗河。杜罗河是葡萄牙另一条主要河流，长约 897 千米，发源于西班牙索里亚省，自东向西流淌，最终在葡萄牙波尔图注入大西洋。

葡萄牙北部属于海洋性温带阔叶林气候，南部属于亚热带地中海气候，平均气温 1 月 7～11℃、7 月 20～26℃。年平均降水量 500～1000 毫米。

矿产资源较丰富，主要有钨、铜、黄铁、铀、赤铁、磁铁矿和大理石，钨储量为西欧第一位。森林面积为 320 万公顷，覆盖率为 35%，是世界上最大的软木生产和出口国，素有"软木王国"之称。

葡萄牙共有人口 1037 万人（2016），[①] 人口密度为 113 人/平方千米。其中，首都里斯本（Lisbon）有 242 万人（里斯本大区），超过全国人口的 1/5。居民主要为葡萄牙人。外国合法居民约 40 万人，主要来自巴西、安哥拉、莫桑比克等葡语国家及部分欧盟国家。官方语言为葡萄牙语。劳动人口约 530 万人。约 85% 的居民为天主教徒。

根据葡萄牙国土总署 2016 年数据显示，葡萄牙全国设有 18 个大区，分别为：里斯本、波尔图、科英布拉、维亚纳堡、布拉加、雷阿尔城、布拉甘萨、瓜达、莱里亚、阿威罗、维塞乌、圣塔伦、埃武拉、法鲁、布朗库堡、波塔莱格雷、贝雅、塞图巴尔。另有亚速尔群岛和马德拉群岛 2 个自治区。

18 个区下设有 308 个市政区和 3091 个民政区。此外葡萄牙政府于 2003 年设置了 7 个区域协调发展委员会，又称地方大区（CCDR），分别是北部大区、中部大区、里斯本大区、阿连特茹大区、阿尔维大区、亚速尔群岛大区，将中央的部分行政和财权下放地方。

里斯本是葡萄牙的政治、经济、金融、文化和科技中心，是欧洲大陆

---

① 维基百科。

最西端的大城市，是葡萄牙主要的港口城市之一，同时也聚集了葡萄牙众多学府。里斯本是葡萄牙著名的旅游城市，2015 年接待游客 356 万人次。该城市工业发达，主要工业有造船、水泥、钢铁、塑料、软木、纺织、造纸和食品加工等。特茹河南岸已经成为葡萄牙的重要工业中心。里斯本区（非地方大区）是葡萄牙最富庶的地区，人均 GDP 高于全国平均水平。

从历史上看，葡萄牙沿着大西洋狭长的海岸线为它在大航海时代长达几世纪的探索和发现提供了便利。15 世纪末 16 世纪初葡萄牙曾经是欧洲大陆上最强盛的国家之一，并建立了欧洲最早、持续时间最久的殖民帝国（1415～1999）。殖民时代结束以后，葡萄牙的经济实力逐渐下降，但其狭长的海岸线仍然为旅游业发展提供了许多目的地，也为出口贸易提供了优良的港口。

现今，葡萄牙的区位优势主要表现在自然资源上，丰富的自然资源为其经济发展提供源泉。地理位置、气候和地质特点赋予了葡萄牙得天独厚的清洁能源资源。北部和中部地区长年不断的西风和绵延不尽的山峦为风力发电站创造了理想的条件。而南部地区一年中 300 多天的日照又使该地区成了建设太阳能发电站的自然之选。狭长的大西洋海岸线的潮涌和风浪不像欧洲北部的那么猛烈，为发展波浪能提供了巨大的潜力。

除此以外，葡萄牙的农林资源促进其软木、葡萄酒、橄榄油出口贸易的发展。铜、锌、铅等金属和大理石、石灰石等非金属类矿产储量丰富，是葡萄牙重要的贸易资源。

葡萄牙工业、科技发展并不突出，工业基础较为薄弱，主要产业是纺织、制鞋、制药、模具制造、汽车制造、酿酒、旅游业，这些传统行业颇具特色，但不足以支撑葡萄牙羸弱的经济。交通基础设施逐步完善，加入欧共体后，交通运输、港口设施、油气管道、电力网络、通信网络的运行能力都得到了较大提升。科技方面，葡萄牙在生物技术、新材料、新能源和电子信息等高新技术领域具有一定的科研能力，接近欧盟中等水平，但总体的科研实力不能与其他发达国家相比，其科技成果主要是小型技术、工艺流程等。葡萄牙劳动力人口丰富，供大于求，2016 年劳动人口为517.8 万人，占总人口的 50.2%，平均工资收入处于欧盟中的低位。

第二节　历史发展

大约公元前 1000 年就有凯尔特人在伊比利亚半岛定居下来，但并未留下任何对此地的称呼。公元前 140 年前后，罗马人入侵伊比利亚半岛，抵达葡萄牙，并以船只首先到达停靠河岸的地点——"Cale"称呼此地，因此"Portus Cale"应是葡萄牙（Portugal）一词的最初来源。罗马人统治伊比利亚半岛后，将其划分为罗马帝国的一个行省，被称为"卢西塔尼亚"。

374 年，匈奴人从中亚经里海进入顿河、第聂伯河流域，征服那里的阿兰人和东哥特人，接着向黑海北岸的西哥特人进攻，迫使约 15000 名西哥特人在罗马皇帝的允许下，于 376 年渡过多瑙河，向巴尔干半岛迁移，定居于罗马境内，作为同盟者为罗马帝国御边。378 年，西哥特人不堪忍受罗马人的奴役，举行武装起义。401 年，西哥特人在首领亚拉里克的领导下，由巴尔干半岛侵入意大利，后来亚拉里克在 4 万奴隶和数万蛮族出身的罗马士兵配合下，终于在 410 年攻占罗马城，大肆劫掠三日后离去。419 年，西哥特人在高卢南部和伊比利亚半岛以图卢兹为中心建立第一个得到罗马帝国承认的西哥特王国。5 世纪日耳曼部落（包括斯维比人、汪达尔人和阿兰人）入侵伊比利亚半岛。后来这些部落都被西哥特人逐出伊比利亚半岛。

711 年，北非穆斯林摩尔人入侵伊比利亚半岛，西哥特王朝灭亡，阿拉伯帝国的疆域开始扩大至伊比利亚半岛，基督教国家为了重新征服这片土地，便开展了长达 7 个世纪的收复失地运动。11 世纪末，基督教国家卡斯蒂利亚王国收复了今葡萄牙北部的一片土地，国王阿方索六世便把这片土地封给女婿勃艮第的亨利，是为葡萄牙伯爵。

1112 年，亨利去世，其子阿方索·恩里克斯便打算独立，以摆脱和卡斯蒂利亚等基督教国家的臣属关系。于是，阿方索开始与北方基督教国家及南部伊斯兰国家进行作战，并在 1139 年取得独立，阿方索自封为葡萄牙国王。自此，葡萄牙成为一个独立王国，但北方的卡斯蒂利亚却不承认它的独立。1143 年，在罗马教廷的调停下，卡斯蒂利亚与葡萄牙签署《萨莫拉条约》，卡斯蒂利亚正式承认葡萄牙的独立地位，教宗亚历山大三世亦在 1179 年承认葡萄牙的世俗国家地位。

此后，阿方索便全力与南部的穆斯林作战，先后收复了今葡萄牙的南部土地。1147 年，在十字军的帮助下，阿方索顺利地攻占里斯本。之后的数十年，葡萄牙一直和穆斯林奋战。1249 年，葡萄牙国王阿方索三世收复南部的阿尔加威，完成了葡萄牙的收复失地运动，同时奠定了今日葡萄牙的疆域。

13～14 世纪，葡萄牙国王迪尼斯（1279～1325）兴办农业，种植松树林，排丁沼泽地，葡萄牙农业得到蓬勃发展。[①] 14 世纪后期，葡萄牙陷入战争。费尔南多国王（1367～1383）死后，他的女儿比阿特丽斯成为女王，但她嫁给了卡斯蒂利亚的朗安。一些葡萄牙人担心葡萄牙将与卡斯蒂利亚结盟并停止独立，遂起来反叛。卡斯蒂利亚国王入侵葡萄牙，战争持续了 2 年。最后，卡斯蒂利亚人在 Aljubarrota 战役中被由英国支援的葡萄牙军队击溃。Dom Joao 成为国王，葡萄牙保持独立。葡萄牙在 1386 年与英格兰结盟，形成长久而稳定的外交关系。

15、16 世纪可谓是葡萄牙的全盛时代，足迹遍布非、亚、美三大洲，所到之处开拓了大量的殖民地，与西班牙同为当时的海上强国。15 世纪初，葡萄牙占领了北非城市休达，自此开始了其殖民地的发迹。航海家亨利王子（1394～1460）将导航应用到航海中，他还向葡萄牙船长提供船只和金钱，他去世时葡萄牙人发现了塞拉利昂。1488 年巴尔托洛梅乌·迪亚士环绕了好望角。1498 年航海家达·伽马再次绕过好望角，成功驶入印度洋到达印度，成为全欧洲第一个通过海上航路到达印度的国家。1510 年，阿尔布克尔克征服印度的果阿地区和马来西亚的马六甲。1557 年，葡萄牙人占据澳门，并开始与中国进行贸易。葡萄牙在 15 世纪到 16 世纪初，都不断地进行海上探险活动，并建立一个又一个的殖民地，为葡萄牙带来巨大的利益。来自几内亚的黄金更大大刺激了葡萄牙王国的经济发展，葡萄牙获得空前的繁荣。为此，葡萄牙更大力地推行殖民政策，以谋取更大的

---

① http://www.localhistories.org/portugal.html.

利益。为了瓜分殖民地，葡萄牙和西班牙共同在罗马教廷的见证下签署《托尔德西里亚斯条约》，瓜分欧洲以外的地区。此后，葡萄牙的国力达至顶峰，东至印度、西至大西洋亚速尔群岛都成为葡萄牙帝国的版图。

随着邻国西班牙的强大，以及荷兰、英国等新兴海上强权的崛起，葡萄牙的国势在16世纪中叶开始滑落。1580年，西班亚国王费利佩二世兼领葡萄牙国王，两国间形成君合国关系，葡萄牙被并入西班牙。国家开始中衰，西班牙对外也连番遭到挫败，先是无敌舰队遭到英格兰的重挫，以及和尼德兰苦战的八十年战争，再加上17世纪上半叶的三十年战争，都令西班牙元气大伤。1640年，若昂四世建立布拉干萨王朝，并于葡萄牙王政复古战争中获胜，葡萄牙王国脱离西班牙的统治，取得民族独立。葡萄牙趁西班牙受挫之时再次扩张国土，并建立起巴西殖民地，挽回部分劣势。然而，面对其他新兴的海上强权如荷兰、英国等，葡萄牙的殖民地范围开始萎缩，印度、锡兰等地相继被夺去。

殖民地遭到瓜分，加之1755年葡萄牙里斯本发生了一场地震，里斯本被夷为平地，葡萄牙经济更进一步低落。此后，葡萄牙王国便把重心放在对巴西的殖民统治中，经过发展，巴西为葡萄牙带来了为数不少的黄金、宝石等财物，葡萄牙王国的经济再次振兴。然而，巴西人民独立之心却日益炽热，最后在1822年取得独立。

18世纪末，法国大革命爆发，由拿破仑领导的法兰西第一帝国在1804年建立。不久后，半岛战争打响。1808年伊比利亚半岛的葡萄牙本土被法国占领，王室迁都殖民地巴西的里约热内卢。不久，葡萄牙联合英国打击进犯的法军，成功解除困境，1815年收复本土，首都复迁回里斯本。拿破仑战争以后，葡萄牙王国再次恢复平静。但是，在这段时间，国内民众受到了法国大革命的熏陶，高呼对自由主义及民主主义的诉求。这导致葡萄牙君主专制派和立宪派在1828~1834年发动了内战。其后，专制派被击败，葡萄牙恢复了《1826年宪法》，确立二元君主制。

虽然颁布了宪法，但1889年登基的卡洛斯一世却采取了高压统治政策，并严厉镇压革命活动；加上葡萄牙在外交上遇到连串挫败，葡萄牙王室形象大打折扣。葡萄牙及其王室所面对的内忧外患不但使卡洛斯一世及其王储路易斯·菲利佩在 1908 年被刺杀，更促成了 1910 年的革命。

1910 年 10 月 3 日晚上，葡萄牙爆发了政变，末代国王曼努埃尔二世被废黜，更被迫逃亡，葡萄牙第一共和国成立，葡萄牙王国自此灭亡。10 月 5 日，临时政府成立，作家特奥菲洛·布拉加出任总统。共和国的新政府宣布废除君主制，实行政教分离原则。次年，新宪法颁布，由民主选举产生参众两院。第一次世界大战期间葡萄牙加入协约国。① 许多贫穷的葡萄牙人对革命寄予厚望，但之后他们的生活水平并没有改善，很多人的幻想破灭了。

1926 年，军队夺权，第一共和国被推翻，建立军人政府。1928 年，科英布拉大学讲师 Antonio de Oliveira Salazar 被任命为财政部部长。1932 年，萨拉查就任总理。1933 年萨拉查建立新国家体制，又被称为第二共和国，其实在葡萄牙开始法西斯独裁统治。他在道路、桥梁和公共建筑等公共工程上的投资使得葡萄牙工业稳步增长，城市人口增加，但贫穷仍然普遍存在。第二次世界大战中葡萄牙保持中立，使它度过了西班牙内战和二战的困难时期。1949 年，葡萄牙加入北约。在 20 世纪 60 年代初期，葡萄牙的非洲殖民地开始了游击战。与反叛分子作战使得葡萄牙的压力很大。1968 年，萨拉查因中风而无法处理公事，马尔塞洛·达斯内维斯·阿尔维斯·卡埃塔诺便被指定为继承人，于 9 月 28 日上任，仍延续法西斯政权的统治。1974 年 4 月 25 日，由左派将领发动"康乃馨革命"。

1974 年 4 月 25 日的"康乃馨革命"推翻了统治 40 多年的法西斯独裁政权，葡萄牙开始了民主化进程。因人们手持红色和白色的康乃馨来表达他们对革命的支持，故称为"康乃馨革命"。这次革命浪潮席卷了整个葡萄牙，临时政府来来去去，各派派出代表，争权夺利，相互对抗。最后，民主和政党多元化思想赢得了胜利。1975 年 4 月 25 日举行了制宪会议 50 年来的第一次自由选举，1976 年 4 月 2 日批准了新宪法，1976 年 4 月 25 日举行了第一次葡萄牙议会立法选举，随后在 6 月举行总统选举，第一届宪政政府于 7 月上任。1986 年 2 月举行总统选举，苏亚雷斯当选，成为葡

① http://ies. cass. cn/wz/yjzl/ozgggl/201207/t20120731_2460475. shtml.

萄牙 60 年来第一位文人总统。1987 年大选中，社民党获胜，组成一党多数政府。1998 年，葡萄牙被确定为首批加入欧元区的国家。和欧洲其他国家一样，葡萄牙在 2009 年的经济衰退中遭受了损失。

第三节　制度建设[①]

　　1974 年 4 月 25 日的"康乃馨革命"使葡萄牙人重获基本权利和自由，为实现这些权利和自由，人民制定了一部符合国家意愿的宪法。制宪大会肯定了葡萄牙人民决心维护国家独立、保障公民基本保障、确立民主基本原则、确保民主法治国家至上，并在尊重葡萄牙人民意愿的基础上，开辟一条通向社会主义社会的道路，建主一个更自由、公正和博爱的国家。制宪大会在 1976 年 4 月 2 日召开的全体会议上，通过并命令制定葡萄牙共和国宪法。现行宪法之后又经历了 6 次修订。最近一次修订于 2004 年完成。内容包括前言、总纲、公民的基本权利和义务、经济组织、国家政治机构、最终和临时条款。

　　总纲[②]涵盖宪法的前 11 条（第 1~11 条），说明葡萄牙是主权共和国（第 1 条）；葡萄牙共和国是民主法制的国家（第 2 条）；规定国家主权唯一、不可侵犯，国家受宪法约束（第 3 条）；葡萄牙公民身份（第 4 条）；葡萄牙领土（第 5 条）；国家统一（第 6 条）；国际关系的治理（第 7 条）；将国际法纳入葡萄牙法律（第 8 条）；国家主要任务（第 9 条）；普选和政党的定义（第 10 条）；国家标志和官方语言（第 11 条）。

　　葡萄牙属于一院议会制共和国，实行半总统制。[③] 根据葡萄牙宪法规定，共和国总统、议会、政府、法院是并列的国家四大权力机构。

　　从 1910 年 10 月 5 日革命后共和国政权建立以来，葡萄牙历史上共有 20 位总统。[④] 1976 年葡萄牙宪法通过后，规定共和国总统是国家元首，由

---

　　① http://pt. china-embassy. org/chn/ptygk/.

　　② https://www. constituteproject. org/constitution/Portugal_2005. pdf.

　　③ http://politics. people. com. cn/n/2014/0612/c1001 – 25141666. html.

　　④ http://pt. mofcom. gov. cn/article/jingmaotongji/201408/20140800683780. shtml.

直接普选产生，任期五年，可连任。宪法还规定总统为武装部队最高司令，根据政府提名任免总参谋长和三军将领。总统在听取各党派、国务委员会的意见后才能解散议会，"在必要时"可以解散政府和罢免总理。目前，葡萄牙共和国总统是马塞洛·雷贝洛·德索萨，2016 年当选。

葡萄牙议会实行一院制，① 由总统任命议会内议席最多的政党领袖出任政府总理。政府同时向总统与议会负责。葡萄牙共和国议会共有 230 名议员，由直接选举产生，任期 4 年，可连选连任。葡萄牙议会实行比例代表制。葡萄牙共有 22 个议会选区，其中大陆部分 18 个，亚速尔和马德拉自治区各 1 个，欧洲地区和其他国家地区各 1 个。本土各选区产生的议员数与该选区的登记选民数成正比，海外选区各 2 名。议会职权包括立法权、监督权、财政控制权、人事权、其他权力。议会由议长、副议长、常设委员会构成。

议会的工作年为每年 9 月 15 日至次年 7 月 15 日，在议会常务委员会或过半数议员同意的情况下可适当延长。议会选举结果宣布后第三天应举行新议会首次会议。总统有权解散议会，但在新议会选举产生后的六个月内、总统任期的最后六个月及实施戒严或紧急状态期间，总统不得解散议会。总统解散议会后，新议会的任期为上届议会剩余任期加上四年。议会会议须有至少五分之一的议员（43 人）出席方有效。常设委员会会议须有三分之一成员出席方可决议。全会须有二分之一（115 人）以上的议员出席。

本届议会于 2015 年 10 月 4 日产生，社会党人费罗·罗德里格斯（Ferro Rodrigues）任议长。各党派议席分配如下：社民党 89 席，社会党 86 席，左翼集团 19 席，人民党 18 席，共产党 15 席，绿党 2 席，人、动物、自然党 1 席。

葡萄牙政府是葡萄牙共和国四个主权机构之一，政府由总理、部长和国务秘书组成，每个部长领导一个部门，并配备一个或多个国务秘书。政府有政治、立法、行政职能，其中包括与其他国家或国际组织进行谈判的

---

① http://www.npc.gov.cn/npc/xinwen/2011 - 05/20/content_1656389.htm.

权力、向共和国议会提交法案、颁布法令和行政决策权。政府遵照政府方案行政，并每年向共和国议会提交国家预算。

现葡萄牙政府为第 21 届政府，由社会党、左翼集团、葡萄牙共产党和绿党组成，联合执政。总理安东尼奥·科斯塔（社会党）于 2015 年 11 月 26 日由总统任命就职，任期四年。

目前政府主要部门有：财政部，外交部，国防部，内政部，司法部，部长会议兼议会事务部，地区发展部，经济部，环境、国土管理及能源部，农业和海洋部，卫生部，教育和科学部，团结、就业和社会保障部。其中财政和外交部部长为国务部长，相当于中国的副总理一职。各部部长之下设数个国务秘书职位，相当于副部长。

葡萄牙司法权归各级法院所有，各级法院之间相互独立。葡萄牙法院种类众多，其中宪法法院和审计法院只有一个，其他主要为司法、行政、财务法院，这些法院均对最高法院负责。除此之外还有海事法院、仲裁法院和和平法院。

葡萄牙最高法院是最高司法机构，院长由法官选举产生。最高法院院长在国家领导人中排名第四，位于总统、议长和总理之后，如前三位领导人不在国内或无力履行其职责时，最高法院院长可代任国家元首职务。现任最高法院院长为安东尼奥·若阿金·皮萨拉（António Joaquim Picarra），2018 年 10 月 4 日就职。共和国总检察院是最高检察机构，总检察长为卢西利亚·加戈（女）（Lucília Gago），2018 年 10 月 12 日就职。

葡萄牙中央与地方分权制度可追溯到萨拉查法西斯统治结束以后，在专制政权时期（1926～1974），地方政府层级严格依赖中央政府控制[1]。地方议会没有直接和自由的选举权，也没有财政自主权。1976 年的民主宪法颁布后，中央集权的情况随之改变，地方自治制度正式建立和实施。

根据 1976 年的宪法，葡萄牙是一个按照辅助性、地方政府自治、公共服务民主下放原则组织起来的统一的、中央与地方分权的国家。宪法制定了一个全新的三层体系的地方行政自治制度——行政区域、市政和民政

---

① Carols Nunes Silva, *Political and Administrative Decentralization in Portugal*.

区。所有这些地区都有直选选举机构以及行政和财政自治。亚速尔群岛和马德拉群岛不是行政区域，宪法第一次审议通过了区域自治的形式，两个群岛分别建立了自治区。行政区域是一种行政分权形式，它不应该与亚速尔群岛和马德拉群岛的自治区的政治分权形式混淆，这是一种从国家到地方层级的高级形式。市政府和教区是覆盖整个国家的唯一的两级地方政府。1976 年宪法通过了当时现有的 304 个市镇和 4025 个民政区，随后又创建了 4 个新的市政，并创建了 200 多个民政区，民政区总数达到了 4260 个。2013 年，葡萄牙遭遇欧债危机，经济遭受巨大打击，在欧盟和国际货币基金组织的援助下做了结构调整计划，规定实施一部分民政区合并，数量减少到 3092 个。

第四节 经济建设

葡萄牙是一个经济多元化的国家，服务业在经济结构中所占比重很大，其次是制造业，农业所占比重最小，对 GDP 的贡献率不到 3%。自 1986 年加入欧共体以来，大量资本流入，促使其经济可持续发展，葡萄牙被世界银行列入中高收入经济体。受 2008 年金融危机的影响和 2009 年欧元区债务危机的严重打击，葡萄牙经济开始下行，大量的政府措施也无法阻止葡萄牙经济低迷的状态。2011 年，葡萄牙采取紧缩货币政策，欧盟和国际货币基金组织向其提供 780 亿欧元的救助方案，但紧缩的货币政策导致其经济再次出现萎缩，2013 年初葡萄牙失业率大幅上升，创下 17.7% 的纪录。自 2014 年第三季度以来，葡萄牙经济开始稳定增长，2014 年 GDP 增长率为 0.9%，2015 年 GDP 增长率为 1.6%（见表 6 - 1），政府财政赤字从 2010 年的 11.2% 下降到 2014 年的 7.2%（见表 6 - 1）。2014 ~ 2015 年全球竞争力报告中葡萄牙排名上升至第 36 名（共 144 国）。这些现象都标志着葡萄牙由此开始逆转颓势，经济朝着平稳方向发展。这归功于葡萄牙完善的行政制度和基础设施、行之有效的医疗制度和教育制度，以及日益提升的科技水平，在 2017 ~ 2018 年全球竞争力报告中，葡萄牙排名第 42，相比 2016 ~ 2017 年的第 46 名上升了 4 名。

表 6 - 1　经济概况

指标	2013 年	2014 年	2015 年	2016 年	2017 年 a*	2018 年 a
GDP 总值**（亿美元）	226143	229995	199222	204761	203178	209261
GDP 增长率（%）	- 1.1	0.9	1.6	1.4	1.8	1.7
人口（万人）	10457	10401	10358	10306	10268	10223
失业率（占活跃人口百分比）	16.2	13.9	12.4	11.1	9.9	9.0
政府收支（占 GDP 百分比）	- 4.8	- 7.2	- 4.4	- 2.1	- 2.0	- 2.2
公共债务（占 GDP 百分比）	129	130	129	130.4	128.9	127.1

注：*（a）预测报告：葡萄牙中央银行、欧盟委员会"欧洲经济预测 2017 年冬季"报告。
　　** GDP 总值：市场名义价格 GDP。
资料来源：葡萄牙国家统计局、葡萄牙中央银行、欧盟委员会。

　　同其他欧洲国家一样，葡萄牙经济结构特色在于服务业所占的巨大比重。2016 年第二季度，服务业增加值占总增加值的 75.4%，服务业从业者占总人口的 68.6%；农业、林业与渔业增加值仅占总增加值的 2.2%，从业者占总人口的 6.9%；工业、建筑业、能源与水业增加值占总增加值的 22.4%，从业者占总人口的 24.5%。

　　除了服务业在经济中的重要性值得注意以外，加工业专业标准的巨大转变也是葡萄牙经济值得注目的一环。葡萄牙渐渐脱离了对传统工业行业的依赖，高技术含量的新兴行业占比越来越多，并保持着增长的活力，其中最为突出的行业是汽车与汽车配件、电子、能源、制药和高新技术。

　　葡萄牙的优势产业有软木产业、葡萄酒产业、橄榄油产业、制鞋产业、模具产业、可再生能源产业、旅游业。[1]

　　葡萄牙是世界最大的软木生产和出口国，素有"软木王国"之称。葡萄牙软木种植面积超过 70 万公顷，占世界软木种植面积约三分之一，居世界第一位。葡萄牙年产软木 16 万吨左右，占全球总产量的一半左右。

　　葡萄牙全境葡萄种植面积约为 23.9 万公顷，种类约 340 种。2015 年葡萄牙葡萄酒产量为 6.7 亿升，是世界第十、欧洲第五大葡萄酒生产国。

───────────

[1]　http：//ozs. mofcom. gov. cn/article/zojmgx/c/201707/20170702616524. shtml.

葡萄酒产值占整个葡萄牙农业产值的25%，从业人口近20万人。

葡萄牙橄榄树种植面积约为35万公顷，主要集中在中南部、北部及中部地区。葡萄牙是西班牙、意大利和希腊之后的世界第四大橄榄油生产国和第四大橄榄油出口国。

葡萄牙是欧洲传统制鞋大国。从20世纪60年代开始，葡萄牙制鞋业迅速发展，至90年代中期发展至顶点，当时从业人数达6万人，年产量近1.1亿双。2016年葡萄牙鞋类出口额为19.7亿欧元，同比增长3.15%，主要出口法国、德国、荷兰、西班牙、英国、丹麦等国家，出口产品80%以上为皮鞋，已呈现向高端发展的趋势。

葡萄牙为世界第八大模具供应商，是世界领先的模具生产国之一。主要生产各类汽车注塑模具，其次是包装模具，最后是家电模具、电子和通信模具。

近些年，为减少石油、天然气进口，葡萄牙大力发展可再生能源，成就瞩目，居世界领先地位。2016年葡萄牙大陆可再生能源发电装机能力达13046兆瓦（MW），占全国总装机容量的66.8%；实际发电量310.69亿千瓦时，占全国全年总发电量的55.6%。

近年来，葡萄牙旅游业发展势头良好，旅游收入连续6年实现增长，成为葡萄牙外汇收入最重要的来源之一。2016年，葡萄牙全国共接待游客1900万人次，全年旅游业收入126.8亿欧元，同比增长10.7%，达到历史最高水平。

葡萄牙经济发展的积极影响因素分别是国家宏观调控措施行之有效、出口和消费体现巨大活力、海外投资活跃、旅游业顺差增大、温和的扩张型财政政策。

葡萄牙经济虽然深受欧债危机影响，但经过3年的结构性调整措施，葡萄牙的宏观经济失衡得到改善。根据葡萄牙中央银行的报告，葡萄牙经济表现为向外方融资的净能力提高、重要的结构性调整、持续的财政紧缩、资源从非流通向流通领域转移等特点。葡萄牙国家统计局数据显示，2015年葡萄牙经济增长1.5%，较2014年增长0.9%。

良好的经济复苏源于内需拉动（较2014年增长2.4%），私人消费

（增长 2.6%）、公共消费在经历连续几年的下降之后稍有增长，2015 年固定资本总额增长 3.7%，出口商品服务贸易额较上年增长 5.1%，进口额增长 7.3%。国外净需求也对拉动国民生产总值起到积极作用，这些都是经济可持续发展过程中的有利因素。

据葡萄牙央行统计数据，2013 年海外对葡萄牙直接投资额为 201 亿欧元，2014 年为 570 亿欧元，较 2013 年上升了 183%，2015 年直接投资近 540 亿欧元，较 2014 年下降 5.2%。2015 年葡萄牙对海外直接投资额达 740 亿欧元，较 2014 年的 309 亿欧元增长 137.8%。欧盟为葡萄牙海外投资主要国家，2015 年欧盟国家所占份额达到 88.2%；欧盟也是国外对葡萄牙直接投资主要国家，2015 年旅游欧盟份额达到 73.3%。活跃的海外投资可以改善国内的经济环境，促进国际收支平衡，有利于调整产业结构，促进技术进步，推动葡萄牙经济持续稳定增长。

葡萄牙旅游业是带动出口和就业的支柱行业，2015 年葡萄牙旅游贸易顺差达 77 亿欧元，比 2014 年增长 9.5%。根据葡萄牙央行数据，2011 年至 2015 年葡萄牙旅游收入持续上升，平均每年增长 8.7%。2015 年旅游收入近 1140 亿欧元（占葡萄牙出口商品服务总额的 15%），比 2014 年增加 9.3%。旅游业的持续复苏对葡萄牙经济振兴有着积极的影响。

2018 年财政政策温和扩张，公共投资增加。这说明欧盟结构性基金吸收量将会增加，融资成本更低，该现象得益于主要评级机构决定在 2017 年 9 月将葡萄牙主权债务评级提高至投资级别。虽然增加公共投资应该有助于确保经济复苏巩固，但进一步的财政扩张可能会损害财政可持续性。葡萄牙公共债务仍然非常高，并且将制约未来政府在外部冲击时做出反应的能力。

根据世界经济合作与发展组织的预测，[①] 基于之前的结构性改革和私人消费需求增长，葡萄牙经济复苏将会在 2017 年获得牵引力。私人消费的增加反映了实际可支配收入的显著增长和就业的增加。与此同时，有迹象表明，面对消费需求增加和企业盈利能力的提高，并且非金融企业贷款利

① OECD, *OECD Economic Outlook*, Volume 2017 Issue 2, OECD 2017 preliminary version.

率持续下降，私人投资成本更低，私人投资将会迅速增长。企业雇佣意向指标直线上升，失业率降低。因此，葡萄牙经济发展前景较为乐观。

第五节　文化发展

葡萄牙语是罗曼语族的一种语言，起源于现在的加利西亚和北葡萄牙。在 15 世纪和 16 世纪，随着葡萄牙逐步建立商业殖民帝国，其语言在世界范围内传播开来，很多国家和地区对葡萄牙语的使用一直延续到现在。葡萄牙语以使用国家数量来算是世界排名第七的语言，使用地区包括葡萄牙、巴西、安哥拉、莫桑比克、佛得角、圣多美和普林西比、几内亚比绍、东帝汶和中国澳门，共计九个国家或地区，巴西是讲葡萄牙语人数最多的国家，总计超过两亿人口以葡萄牙语为母语。

艺术领域的发展特别突出的分别是建筑行业、文学、电影、音乐、体育，民族宗教和传统习俗也大放异彩。葡萄牙建筑风格中最杰出的是曼努埃尔建筑，开始于 15、16 世纪大航海时期。该建筑风格独特，自成一派，其设计灵感来源于海洋和王权，得名于当时的国王曼努埃尔一世。曼努埃尔式建筑和装饰特征在葡萄牙各地的教堂、宫殿和刑场中随处可见，代表建筑是热罗尼姆斯修道院、贝伦塔、巴塔利亚修道院。

葡萄牙文学是西方最早的文学之一，通过诗歌和歌曲发展起来。1350年，葡萄牙加利西亚的游吟诗人将他们的文学影响力传播到伊比利亚半岛的大部分地区。大航海时期的文学代表人物有：传统戏剧的奠基人吉尔·文森特，冒险家、诗人路易斯·卡蒙斯（约 1524～1580），代表作是史诗《卢济塔尼亚人之歌》。19 世纪以后，葡萄牙文学形式多样，流派繁多，出现了新古典主义、象征主义、自然主义等，20 世纪初出现了第一批现代主义作家。20 世纪 30 年代前后，政治上开始军事独裁统治，受其影响，葡萄牙新现实主义文学开始涌现。其中较为著名的作家有索埃罗·佩雷拉·戈梅斯、若泽·马尔梅洛·埃·西尔瓦等。20 世纪 50 年代以后成名的作家中，在诗歌方面主要有安东尼奥·热德昂、塞巴斯蒂昂·达·加马，在小说方面主要有乌尔巴诺·塔瓦雷斯·罗德里格斯、维吉利奥·费雷拉、费尔南多·博特略，在戏剧方面有路易斯·弗朗西斯科·雷贝洛和贝尔纳多·圣塔雷诺等。值得一提的是1998年葡萄牙文坛巨匠若泽·萨拉马戈以其作品《失明症漫记》获得诺贝尔文学奖。萨拉马戈是第一个，也是唯一一个获诺贝尔奖的葡萄牙作家。

1869年6月，电影传入葡萄牙。葡萄牙电影一开始局限于模仿卢米埃尔的拍摄方法，随后，受到本国文化影响拍摄了一些具有民族特色的电影，其中《狼》被誉为是"葡萄牙无声电影时期的最佳影片之一"。[①] 20世纪初，葡萄牙本土导演崛起，拍摄了一系列更具民族特色的影片。其中巴罗斯拍的《纳扎雷——渔民的海滩》（1929）具有纪实主义风格，评论界认为它"有人类学的价值"。巴罗斯的电影具有鲜明的民族特色，他的拍摄风格长期影响着葡萄牙电影。1931年以后，葡萄牙电影进入有声期，话剧、歌剧中的语言以及葡萄牙民族音乐"法多"都为葡萄牙电影提供了基础，较为突出的影片是奥利维拉执导的《街头少年》。第二次世界大战以后，受意大利新现实主义电影和法国"新浪潮"电影的影响，以导演费尔南多·洛佩斯和巴蒂斯塔·巴托斯为首的电影导演开始探寻改变葡萄牙电影落后现状的道路，掀起了"葡萄牙新电影"的改革浪潮。罗沙的影片《改变生活》（1966）和费尔南多·洛佩斯拍摄的《蠢人》（1964）、《雨中蜂》（1971）都获得了成功。奥利维拉拍摄的《今与昔》、《贝尼尔德》和《失去的爱情》被评论界称为"得不到爱的三部曲"。随着萨拉查·卡埃塔诺的独裁统治的结束，葡萄牙电影也得到了进一步发展，禁映的影片得到播放，外国影片流入葡萄牙市场，推动葡萄牙电影的进一步活跃和葡萄牙观众审美意识发生改变。近年来，由于资金缺乏，葡萄牙电影发展仍然缓慢。

葡萄牙音乐包含各种各样的流派。除传统的葡萄牙乡村音乐外，"法多"（葡萄牙语：Fado，意为命运或宿命）是最为著名的音乐风格。这是一种起源于19世纪里斯本的忧郁都市音乐，通常与葡萄牙的吉他搭配。其中科英布拉法多是一种独特的"吟游小夜曲"法多，十分独特。近年的法

---

① http://www.cfa.org.cn/tabid/532/InfoID/4824/frtid/544/Default.aspx.

多演出已经不再局限于一名歌手独唱，特别是在商业性质的法多集会上，会有多名演唱者即兴表演。当代最为著名的法多歌手有被称作"法多歌王"的 Amália Rodrigues，以及 Carlos do Carmo、Cristina Branco 和 Mariza。

足球是葡萄牙最受欢迎的运动，在葡萄牙有很多从业余水平到世界一流水平的足球竞赛。自英格兰1966年第一次举办世界杯足球赛以来，葡萄牙共5次闯进世界杯决赛周，并在1966年获得世界杯季军。路易斯·菲戈和克里斯蒂亚诺·罗纳尔多曾获得"国际足联世界足球先生"，赢得了金球奖，是世界级的葡萄牙足球运动员。

葡萄牙是单一民族国家，葡萄牙人是主体民族，葡萄牙人占葡萄牙总人口的96%以上，合法移民占3.81%以上。20世纪以来，一直有来自前殖民地国家和地区的移民迁移到葡萄牙，如巴西、非洲几内亚湾、佛得角、澳门、印度、东帝汶，还有许多斯拉夫人如乌克兰人、俄罗斯人、摩尔多瓦人和罗马尼亚人也会迁移到葡萄牙。此外，葡萄牙也是一小部分吉普赛人、穆斯林以及犹太人的移民目的地。

葡萄牙约94%的居民都信奉天主教，其他宗教教派有基督新教、东正教以及伊斯兰教、犹太教等。

绝大多数葡萄牙人认为圣诞节是最重要的节日，也是他们最喜爱的节日。4月25日是纪念1974年4月25日推翻独裁统治、建立民主政治；6月10日国庆日，10月5日共和国日，12月1日恢复独立日。葡萄牙每年6月下旬要过城市节，城市节主要是为纪念那些替人民做过好事的人物。届时，放礼炮，市民出行，并在广场上欢歌，狂欢可持续到第二天黎明。斗牛是葡萄牙人喜爱的娱乐活动，每年元旦节前后都会举行斗牛表演。与西班牙斗牛不同，葡萄牙当地斗牛士骑马斗牛，只会刺伤牛或将牛按在地上，不会将其杀死。

葡萄牙人开朗、随和、乐观、好客，待人接物热情，礼节相对较多。[①]葡萄牙男女之间或女士之间会行拥吻礼，表示亲热、友好。男士之间握手致意，或相互拥抱互拍肩膀。葡萄牙人在社交场合十分注重穿着，男士穿

---

① 《葡萄牙投资指南2017》。

深色西服配领带或领结，女士穿着套裙或连衣裙。葡萄牙人喜欢面食，爱吃牛肉、猪肉及水产品。葡萄牙人中午 12 点到下午 3 点不办公，所以在选择商务活动时应注意时间。葡萄牙人忌讳数字"13"，认为这是不吉利的数字。葡萄牙丧葬方式施行火葬或土葬，人死后以医生签发的死亡证明为准，葬礼均在教堂举行。

葡萄牙文化产业及文化传播策略主要表现为加强文化部和其他政府部门之间的合作，加强国际文化合作，完善政策制定，落实政策实施，推动文化产业发展。

葡萄牙主要的文化产业有语言、艺术、创意产业和媒体等。葡萄牙在经历了漫长的民主化进程后，文化产业也开始得到重视，并逐步发展起来。1995 年文化部正式成为一个独立的部门制定文化发展策略，该部门将文化定义为"公民扩充知识能力和提高生活质量的一个不可或缺的要素，是他们对现实世界进行批判性理解和认识的重要工具"。

2007 年由教育部主持的一项旨在提高葡萄牙文化水平的国家阅读计划启动。该项目由文化部和议会事务部长办公室协办。

2008 年，由文化部监督的艺术总局和外交部监管的卡梅斯研究所共同通过了谅解备忘录，旨在确保葡萄牙艺术家和驻葡萄牙外国艺术家参加国际艺术活动的资金支持，并为一些希望邀请葡萄牙艺术家和艺术团体的国家艺术组织提供支持。

加强国际文化合作的主要目的是通过葡萄牙与国际文化组织和国际艺术家的合作推广葡萄牙语言、艺术、媒体等多领域的葡萄牙文化。

2008 年，葡萄牙语国家共同体联合葡萄牙教育部、文化部发表宣言，鼓励国际社会使用葡萄牙语。除此以外，葡萄牙电视 RTP 国际频道、RTP 非洲频道，电台 RDP 非洲，在除了安哥拉以外的非洲国家播出。葡萄牙同样致力于在海外和国内开办艺术节，展出本国优秀艺术品。葡萄牙是南欧当代艺术创作协会 IRIS 成员国之一，该网络涵盖葡萄牙、法国、西班牙和意大利的戏剧和艺术节表演。

卡梅斯研究所在葡萄牙文化外交中扮演着重要的角色，其使命是提出并实施在国外传播和教授葡萄牙语言和文化的政策建议，并促进葡萄牙语作为国际交流的语言。

文化遗产保护政策由建筑与遗产管理研究所（IGESPAR）和博物馆与文物保护研究所（IMC）实施。2008～2010年，IGESPAR采取了多种措施保护文化遗产，如制定文化遗产风险图用于确认需要恢复的国家遗址和古迹。同时，文化遗产保障基金也于2009年成立，并通过了文化遗产保护法律法规。IMC于2010年启动国家博物馆战略计划，并制定了新的指导方针。

创意产业在葡萄牙日益重要，但仍面临诸多障碍。为了促进时尚和设计产业的发展，葡萄牙政府计划提高公共信贷额度。同时计划制定政策，支持和促进创意文化产业在音像、旅游和职业培训领域的发展。

第六节　与欧盟的关系

"康乃馨革命"以后，葡萄牙制定了新宪法，政治和社会局势相对稳定。非殖民化体制的建立使得葡萄牙失去了传统市场，革命和战争使得其经济生产和金融体系混乱不堪，外贸严重赤字。因此，第三共和国建立后，新的政治领导人在考虑巩固民主化进程、加强民族团结的同时，也致力于解决革命后遗留下来的严重经济问题。他们希望振兴葡萄牙经济，使其按照西方民主国家经济发展模式走上现代化道路。对于葡萄牙，加入欧洲共同体能够继续走民主化道路并促进其经济发展，因此葡萄牙积极开展与欧洲各国的活动，加强与欧共体的对话，希望利用欧洲共同体市场的开放，吸引大量国外投资，帮助葡萄牙经济结构逐步转型。葡萄牙把发展眼光投到欧洲以后，积极参与到欧洲事务当中，获得了申根区、欧元区、欧盟的支持，从而寻找到自身发展的机会。加入欧洲共同体后，葡萄牙有35000个项目获得欧盟的结构性基金的支持。人均GDP从1986年的7000欧元增长到2008年的19000欧元。同时也重新发展与西班牙、巴西、前非洲殖民地之间的关系，西班牙成为葡萄牙重要的经济合作伙伴，葡萄牙成为巴西的主要投资国之一，与新非洲国家的关系逐渐正常化。

从1968年起，继承萨拉查的马尔塞洛政府开始与欧洲共同体进行温和交流。① 1977 年 3 月 28 日，在"康乃馨革命"结束后的第三年，马里奥·苏亚雷斯政府正式提交葡萄牙加入欧洲共同体成员资格的申请。1986 年 1 月 1 日，葡萄牙与西班牙同时加入欧洲共同体。至此，欧共体的成员国扩大至 12 国。

1990 年 7 月，葡萄牙废除了资本管制，将银行最低储备金要求从 1997 年的 17% 下调至 1999 年的 2%。两次修改宪法使其与《马斯特里赫特条约》和《阿姆斯特丹条约》相协调。1999 年 1 月 1 日葡萄牙加入欧元区。2002 年 1 月 1 日推出欧元纸币和硬币，过渡期为三年，欧元成为官方货币。统一的货币制度加速葡萄牙经济发展，促进社会公平，保证其与欧洲各国之间和平相处。

2000 年后，葡萄牙政府和决策者不注意经济外部失衡，政府直接债务高度依赖国外资金。2007～2008 年欧洲金融危机，德国、荷兰等债权国削减对葡萄牙的贷款，葡萄牙政府和银行体系面临大量的资金问题，欧债危机随后波及葡萄牙。2010～2011 年，主要评级机构将葡萄牙的政府债务评级从投资级别下调至非投资级别。2011 年 4 月，在欧洲央行的推动下，葡萄牙银行体系宣布不参与葡萄牙政府债券进一步拍卖。2011 年 6 月，一大批葡萄牙债券到期，政府没有如期偿还这笔债务的能力。为避免违约，2011 年 4 月 6 日财政部部长费尔南多·特谢拉·多斯桑托斯在接受采访时宣布葡萄牙将要像欧盟请求财政救助。2011 年 5 月 5 日，欧盟委员会、IMF 和欧洲央行组成三方代表团在里斯本举行联合记者招待会，宣布与葡萄牙当局和各主要反对党就协助方案达成一致，未来三年葡萄牙将获得 780 亿欧元的援助贷款。2011 年 5 月 17 日葡萄牙与欧盟、国际货币基金组织签署了救助谅解备忘录，葡萄牙政府开始采取大量财政紧缩政策，增加财政收入、减少支出。一系列的调整方案使得 2008～2012 年失业率迅速上升，2013 年底葡萄牙 16～24 岁的人中有 35.7% 的人失业。2010～2013 年，葡萄牙移民出境量大增，仅 2013 年就有 12 万人移民。2014 年 6 月葡萄牙

---

① https://eu.boell.org/en/2014/03/25/portugal-40-years-democracy-and-integration-european-union.

宣布退出为期三年、资金规模达 780 亿欧元的援助计划，此举意味着葡萄牙在经历了痛苦的紧缩改革后，经济开始回归正常。

葡萄牙对欧盟较为依赖。政治上，葡萄牙通过欧盟进一步巩固其民主化进程。经济上，葡萄牙借欧盟和国际货币基金组织的帮助成功走出欧债危机，实现经济复苏。战略上，葡萄牙采取弱化或放弃对欧盟政府的主权，希望通过欧盟实现社会、政治的稳定和经济的发展。[①]

葡萄牙在欧洲议会中共计 21 位议员。葡萄牙政府部长定期参加欧盟理事会会议，能够决议通过欧盟立法和协调政府策略，参加会议的部长取决于讨论政策的领域。欧盟理事会没有常任主席，其工作由担任安理会主席的国家领导主持，该理事会每六个月轮换一次。葡萄牙总统任过三次欧盟理事会主席：1992 年 1～6 月，2000 年 1～6 月，2007 年 7～12 月。葡萄牙推荐给欧盟委员会的专员是 Carlos Moedas，专门负责研究科技创新。葡萄牙在欧洲经济与社会委员会中有 12 个代表。该机构主要的工作是向欧洲议会、欧盟理事会和欧盟委员会这三个机构提出建议。葡萄牙在欧洲区域委员会中有 11 位代表。葡萄牙通过其常住布鲁塞尔的代表与欧盟机构进行沟通，作为葡萄牙的欧盟使者，他的主要任务是确保葡萄牙在欧盟内的利益，保证其政策得到有效实施。

欧盟的预算会根据每个国家不同的财政状况分摊到每个成员国，一个成员国经济规模越大，其贡献率越高。2016 年欧盟与葡萄牙的收支关系是收小于支。欧盟在葡萄牙的总支出为 33.84 亿欧元，占葡萄牙国民总收入的 1.87%；葡萄牙对欧盟预算的贡献为 15.98 亿欧元，占葡萄牙国民总收入的 0.88%。

参考文献

葡萄牙中央银行、欧盟委员会：《欧洲经济预测 2017 年冬季报告》。

---

① https://europa. eu/european-union/about-eu/countries/member-countries/portugal_fr#le_portugal_dans_l'ue.

《葡萄牙国家介绍》，AICEP Portugal Global，2016 年 3 月。

《葡萄牙投资指南 2017》。

维基百科。

Carols Nunes Silva, Political and Administrative Decentralization in Portugal.

http：//ies. cass. cn/wz/yjzl/ozgggl/201207/t20120731_2460475. shtml.

http：//mpcc. org. mt/wp/? page_id = 205.

http：//ozs. mofcom. gov. cn/article/zojmgx/c/201707/20170702616524. shtml.

http：//politics. people. com. cn/n/2014/0612/c1001 − 25141666. html.

http：//pt. china-embassy. org/chn/ptygk/.

http：//pt. mofcom. gov. cn/article/jingmaotongji/201408/20140800683780. shtml.

http：//www. cfa. org. cn/tabid/532/InfoID/4824/frtid/544/Default. aspx.

http：//www. fmprc. gov. cn/chn/pds/gjhdq/gj/oz/1206_32/sbgx/t7352. htm.

http：//www. fmprc. gov. cn/web/gjhdq_676201/gj_676203/oz_678770/1206_679570/sbgx_679574/t7352. shtml.

http：//www. localhistories. org/portugal. html.

http：//www. npc. gov. cn/npc/xinwen/2011 − 05/20/content_1656389. htm.

https：//eacea. ec. europa. eu/national-policies/eurydice/content/bilateral-agreements-and-worldwide-cooperation − 53_fr.

https：//en. wikipedia. org/wiki/Malta-Portugal_relations.

https：//europa. eu/european-union/about-eu/countries/member-countries/portugal_fr#le_portugal_dans_l' ue.

https：//eu. boell. org/en/2014/03/25/portugal-40-years-democracy-and-integration-european-union.

https：//www. constituteproject. org/constitution/Portugal_2005. pdf.

OECD, *OECD Economic Outlook*, Volume 2017 Issue 2, OECD 2017 preliminary version.

第七章

意大利国情

概　述

　　意大利，全称意大利共和国（意大利语：Repubblica Italiana），是南部欧洲大国，东、南、西三面临地中海，北部的阿尔卑斯山地区与法国、瑞士、奥地利接壤，领土主要由亚平宁半岛、西西里岛和撒丁岛组成，国土面积为 301333 平方千米，70% 的国土都是山区。意大利领土南北狭长，气候主要以亚热带地中海气候为主。意大利是议会制共和国，实行多党制，现任[①]总统是塞尔焦·马塔雷拉（Sergio Mattarella），总理是朱塞佩·孔特（Giuseppe Conte）。罗马是意大利首都，主要城市有米兰、图灵、威尼斯、佛罗伦萨和那不勒斯等。全国分 20 个行政大区，人口约为 6080 万人。

　　意大利自古罗马时期起有三千年的悠久历史。古罗马建城时间约为公元前 753 年，先后经历了罗马共和国、罗马帝国时期。5 世纪至 15 世纪是中世纪的封建制度时期，意大利领土范围内长期处于各大公国和王国势力割据的分裂状态。14 世纪，以佛罗伦萨为中心，意大利成为欧洲文艺复兴运动的摇篮。近代的意大利始终面临内忧外患、列强盘踞、战乱不断的局面。1861 年，在意大利人民的努力下，意大利王国成立，1870 年宣告统一。经历了两次世界大战，意大利于 1946 年废除君主立宪制，成立了现今的意大利共和国。

---

　　① "现任"的截止时间为 2018 年 6 月。

意大利是北约、欧盟和欧元区的创始成员国，也是南欧七国联盟的成员之一。意大利是发达的资本主义工业国家，对外贸易和旅游业是国家的主要经济支柱。意大利中小企业数量众多，被誉为"中小企业王国"，但南北经济发展程度差异较大，北部经济发达，南部较为落后。

意大利在文学、雕塑、绘画等文艺方面取得了非凡的成就，也因此成为世界上被联合国教科文组织列入世界遗产名录最多的国家。意大利与中国的友好往来有着悠久的历史。古罗马城曾经是陆上丝绸之路的终点；欧洲民众对于东方中国的了解始于威尼斯商人马可·波罗的《马可·波罗游记》；1970 年，意大利与中华人民共和国正式建立外交关系；进入 21 世纪以来，中意交流不断加强，双方始终保持着良好的合作关系。

第一节　自然环境

意大利位于欧洲大陆南部、地中海北岸，地处东经 6°37′32″～18°31′13″，北纬 35°39′26″～47°05′29″。意大利的领土版图形似一只高跟长筒靴，主要包括亚平宁半岛及西西里、撒丁等岛屿，国土面积为 301333 平方千米，[1] 其中亚平宁半岛约占其全部领土面积的 80%。意大利北部内陆以阿尔卑斯山为界，与法国、瑞士、奥地利和斯洛文尼亚接壤，东、南、西三面分别为地中海的属海亚得里亚海、伊奥尼亚海和第勒尼安海所环绕，且与南欧国家马耳他以及北非国家阿尔及利亚和突尼斯隔海相望，海岸线长约 7200 多千米。

意大利全国分为 20 个大区，下级行政单位为省和市镇，共有 101 个省和 8001 个市镇，人口约为 6080 万人。[2] 习惯上把全国分为北部、中部和包括两岛在内的南部。

意大利北部是经济较为发达的地区，包括 8 个大区，其中：皮埃蒙特大区首府都灵是意大利第三大城市，被誉为"工业之都"，人口约为 104

---

[1]　参见中华人民共和国外交部网站，http://www.fmprc.gov.cn/web/gjhdq_676201/gj_676203/oz_678770/1206_679882/1206x0_679884/。

[2]　数据参见中华人民共和国外交部网站 2018 年 2 月版本。

万人，以汽车制造业为主，是欧洲的电力炼钢和电子加工中心之一；伦巴第大区首府、"经济之都"米兰是意大利的经济引擎，人口为 183 万人，也是欧洲著名的时尚之都；世界闻名的水城威尼斯也位于意大利东北部，是威尼托大区首府，其旅游业营业收入位居全国前列。

中部包括 6 个大区，其中：拉齐奥大区首府、首都罗马是意大利最大的城市，也是该国的政治、文化和交通中心，位于亚平宁半岛中部的台伯河畔，人口约为 300 万人（2017 年数据）；托斯卡纳大区的首府是著名的历史文化名城佛罗伦萨，因其厚重的人文底蕴、悠久的历史建筑与各大艺术宝库使得该区旅游产业非常发达。

意大利南部经济相对落后，包括 6 个大区，其中：坎帕尼亚大区首府那不勒斯是南方最大的城市、地中海的重要港口，世界著名遗迹庞贝古城也坐落于此；自治区西西里岛是意大利和地中海的第一大岛，撒丁岛因其绵延 2000 千米的海岸线推动了当地度假经济的发展。

意大利的传统工业区位于西北部，米兰、都灵和热那亚被称为"工业三角地带"，以汽车、造船、纺织等产业为主。20 世纪 70 年代后期，中部和东北部的中小企业利用自身廉价劳动力丰富和数量众多的优势，依托国家政策的扶持和银行信贷体系提供的机遇，逐渐发展成为以低耗能、污染小的轻工业为主的新兴工业区。为了区分北部传统工业区和南部工业欠发达地区，这一新兴工业区被称为"第三意大利"。

意大利大部分地区属于亚热带地中海气候，1 月平均气温为 2 ~ 10℃，7 月平均气温为 23 ~ 26℃。受到山脉和盛行风的影响，意大利全国降水量呈现以下规律：降水量随着海拔的增高而增加，而夏季降水量则从北向南逐渐减少。阿尔卑斯山和亚平宁山脉地区降水最多，年平均降水量分别达到 3000 毫米和 2000 毫米；平原地区则降水较少，平均不足 900 毫米。意大利版图的"靴根"地区实则成了沙漠，年平均降水量只有 200 毫米。[①]

意大利的矿产资源十分贫乏，仅有极少数地区有一定量的矿藏储量：西西里岛有丰富的硫黄储量；托斯卡纳地区盛产优质大理石，大理石也是

---

① 详见《意大利》，第 9 页。

意大利出口较多的产品之一；另外，托斯卡纳地区的地热资源丰富，世界著名的拉尔德雷格－特拉瓦莱地热发电站便坐落于此。

意大利有其特殊的地理区位特点：从行政角度来说，意大利境内有两个著名的国中国，即位于首都罗马城中的全世界天主教中心的袖珍国梵蒂冈（也是世界上国土面积最小的国家）和位于亚平宁半岛东北部、距亚得里亚海仅 23 千米的内陆国圣马力诺，这也使得意大利的宗教氛围较为浓厚，教会影响力较大；从领土版图来说，意大利领土狭长，南北距离最长达 1290 千米，但东西距离狭窄，这样的形状使得意大利南北地区自然和人文风貌差异较大；从地形来看，平原、山脉、岛屿的清晰分布使得意大利的气候类型较为丰富，南部地中海气候区光照和热量充足，灌溉条件好，土壤肥沃，给农业发展提供了充足的区位优势；① 从欧洲版图来看，意大利处于深入地中海中部的地理位置，是连接欧、亚、非三个大陆的"天然桥梁"，因此意大利自古以来与欧洲、中东、北非及地中海周边国家的关系都非常密切。

第二节　历史发展

意大利半岛最早出现人类活动的痕迹可以追溯到旧石器时代，这里茂密的森林和湿润的气候为人类繁衍和农牧业发展提供了得天独厚的自然资源和地理条件。意大利历史悠久，大致可分为三个阶段：古罗马时期、中世纪时期和近现代时期。

据考证，罗马建城时间约为公元前 753 年。公元前 6 世纪，罗马城发展成为大规模的城邦国家。古罗马先后经历了以氏族社会为基础的王政时代（公元前 753～前 509）、以阶级社会为基础的共和时期（公元前 509～前 27）和实行君主制的帝国时期（公元前 27～前 476）三个阶段。公元前 3 世纪至 2 世纪，罗马不断地对外扩张，对迦太基国三次发动史上著名的"布匿战争"，消灭了迦太基国，控制了地中海西部和北非地区；与此同

---

① 　详见《意大利》，第 5 页。

时，罗马也不断向地中海东部扩张，先后三次发动对马其顿的战争，获得其爱琴海和希腊属地，势力最终扩张到东地中海亚洲地区。恺撒在任高卢总督期间，征服了高卢地区，进一步把罗马的疆域扩张到莱茵河畔。帝国体制延续了长达 5 个世纪，鼎盛时期的罗马帝国疆域达到史上之最：东起幼发拉底河，西至不列颠，北越多瑙河，南至北非，地中海成为帝国内海，[①] 成为以地中海为中心，横跨欧、亚、非三大洲的超级大国。395 年，罗马帝国正式分裂成以君士坦丁堡为首都的东罗马帝国（又称拜占庭帝国）和以罗马城为首都的西罗马帝国。[②] 分裂的罗马帝国日渐衰微，帝国西部遭受蛮族入侵和血洗。西罗马帝国于 476 年灭亡，宣告了古罗马帝国的覆灭。

自西罗马帝国火亡全东罗马帝国灭亡（1453）的时期，即 5 世纪至 15 世纪，被称为"中世纪时期"，也是意大利封建制度时期。这一时期的意大利分裂成了许多小国家，国家间大小冲突和战争不断，也经常遭受外来民族的入侵。568 年意大利北部被伦巴第人占领，建立伦巴第王国。756 年法兰克国王丕平三世打败伦巴第人，被教皇正式加冕为法兰克国王，卡洛林王朝由此开始。773 年继位后的法兰克国王查理曼大帝不仅消灭了伦巴第王国，还把领土扩张到相当于西罗马帝国初期的版图范围。9 世纪末，卡洛林王朝分裂成三个独立王国：法兰西王国、德意志王国和意大利王国。962 年至 11 世纪，意大利北部和中部成为"日耳曼民族神圣罗马帝国"的一部分，而南部则为拜占庭领土，直至 11 世纪诺曼人入侵南部并建立王国。12～13 世纪在意大利的神圣罗马帝国统治瓦解，分裂成许多王国、公国、自治城市和小封建领地。[③] 1453 年，土耳其奥斯曼帝国攻占了君士坦丁堡，并改名为"伊斯坦布尔"，宣告了东罗马帝国彻底灭亡。

随着欧洲社会的相对安定和经济的进步，文化艺术活动蓬勃发展，意大利涌现了一大批哲学家、文学家和艺术家，文艺复兴运动在意大利应运而生。佛罗伦萨被誉为"文艺复兴的摇篮"。文艺复兴运动提倡"人文主

---

① 详见《意大利》，第 53 页。
② 详见《意大利》，第 56 页。
③ 参见中华人民共和国外交部网站。

义"，主张以人为本的思想，反对教会的绝对权威以及对人的精神桎梏，主要成就体现在文学、绘画、建筑、雕刻、科学和政治历史思想领域。文艺复兴运动延续了3个世纪（14～17世纪），为欧洲的资产阶级革命打下了思想基础。1494年，法国国王查理八世入侵意大利半岛，与西班牙争夺意大利南部。结果法国战败，西班牙控制了意大利绝大部分领土。

18世纪，西班牙、波兰和奥地利之间因王位承袭问题爆发了全欧洲内大规模的战争，意大利作为主要战场饱受战争摧残。意大利人民的民族精神觉醒，开始了为争取民族独立和国家统一的启蒙运动。1799年雾月政变后，拿破仑率军入侵意大利，意大利民族复兴运动兴起。1815年拿破仑被迫结束对意大利的统治。1861年3月，意大利王国成立。1870年意大利趁普法战争后拿破仑垮台的契机攻占罗马，实现了国家统一。

此后，意大利同其他欧洲列强进行殖民扩张竞争，曾先后占领了厄立特里亚（1885～1896）、索马里（1889～1905）、利比亚和爱琴群岛（1911～1912），并在中国天津取得一块商业租界（1902）。一战时获得了东北部特伦蒂诺、上阿迪杰、威尼斯·朱利亚和多德卡尼索斯等地区。1922年10月31日墨索里尼上台执政，实行长达20余年的法西斯统治；其间包括入侵埃塞俄比亚（1930～1936）、帮助佛朗哥在西班牙打内战和与德国结成罗马-柏林轴心（1938），随后卷入二战（1939～1945）并沦为战败国。[①] 1946年6月2日意大利举行全民公投，废除君主立宪制；6月18日宣布正式成立意大利共和国。

第三节　制度建设

意大利现行宪法于1947年12月22日由立宪会议通过，1948年1月1日起正式生效，这部宪法宣称："意大利是建立在劳动基础上的民主共和国。"[②] 宪法规定了以下原则：（1）国家机构三权分立，互相制约；（2）中

---

① 参见中华人民共和国外交部网站。
② 戎殿新、罗红波、郭世琮：《意大利经济政治概论》，经济日报出版社，1988，第434页。

央和地方实行分权制；（3）国家元首和政府首脑分开；（4）增设宪法法院，专门监督宪法的实施，维护宪法的尊严；（5）设立最高司法会议，维护司法机构的独立地位；（6）在政府内部设立监督和咨询机构，使政府处于多方面机构的约束和监督之下。① 意大利共和国宪法体现了政治、经济和社会民主的基本原则，突出强调公民的平等团结，承认公民的基本经济权利，规定了财产的形式，承认和保护少数民族与少数宗教信仰者的权利，规定了共和国机构，包括议会、共和国总统、政府、地方机构、司法机构和宪法法院。② 2001 年 10 月 7 日，全民公决通过修改后的宪法。2014年意大利民主党大会提出修改宪法，旨在简化议会立法程序，制约参议院的权力，并减少议员的人数，从根本上使意大利摆脱经济衰退的困境。③ 2016 年 12 月 5 日修宪公投结果表明这一提议被否决。

1946 年 6 月 2 日，意大利公民投票决定了意大利采取议会共和制政治体制。总统为国家元首和武装部队统帅，代表国家的统一，由参、众两院联席会议选出。总理行使管理国家职责，由总统任命，对议会负责。④ 总统任期为七年，可以连任。与大多数议会共和制国家一样，总统不掌握国家行政实权，多数权力的执行需要召开部长会议及相关部长的签字。意大利共和国总统除了履行国家名义行政官的义务，也必须确保国家权力与宪法之间的规则得以遵循，负责解决出现的任何宪法危机。⑤ 现任意大利总统是塞尔焦·马塔雷拉（Sergio Mattarella），于 2015 年 1 月 31 日当选，2月 3 日宣誓就职。

议会是最高立法和监督机构，由参议院和众议院组成。它们是两个独立和平行的代表机构，拥有同等的权利。任何法律的通过，均须得到两院的批准。⑥ 两院制体现了权利的平等和民主合法性，也使得国家各项决议

---

① 戎殿新、罗红波、郭世琮：《意大利经济政治概论》，经济日报出版社，1988，第435页。
② 详见《意大利》，第107页。
③ 李丽娟：《意大利宪法改革草案获通过》，《民主与法制时报》2014年8月，第15版。
④ 参见中华人民共和国外交部网站。
⑤ 详见《意大利》，第112页。
⑥ 详见《意大利》，第108页。

更为成熟和周详。根据 2001 年修改后的宪法法案,参、众两院分别普选产生 315 名(不包括终身参议员)和 630 名议员,任期 5 年。在任总统可以任命 5 名在社会、科学、艺术以及文学事业方面做出杰出贡献者为终身参议员。[①] 议会的主要职能是:制定和修改宪法和法律,选举总统,审议和通过对政府的信任或不信任案,监督政府工作,讨论和批准国家预算、决算,对总统、总理、部长进行弹劾,决定战争状态和授予政府必要的政治决定权力等。[②]

意大利实行多党制。二战至 20 世纪 90 年代初,意大利共和国的三大主要政党分别为:主要执政党天主教民主党(简称:天民党)、共产党以及社会党。随着 20 世纪 90 年代苏联解体、东欧剧变以及冷战结束,1994年 3 月意大利大选之际,传统政党经过改组,出现新的左右两极政党,逐渐形成中左、中右两大阵营。2008 年 4 月,意大利举行第 16 届议会选举,主要在由民主党和意大利价值党组成的中左联盟和由自由人民党、北方联盟和自治运动 – 南部联盟组成的中右联盟的角逐中产生选举结果。结果显示中右联盟在参众两院的实力优于中左联盟。2013 年议会大选后,意大利形成了"三党制"结构,除了传统的中左、中右联盟,第三大政党则是新兴的五星运动,且该党拒绝与其他政党联盟。目前活跃在意大利政坛的主要政党有:民主党、力量党、五星运动、新中右、意大利公民选择党、联盟党和左翼生态自由党。

《意大利共和国宪法》第 104 条宣布:"司法独立于其他任何权力机关。"最高司法委员会是最高司法权力机构,拥有独立司法体制以及任命、分配、调遣、晋升法官等权力。意大利有着独特的司法文化。首先,意大利属于重要的大陆法系之一,司法制度起源于罗马法,其司法体制具有2400 年的传统。其次,意大利具有司法法典。参照法国的司法制度,意大利设有两套平行法院:一套是普通法院,主要行使民事和刑事审判;另一套是行政法院,负责审查行政行为是否合法。[③] 此外,意大利还有独特的

---

① 详见《意大利》,第 108 页。
② 参见中华人民共和国外交部网站。
③ 详见《意大利》,第 172～173 页。

宪法法院。宪法法院制度的建立是意大利传统政治和法律制度的一个转折点，对意大利的政治制度产生了重大影响。宪沃法院负责处理沰律法规的合宪性审查，协调并解决中央政府各部门、中央与地方、地方与地方之间权力划分的争议，并依据宪法处理对总统和内阁部长的指控。① 宪法法院是独立于立法、司法、行政机关的宪法保障和宪法审判机关，是以行使审判权的方式来保护公民的宪法性权利不受侵害，维护民主政治秩序。宪法法院独立于其他的司法机关，并且不受任何行政节制。②

宪法第 92 条规定："共和国政府由共同组成内阁的内阁总理和各部部长组成。"中央政府是国家的最高行政机关，担任着管理繁杂公共事务的重要责任。意人利政府机构主要分为三大部分：总理府、内阁会议和政府辅助机构。意大利总理是政府首脑，主持内阁会议，领导政府工作，对政府的总政策负责。总理的主任务是确保和维持议会多数支持，而实际上决定内阁职位任命的是政党或派别领导。一旦得不到有影响力派别的支持，政府就会失去议会多数支持，总理只能辞职，总统则需另行选择总理候选人。③ 此外，意大利政府设有 3 个辅助机构，即全国经济和劳工会议、国务会议和审计院。全国经济和劳工会议具有参议权和法案创制权；国务会议为法律 – 行政咨询机关和行政司法机构；审计院对政府的各项法令是否合法进行事先监督并对国家预算的执行情况是否合法进行事后监督。④

意大利地方权力机构分为三级，即大区、省、市（镇）。意大利行政大区分为 5 个自治区和 15 个普通大区，自治区比普通大区权力更大。⑤ 所有行政大区均设立一院制的立法机构——地方议会，任期五年，性质类似于众议院。大区议会选举出区主席和区政府。大区立法权有三类：第一，

---

① 参见中华人民共和国外交部网站。
② 刘圣儒：《意大利宪法法院制度研究》，硕士学位论文，中国政法大学，2010，第 6 页。
③ 详见《意大利》，第 115 ~ 116 页。
④ 详见《意大利》，第 118 ~ 120 页。
⑤ 5 个特别自治行政区分别是：瓦莱·达奥斯塔、特伦蒂诺－上阿迪杰、弗留利－威尼斯·朱利亚、西西里岛及撒丁岛。15 个普通大区分别是：皮埃蒙特、伦巴第、威内托、利古里亚、艾米利亚－罗马涅、托斯卡纳、翁布里亚、拉齐奥、马尔凯、阿布鲁佐、莫利塞、坎帕尼亚、普利亚、巴西利卡塔、卡拉布里亚。

有限的自主立法权；第二，补充立法权；第三，综合性立法权。其中自治区全部享有这三类立法权，普通大区只享有后两种立法权。

中央政府对大区政府的监督和管辖主要通过派驻各大区首府的特派员实行，特派员在大区监督委员会支持下开展工作。大区的所有立法和行政法令必须由监督委员会批准。特殊情况下，中央政府有权解散大区议会。[1]

第四节 经济建设

意大利是发达的工业国，是欧洲第四大、世界第八大经济体。意大利人均国内生产总值居欧盟第 12 位、世界第 27 位。服务业发达，产值占国内生产总值的 75%。[2] 二战结束时，意大利的国民收入只相当于 1938 年的 55%，1950～1963 年是意大利的经济奇迹时期。1951 年，意大利加入欧洲煤钢共同体，标志着钢铁工业进入重要发展阶段，成为世界钢铁生产大国之一。1957 年，欧洲原子能共同体成立，意大利开始了核工业的研究与开发，逐步发展成为能源工业大国。意大利的机械工业出口、化学工业、传统服装纺织业和旅游业都为意大利的经济奇迹做出了重要贡献。[3] 受到 20 世纪 60 年代经济危机和 70 年代石油危机的影响，意大利不可避免地陷入经济"滞胀"时期。在"滞胀"与周期性危机的打击下，意大利经济周期发生了深刻的结构性变化，即经济上升期缩短、下跌期延长、增幅变缓。[4] 意大利的经济结构调整自 80 年代上半期开始，持续至今，大致分为三个阶段：第一阶段为 20 世纪 70 年代中期至 80 年代中期，改革主要围绕能源供应形势巨变进行；第二阶段为 20 世纪 80 年代中期至 21 世纪初期，改革主要围绕欧洲经济一体化的深化进行；第三阶段为 21 世纪初期至今，结合经济全球化的迅猛发展和科学技术的突飞猛进，改革主要围绕加强网络化、信息化建设，优化产业结构，促进企业创新等进行，低碳环保、节能增长

---

[1] 详见《意大利》，第 120～124 页。
[2] 参见中华人民共和国外交部网站。
[3] 详见《意大利》，第 180～181 页。
[4] 详见《意大利》，第 183 页。

成为意大利经济结构调整改革的重要目标。①

意大利作为欧元区第三大经济体,最近 10 年来在区内的经济增长一直处于落后状态。表 7 - 1 显示了 2014 ~ 2017 年意大利经济发展的各项指标。

表 7 - 1　2014 ~ 2017 年意大利经济发展主要参考指标

单位:%

年份	GDP 增长率	财政赤字率	公债率	进口总额增长率	出口总额增长率	失业率
2014	- 0.4	3	131.8	- 1.6	2.0	12.7
2015	0.95	2.6	131.5	- 13.8	- 13.4	11.9
2016	0.9	2.5	132	- 1.3	1.2	11.9
2017	1.5	2.3	131.8	5.3	5.4	10.9

资料来源:意大利国家统计局网站。

由表 7 - 1 可以看出,近四年来意大利经济整体水平开始回升,GDP 增长率、进出口增长率和失业率均在 2017 年创下新的纪录,这对于长期低迷的意大利经济来说是一个积极的信号。这也是近年意大利政府通过积极推进内部结构性改革和充分利用外部有利因素不断深化改革所取得的成就。巨额的政府财政赤字和公共债务是意大利经济长期以来的两大难题。居高不下的赤字率和公债率对意大利经济状况的稳定性造成了极大的负面影响,致使宏观经济处于不平衡状态,从而限制了政府为结构性改革提供财政资助空间。此外,虽然失业率有所下降,但与其他欧盟成员国相比,其总体失业率仍然较高。②

意大利经济发展不平衡,南北差异大,呈现了较为严重的二元经济,造成这种地区发展不平衡的原因是多方面的。自然资源、地理条件造成经济传统不同,但资本自身的运动规律是造成意大利南北差异的根本原因。③意大利的产业结构特点鲜明,中小企业发达,被誉为"中小企业王国",中小企业数量占企业总数的 99.8% 以上。地区经济发展不平衡,北方工商

① 详见《意大利》,第 183 ~ 185 页。
② 2017 年欧元区国家平均失业率为 8.7%,而意大利为 10.9%。
③ 详见《意大利》,第 189 页。

业发达，而南方以农业为主，经济较为落后。① 工业实体经济发达，在欧盟内是仅次于德国的第二大制造业强国，但仍以传统工业产品为主，高科技产品相对较少。中小企业专业化程度高，适应能力强。在意大利现代产业结构转型过程中，最为重要的特色就是出现了被誉为"第三意大利"的劳动密集型产业，通过建立产业集群和园区的新兴竞争合作方式来提升中小型企业的整体竞争力。意大利农、林、渔业产值占国内生产总值的比例为 2.4%，是欧盟成员国中仅次于法国的农业大国。2010 年，意大利超越法国成为世界上最大的葡萄酒生产国。对外贸易也是意大利经济的重要支柱，意大利是世界第九大出口国、第十二大进口国。此外，意大利的旅游业发达，是世界第五大旅游国。

近年来，意大利经济开始呈现回暖趋势。据意大利国家统计局预测，2018 年意大利经济将增长 1.4%，略低于 2017 年 1.5% 的增速，失业率有望降至 10.8%。随着全球科技革命的迅猛发展以及全球化的不断深入，意大利正在逐渐探索适合自身发展的经济产业道路，整合产业优势，实现效率、利益最大化，并且努力开拓国际合作，重视以低碳、环保、高精尖科技为导向的发展模式。

第五节　文化发展

意大利被认为是西方文明的发祥地和文化大国。经历了文艺复兴、启蒙运动和欧洲一体化，意大利文化在世界范围内受到了很大的关注和重视。意大利被誉为"艺术之都"，绘画、雕塑、建筑、音乐、文学、戏剧和时尚设计都是世界人类文化的杰出代表。

意大利语属于印欧语系的罗马语族，大部分词汇都来自拉丁文，是意大利官方语言，也是瑞士四种官方语言之一。12 世纪上半叶出现了意大利语诗歌，是意大利文学最初的题材和开端。中世纪时期由马可·波罗口述的《马可·波罗游记》是第一部向欧洲人介绍东方的著作；彼特拉克、薄

---

① 参见中华人民共和国外交部网站。

伽丘和但丁并称为"文艺复兴文学三杰",代表作分别是《歌集》、《十日谈》和《神曲》。16世纪重要作家有阿里奥斯托、马基雅维利和塔索,其中马基雅维利的《君主论》是最早建立完整资产阶级国家的学说。经历了17世纪巴洛克文风,意大利进入文学的启蒙时期,著名的讽刺诗人帕里尼是启蒙运动的代表人物。19世纪的意大利文学先后出现了新古典主义和浪漫主义两大潮流,诗人白尔榭是浪漫主义文学的开拓者,曼佐尼的小说《约婚夫妇》是最重要的浪漫主义作品。20世纪初,意大利现代文学呈现百花齐放百家争鸣的新面貌,具有代表性的流派和作家包括颓废主义代表作家邓南遮、未来主义代表作家马利由蒂以及先锋派文学代表人物斯维沃和皮兰德娄。墨索里尼执政时期,隐秘派诗歌盛行,代表诗人有蒙塔莱和夸西莫多。20世纪30年代出现了资产阶级和无产阶级最优秀的文艺理论家,分别是提出"直觉即艺术"的唯心主义美学思想家克罗齐和奠定了意大利马克思主义文艺理论基础的葛兰西。迄今为止,意大利共有六位获得过诺贝尔文学奖的文学大家,分别是:卡尔杜齐(Giosuè Carducci)、黛莱达(Grazia Deledda)、皮兰德娄(Luigi Pirandello)、夸西莫多(Salvatore Quasimodo)、蒙塔莱(Eugenio Montale)和达里奥·福(Dario Fo)。

古罗马艺术是欧洲古典艺术的重要组成部分。古罗马艺术最初受到了希腊、伊特鲁里亚以及埃及文化艺术的影响,形成了自己的独特风格。古罗马艺术以写实和叙述性为特点,特别是在肖像雕刻中,通过写实风格来刻画人物强烈的个性和内心复杂的情绪。古罗马艺术主要用于为帝王歌功颂德,风格恢宏壮丽,比如古罗马竞技场就是罗马帝国宏伟建筑的代表。罗马时期的绘画艺术以壁画和镶嵌画技艺水平最高,用于装饰宫殿和豪宅。中世纪以宗教艺术为主,著名的比萨斜塔、米兰圣安布罗焦教堂、佛罗伦萨圣米尼亚托教堂以及威尼斯圣马可教堂都是这一时期的杰作。14—17世纪的文艺复兴时期,意大利的艺术成就达到鼎盛。可以说,文艺复兴时期的作品是意大利美术史也是世界美术史上最辉煌的一页。[1] 佛罗伦萨画派代表波提切利创作了世界闻名的画作《维纳斯的诞生》。"文艺复兴艺

---

① 详见《意大利》,第409页。

术三杰"达·芬奇、米开朗琪罗和拉斐尔为世人留下了珍贵的艺术宝藏，如达·芬奇的名画《蒙娜丽莎》和《最后的晚餐》，米开朗琪罗的雕像《大卫》、《摩西》和《怜悯》，以及穹顶壁画《创世纪》和《最后的审判》，拉斐尔的画作《雅典学院》《西斯廷圣母》等。"以人为本"的思想在他们的作品中得到了淋漓尽致的体现。16世纪末至17世纪初，意大利出现了热情奔放、风格大胆、华丽张扬的巴洛克式风格，充满了浪漫主义色彩。19世纪初新古典主义追求古典艺术的庄重典雅，反对奢华复杂的巴洛克式风格，崇尚自然、简洁的风格。建筑最常见的就是全白色表面，不添加装饰色彩。著名的白色大理石雕塑《美惠三女神》便是出自新古典时期最杰出的雕塑家卡拉瓦乔之手。20世纪以来，意大利的美术风格以现代派为主导，主要表达对现代工业社会的推崇。20世纪90年代，意大利出现了一批天才设计师，比如法国蓬皮杜艺术中心的设计者皮亚诺，他曾获得建筑领域的最高奖项普利茨克奖。

意大利音乐享誉全球，而其中歌剧成就最大。19世纪是歌剧发展的鼎盛时期，涌现了大批杰出音乐家，比如《塞维利亚的理发师》创作者罗西尼、被称作伟大人民音乐家的威尔第（代表作有《奥赛罗》《安魂曲》），以及《图兰朵》的创作者普契尼等。意大利的美声唱法同样在世界范围内获得了极大的褒奖和肯定，将美声唱法发挥到极致的当属著名男高音歌唱家帕瓦罗蒂。

意大利电影在世界电影史上也占据着举足轻重的地位。20世纪60年代意大利电影呈现出繁荣发展的景象；70年代也有喜剧片盛行；80年代后，受到美国电影和电视业的冲击，意大利电影业开始衰落。因此90年代的意大利电影人不断力求创新，开展国际合作，积极适应电影潮流，以突出个性特征的方式表达新现实主义，同时喜剧片也被赋予了新的个性化、嘲讽化的创新改革。进入21世纪后，随着电影业的蓬勃发展，意大利的国际电影节影响力也不断扩大，比如最为知名的威尼斯国际电影节。

由于历史原因，意大利是一个天主教气氛浓厚的国家。1984年意大利与梵蒂冈签署了新的《拉特朗协定》，确定政教分离，天主教不再是意大利的国教。现如今意大利居民大部分依然是天主教徒，但民众的宗教观念越来越淡薄，特别是年轻一代。意大利节日非常多，圣诞节是最重要的宗教节日。八月节是仅次于圣诞节的重要节日，这个节日始于古罗马时期，目的是让人尽情放松玩乐，忘却一切烦恼。意大利的狂欢节在每年的斋戒期前举行，罗马、佛罗伦萨、威尼斯狂欢节已经具有一定的国际知名度。

21世纪以来，意大利十分注重教育的国际化，大量接纳国外留学生，也鼓励本国学生出国深造，积极签署与欧盟及其他国家和地区的教育合作框架协议。比如中意政府就合作设立了"马可·波罗"计划和"图兰朵"计划，旨在大力推进两国的学术交流。同时，意大利也是人才强国，迄今为止，意大利已有20名科学家获得诺贝尔奖，其中包括6名美籍意大利人，获奖领域涵盖生物医学、物理、化学、文学、经济和和平奖。

从意大利的历史发展不难看出，意大利长期处于四分五裂的状态，民族复兴运动未曾取得全面的、彻底的成功，且南北部经济发展差距较大，区域资源不平衡，造成了意大利人崇尚个人主义，国家认同感较差。意大利人热情好客，随和亲切，家庭观念较强，喜欢喝酒，时间观念较差，吃饭时惯于漫无目的的聊天，追求悠闲的生活节奏。他们思维活跃，善于创造，因此在艺术、设计领域一直处于国际领先位置。意大利人的线性思维方式较为直接、简单，但不知变通也成为他们工作效率偏低的重要原因。

第六节　与欧盟的关系

作为欧盟的六大创始成员国之一，意大利自始至终一直积极扮演着发起人的角色，不断推动欧洲一体化的进程。由于第二次世界大战给欧洲国家造成了严重的社会和经济损失，战后的欧洲掀起了欧洲统一的思潮。1950年，法国外交部部长罗伯特·舒曼提出了建立"欧洲煤钢共同体"的计划，意大利随即表示支持，并于1951年与法、联邦德国、荷、比、卢签署了《欧洲煤钢共同体条约》。1957年3月25日，六国政府首脑和外长在罗马签署了建立欧洲经济共同体和欧洲原子能共同体的两个条约，两者合称《罗马条约》。1965年4月8日，六国签订《布鲁塞尔条约》，正式决定将"欧洲煤钢共同体""欧洲原子能共同体"及"欧洲经济共同体"合并为统一的"欧洲共同体"。

20 世纪 80 年代中期意大利国内经济复苏更加激发了意大利推动欧洲一体化的热情。1985 年意大利任欧共体理事会轮值主席国期间，促成了"欧洲单一文件"的制定、修改和通过，确定的目标是"在 1993 年 1 月以前建立'无边界的'欧洲统一大市场，并扩大欧共体在科研、环境保护和技术开发方面的权限"。[①] 与此同时，鉴于 1981 年 1 月 1 日希腊正式加入欧共体使得南欧地中海地区的实力有所增强，意大利也积极促成西班牙和葡萄牙于 1986 年 1 月 1 日正式加入欧共体。

1990 年意大利再任轮值主席国期间在罗马召开了两次欧盟委员会会议，为马斯特里赫特欧盟首脑会议作了充分的准备。1991 年 12 月欧共体首脑会议通过了《马斯特里赫特条约》（以下简称《马约》），提出建立"欧洲政治联盟"和"欧洲经济货币联盟"。该条约于 1992 年 2 月正式签订，1993 年 11 月 1 日正式生效，这也标志着欧洲联盟的诞生。在此过程中，意大利始终保持积极参与的姿态，也发挥了重要的推动作用。签署《马约》后，意大利也成为首批加入欧洲经济货币联盟的国家，意大利通行货币里拉在 1999 年 1 月 1 日并入欧洲单一货币体系。2002 年欧元开始正式流通，里拉退出历史舞台。

1999 年 3 月，意大利总理罗马诺·普罗迪被任命为欧盟委员会主席。普罗迪任职期间，在稳定欧元汇率、保持欧元区经济强势增长、实施欧盟东扩计划、处理欧盟与美国关系等问题上做出了不懈的努力，也取得了一定的成绩。此外，普罗迪任内一直强调加强欧盟与中国的友好关系，与时任中国领导人有过多次互访经历。

2004 年 5 月，马耳他、塞浦路斯等东欧十国正式加入欧盟，欧盟成员国扩大至 25 国。至此，地中海南欧七国联盟成员国悉数加入欧盟。2004 年 10 月，欧盟成员国领导人在罗马签署欧盟第一部宪法条约，进一步推动了欧洲政治一体化的进程，这也是意大利自欧盟成立之初一直积极希望实现的目标之一。2005 年《欧盟宪法条约》在荷兰和法国全民公决遭到拒

---

① 详见《意大利》，第 462 页。

绝，欧盟曾因此一度陷入制宪危机。2007 年欧盟非正式领导会议通过欧盟新条约，即《里斯本条约》，正式取代原《欧盟宪法条约》，并于 2009 年 12 月正式生效，为欧盟提供了现代化的体制和更为行之有效的工作方法。意大利于 2017 年 3 月 25 日举办庆祝《罗马条约》六十周年高峰会议，与法国和德国在重新启动欧洲项目方面发挥了主导作用。

从创建欧共体到欧盟的正式成立，意大利作为元老级的创始成员国，高度重视并积极推动欧洲一体化建设，其在欧盟的地位和重要性自然不言而喻，同时意大利也希望能像法、德两国一样在欧盟发挥更重要的作用，认为欧盟一体化建设是应对全球化挑战的有效手段，只有建立强大团结的欧盟才能最大限度维护意大利的安全和利益。意大利支持欧盟机构改革，积极参与欧盟对外行动署的筹建和运作。欧洲主权债务危机爆发后，意大利倡议在欧盟内部设立应对危机的统一基金，支持欧盟三大经济治理措施，即由欧洲统一发债、赋予欧洲央行更大权力以及加大体制改革协调力度。① 作为欧盟的成员国，也是受益国，意大利希望发挥民主体制的优势，与法、德、荷、比、卢等欧盟成员国共同携手建立更加有效地服务于欧盟公民的一体化的欧洲。同时意大利也希望借助欧盟的影响力加强本国的凝聚力和促进本国的经济发展。

综上，意大利是有着深厚人文历史积淀的文化大国，同时也是资本主义高度发达的经济体。虽然受到全球经济危机带来的负面影响，21 世纪初期经济发展持续低迷，但是在全球化和科技浪潮的影响下，以"第三意大利"为代表的新兴工业区为意大利的经济发展注入了新的活力，进入经济复苏的全新阶段。意大利不仅继续保持其在个人消费品、机械制造和旅游业的优势，稳住其全球十大外贸国之一的地位，同时以良好的科技传统为依托，大力发展高科技产业，重点发展信息通信、生物技术、工业自动化和空间技术等产业。在对外关系中，意大利不仅在历史上一直扮演着维护欧洲共同体的角色，现如今也为南欧七国联盟的成立与发展不懈努力。同时，意大利一直秉承着热情、开放、包容的文化交流原则，积极与世界各

---

① 参见中华人民共和国外交部网站。

国开展全面的合作伙伴关系。

目前意大利面临着国内失业率居高不下、经济实力增长不稳定的困境，多党制也从一定程度上造成了国内政局的动荡。同时，德、法两国始终维持着欧盟领头羊的地位，意大利的国际事务话语权并不高。未来意大利的经济改革何去何从？在欧盟和国际社会的影响力如何扩大？我们拭目以待。

参考文献

李丽娟：《意大利宪法改革草案获通过》，《民主与法制时报》2014 年 8 月，第 15 版。

刘圣儒：《意大利宪法法院制度研究》，硕士学位论文，中国政法大学，2010。

罗洪波：《意大利》，社会科学文献出版社，2010。

戎殿新、罗红波、郭世琮：《意大利经济政治概论》，经济日报出版社，1988。

意大利统计局网站，https://www.istat.it/en/。

中华人民共和国商务部网站，http://www.mofcom.gov.cn。

中华人民共和国外交部网站，http://www.fmprc.gov.cn/web/。

中华人民共和国驻意大利共和国大使馆网站，http://www.fmprc.gov.cn/ce/ceit/chn/。

第八章

希腊国情

概　述

希腊共和国（英文：The Hellenic Republic；希腊文：Ελληνική Δ ημοκ ρατία），简称希腊（希腊文：Ελλάδα），是地处欧洲东南角、位于巴尔干半岛最南端的跨大洲国家。希腊国土面积为 131957 平方千米，其中 15% 为岛屿。2016 年人口约为 1078 万人。[1] 雅典为希腊首都及最大城市，萨洛尼卡为第二大城市。

希腊位于欧亚非的十字路口，战略地位重要。西北邻阿尔巴尼亚，北部邻马其顿和保加利亚，东北与土耳其的欧洲部分接壤，东临爱琴海，西濒爱奥尼亚海，南隔克里特海和地中海与非洲大陆相望。希腊拥有地中海沿岸国家中最长的海岸线，全长 15021 千米。岛屿众多[2]，其中 227 座岛上有人居住。希腊作为海运大国，拥有全球规模最大的商船队。

希腊是世界上历史最悠久的国家之一，公元前 27 万年起就有人居住。公元前 3000 ~ 前 1100 年，克里特岛出现米诺斯文明。公元前 1600 ~ 前 1050 年，伯罗奔尼撒半岛出现迈锡尼文明。公元前 776 年，希腊召开了第一次奥林匹克运动会，标志着城邦时代的开始。公元前 3 世纪，亚历山大大帝创造了历史上第二个横跨欧亚非三洲的帝国。随后，希腊分裂，到公元前

---

① 欧盟统计局数据，http：//ec. europa. eu/eurostat/tgm/table. do？ tab = table&init = 1&language = en&pcode = tps00001&plugin = 1，最后访问时间：2018 年 3 月 10 日。

② 希腊的岛屿数量根据所选择的定义不同而有所不同，为 1500 ~ 9800 个。

146 年并入罗马帝国。15 世纪,希腊被奥斯曼帝国统治。1821 年爆发独立战争。1832 年成立君主国。1974 年,希腊通过全民公投改为共和制国家。

作为西方文明的摇篮,希腊是奥林匹克运动会、民主制度、西方哲学、西方文学、政治学、历史学、重要科学和数学,以及西方戏剧的发源地。希腊因其灿烂的文化和秀美的自然风光成为欧洲的旅游胜地之一。

希腊为民主制国家,发达资本主义国家及高收入经济体,人类发展指数①极高,也是巴尔干地区最大规模的经济体。希腊是联合国创始国之一,欧洲共同体第 10 个成员国,并于 2001 年起成为欧元区成员国。同时也是许多国际组织的成员国之一,包括北大西洋公约组织、经济合作与发展组织、世界贸易组织、欧洲安全与合作组织及法语圈国际组织等。

作为欧洲在巴尔干和地中海地区的门户以及中东和非洲地区的重要通道,希腊的区位优势十分明显,在南欧七国联盟中的地位也十分独特。希腊也积极发挥自身在该地区的主导作用,有效地促进了欧盟与该地区的政治经贸合作。

第一节　自然环境

希腊位于欧洲东南部,巴尔干半岛的最南端,位于北纬 34°48′~41°45′,东经 19°00′~28°30′。属于东 2 区,每年 3~10 月实行夏令时。希腊领土总面积为 131957 平方千米,包括三个部分:希腊大陆、伯罗奔尼撒半岛和代表该国总面积约 15% 的众多岛屿。西北邻阿尔巴尼亚,北部邻马其顿和保加利亚,东北与土耳其的欧洲部分接壤,陆地边界长 1160 千米。希腊大陆部分三面临海,包括爱琴海、爱奥尼亚海、克里特海和地中海。海岸线全长 15021 千米,领海宽度为 6 海里,是地中海沿岸拥有海岸线最长的国家,世界排名第 11 位。

希腊海岸线曲折,多港湾。同时该国多半岛和岛屿,最大半岛是伯罗

---

① 人类发展指数(HDI—Human Development Index)是由联合国开发计划署(UNDP)在《1990 年人文发展报告》中提出的,以"预期寿命、教育水平和生活质量"三项基础变量,按照一定的计算方法,得出的用以衡量联合国各成员国经济社会发展水平的指标。

奔尼撒半岛，最大岛屿为克里特岛。希腊领土的 80% 由山脉或丘陵组成，是欧洲第六大山区国家。希腊 43% 的城市海拔 800 米以上，27% 的城市海拔 400~800 米。境内 29 座山海拔超过 2000 米，其中奥林匹斯山为希腊最高峰，海拔 2918 米，在希腊神话中被认为是诸神的居所。希腊西部多湖泊和湿地，中部为色萨利盆地，品都斯山脉横贯中西部，后进入西部爱琴海，在克里特岛结束。东北部为罗多彼山脉，大部分被森林覆盖。希腊的低地或平原相对较少，主要分布在色萨利、马其顿、色雷斯地区以及伯罗奔尼撒东海岸，是希腊重要的可耕种地区。

希腊南部及各岛屿属于典型的地中海气候，冬季温和潮湿，夏季炎热干燥，全年气温变化不大，除冬季外，几乎不会下雨。平均气温冬季 6~13℃，夏季 23~33℃。北部和内陆属于大陆性气候，冬季寒冷潮湿，平均气温可至 0℃，多雨雪，夏季炎热干燥，频有雷暴。全国范围内日照充足，各地区年平均日照时间超过 2000 小时。

希腊能源资源十分有限。主要矿产资源有褐煤、铝矾土、重晶石（硫酸钡）、镍、铬、镁、石棉、铜、铀、金、石油、大理石等。褐煤储藏量为 58 亿吨，可开采量为 40 亿吨，产量居欧盟第一位、世界第六位。铝矾土储量较大，约 10 亿吨，但属于中低品位的水软铝石和水硬铝石类型。石油储量约为 0.01 亿吨。全国森林覆盖率为 17%。希腊太阳能和风能资源丰富，近年来新能源尤其是太阳能发展迅速。

第二节　历史发展

希腊是世界上历史最悠久的国家之一。地中海气候使希腊古迹得到很好的保护。在希腊马其顿省的佩特拉洛纳洞穴中最早发现了公元前 27 万年的人类祖先存在的证据。石器时代的三个阶段（旧石器时代、中石器时代和新石器时代）在希腊都能找到相应遗迹。

古希腊文明是欧洲最早出现的文明，被认为是西方文明的发源地。希腊的青铜时代始于公元前 3000 年前后，从爱琴海岛屿上的基克拉底文明

（公元前 3000 年前后）① 开始，到克里特岛的米诺斯文明（公元前 3000 ~
前 1100），到最后的伯罗奔尼撒半岛的迈锡尼文明（公元前 1600 ~ 前
1050）。青铜时代初期，这三个地区的文明非常相似；到青铜时代中期，
克里特拥有杰出的文化表现；晚期则是希腊半岛的文明最为优越。迈锡尼
人在公元前 1600 年立国后，开始逐步向爱琴海（包括克里特岛）扩展。
公元前 1300 年后，迈锡尼文明开始衰败，直到公元前 1200 年前后，北方
的多利亚人入侵宣告该国灭亡。

　　随着迈锡尼文明的衰亡，希腊历史进入所谓的"黑暗时代"（公元前
1200 ~ 前 800)②，古希腊地区退回到原始社会末期的氏族公社时代。反映
其历史情况的文献主要记载于《荷马史诗》中，因而又称为"荷马时代"。
公元前 11 世纪，古希腊人从塞浦路斯引进制铁技术，本土进入铁器时代。
公元前 8 世纪后，铁在古希腊广泛使用。生产力的提高使人口增多，古希
腊人开始在小亚细亚、爱琴海、地中海地区进行殖民，带动了经济的发
展，城市和商业中心初步形成。希腊社会的部落组织开始让位于城邦制，
一种新的社会和政治模式在希腊出现。

　　希腊城邦时代的开始被定为公元前 776 年第一次奥林匹克运动会的召
开，随着亚历山大大帝于公元前 323 年的辞世结束。这一时期被认为是西
方文明的奠基，也被称为古希腊时代。

　　铁器的推广使生产力提高，海上贸易重新发达，希腊半岛产生了众多
城邦和王国。希腊人在改造腓尼基字母的基础上重新创造了自己的文字，
并于公元前 776 年召开了第一次奥林匹克运动会。公元前 750 年前后，随
着人口的增长，希腊人开始广泛的移民活动，足迹扩散到爱琴海诸岛、小
亚细亚和北非在内的地中海沿岸。许多不同的政治制度都在此时获得实践和
发展，有些古希腊城邦奉行君主制，如斯巴达；有些城邦实行民主政治，如
雅典；还有一些城邦则由贵族或少数人控制的议会进行统治。

　　到公元前 6 世纪末前期，古希腊大部分地区处于和平环境，没有受到

---

① David Sansone, *Ancient Greek civilization*, Wiley, 2011, p. 5.
② 侯典芹：《"黑暗时代"的曙光——古希腊"黑暗时代"的延续性与变革》，《烟台大学学
报》2006 年第 19 卷第 3 期，第 349 页。

外族的严重威胁。公元前 546 年，波斯帝国消灭了吕底亚，并趁机进攻位于小亚细亚的希腊城邦。公元前 500 年，波斯帝国控制了小亚细亚和马其顿的希腊城邦。一些希腊城邦尝试推翻波斯统治失败，波斯遂于公元前 492 年入侵希腊大陆国家，但在公元前 490 年的马拉松战役中被迫退出。公元前 480 年和公元前 479 年，波斯人两次进兵希腊。希腊各城邦包括雅典与斯巴达都结成同盟，战争以希腊获胜告终。公元前 449 年，希腊海军在塞浦路斯岛东岸的萨拉米斯城附近重创波斯军队，双方最终签订《卡里阿斯和约》，希波战争宣告结束。

公元前 431 年，希腊两大强国雅典与斯巴达之间争夺霸权的伯罗奔尼撒战争正式展开。公元前 405 年，雅典海军被全歼。次年，雅典向斯巴达投降，斯巴达成了希腊的新霸主。但其霸权也未能长久。公元前 338 年，位于希腊北部的马其顿王国在亚历山大大帝的领导下取得了对整个希腊的控制权，随后征服了波斯帝国。到公元前 323 年亚历山大大帝去世时，他创造了历史上第二个横跨欧亚非三洲的帝国，从希腊延伸到印度。

亚历山大大帝病死后，他庞大的帝国也随之分裂，希腊历史进入"希腊化时代"。经过数十年的战乱，在欧亚非三洲区域内出现了以托勒密王国、塞琉西王国、马其顿王国为主的一批"希腊化国家"。公元前 299 年，罗马势力开始侵入巴尔干半岛。随着希腊化诸国的陆续灭亡，罗马人逐渐成为希腊人命运的主宰。公元前 146 年，马其顿正式成为罗马的一个行省，剩下的城邦纷纷归降罗马帝国。公元前 30 年，罗马征服了最后一个希腊化国家——统治埃及的托勒密王朝，古希腊历史随之告终。尽管被迫成为罗马的领土，希腊却在罗马的统治下拥有了一段和平时光。罗马人结束了希腊化时代的动乱，希腊文化也在此期间征服了罗马人。

395 年，罗马帝国皇帝狄奥多西去世，帝国一分为二。东部分给长子阿卡狄乌斯，西部分给幼子霍诺里乌斯，从此希腊归东罗马帝国管辖。东罗马帝国以巴尔干半岛为中心，希腊成为它的主要部分，希腊人也是帝国的主要公民。首都设在君士坦丁堡，是古希腊移民城市拜占庭旧址，故东罗马又被历史学家称为拜占庭帝国。

7 世纪，拜占庭帝国国力达到顶峰。1054 年，君士坦丁堡教会和罗马教廷决裂，成立希腊东正教。1204 年第四次十字军东征，君士坦丁堡被拉丁帝国短暂占领，1261 年复建。14 世纪后，奥斯曼帝国不断入侵拜占庭。1453 年，奥斯曼苏丹穆罕默德二世率军攻破君士坦丁堡，东罗马帝国灭亡，希腊的拜占庭时期宣告结束。大部分希腊大陆和爱琴海群岛在 15 世纪末之前被奥斯曼帝国控制，但塞浦路斯和克里特岛直到 1571 年和 1670 年才落入奥斯曼帝国囊中。虽然奥斯曼帝国不强迫非穆斯林皈依伊斯兰教，但基督徒面临的种种歧视导致他们在帝国的地位低下。希腊人一直希望有朝一日推翻奥斯曼人的统治。在 1821 年的希腊独立战争开始之前就发生过不少起义运动。

1789 年，法国大革命的爆发使希腊人燃起独立的希望。1814 年，希腊人在乌克兰的敖德萨建立秘密组织"友谊社"。

1821 年 3 月，希腊伯罗奔尼撒半岛爆发起义，希腊独立战争开始，并迅速发展到克里特岛、爱琴海诸岛屿、马其顿和希腊中部。1822 年 1 月，希腊军队宣布希腊独立，成立国民政府。

1822 年 6 月，土耳其入侵伯罗奔尼撒半岛。1824 年 7 月，土耳其与埃及签订协定，共同镇压希腊起义。英国、法国和俄罗斯也自 1823 年起相继干涉希腊独立战争。1827 年 10 月的纳瓦里诺海战标志着奥斯曼帝国在希腊统治的结束。

1827 年，希腊人爱奥尼斯·卡波季斯第亚斯（Ioannis Antonios Kapodistrias）当选希腊第一共和国总统，于四年后遭到暗杀身亡，此后全国陷入混乱。

1831 年，西方诸强国介入希腊，随之建立起一个君主国，由巴伐利亚王储奥托一世担任首任国王。1862 年，奥托一世因专政被罢黜，后由来自丹麦的乔治一世即位。

1897 年，希腊向奥斯曼宣战，在随后的第一次希土战争中战败。1913 年，希腊在第一次巴尔干战争中战胜奥斯曼帝国。同年，乔治一世被刺身亡，其子康斯坦丁一世继位。

第一次世界大战中，希腊站在协约国一方，反对奥斯曼帝国及其他同盟国国家。战后，希腊获得小亚细亚的一部分作为补偿。

1922 年，希腊军队在第二次希土战争中惨败。随后，乔治二世继位。

1924 年，公民投票废除君主制，希腊第二共和国成立，乔治二世离位。1935 年，孔德里斯将军发动政变，将共和政府推翻，并举行公民投票恢复君主制，乔治二世复辟。1936 年，首相爱奥尼斯·梅塔克萨斯（Ioannis Metaxas）开始实行独裁统治。

第二次世界大战中，希腊加入同盟国集团。1940 年 10 月 28 日，希腊政府拒绝向法西斯意大利妥协。意大利遂入侵希腊，但被希腊军队驱逐，这是同盟国在欧洲大陆上的首次胜利。但随后德国出兵全面占领了希腊。在被占领期间，希腊人民与纳粹进行了激烈对抗，希腊的抵抗运动也成为欧洲最有效的抵抗运动之一。

二战后的希腊又经历了共产党与保王党之间的内战，一直到 1949 年才结束。20 世纪 50 年代开始，希腊经济缓慢复苏，前期借助于美国马歇尔计划的推动，其后得益于国内旅游业的发展。

1967 年，希腊军队发动政变推翻了当时的右翼政府，成立了名为"上校团"的军政府，希腊最后一位国王康斯坦丁二世出逃罗马。

1974 年 7 月，上校军政府垮台，康斯坦丁二世返国，但并未恢复王位。同年 12 月，公民投票决定终止君主制，确立国家政体为议会制共和制，希腊王国至此宣告灭亡。此后，希腊一直由新民主党和泛希腊社会主义运动党轮流执政。直到 2015 年，激进左翼联盟主席阿莱克西斯·齐普拉斯（Alexis Tsıpras）担任总理。

希腊于 1981 年加入欧洲联盟，并在 2001 年加入欧元区。作为奥运会的起源国，希腊于 2004 年举办了第 28 届奥运会。

第三节　制度建设

希腊现行宪法由第五次修改宪法议会通过，并于 1975 年 6 月 11 日生效。随后在 1986 年、2001 年和 2008 年进行了 3 次宪法修订。

宪法第 1 条规定希腊政体为议会制共和国。人民主权为政府的基础，一切权力来自人民和民族，并依照宪法的规定行使。第 26 条规定国家实行行政、立法和司法三权分立。立法权属于议会和总统，行政权属于总统和政府，司法权属于法院。

总统是名义上的国家元首，由议会选举产生，任期 5 年，可连任一次。1986 年通过的宪法修正案大幅缩减了总统的权力。总统在象征性职权外还可以行使少数行政权力，而大多数政治权力掌握在总理手中。现任总统普罗科比斯·帕夫洛普洛斯（Prokopis Pavlopoulos），2015 年 2 月 18 日当选，3 月 13 日宣誓就职，任期 5 年。

希腊议会为一院制立法机关。议会的主要职能是立法和监督政府工作。由全国 56 个选区普选产生，共有 300 名议员。本届议会于 2015 年 9 月 20 日选举产生，任期 4 年。尼科斯·武齐斯（Nicos Voutsis）为现任议长。现议会议席分配如下：左联 144 席，新民主党 76 席，金色黎明 16 席，民主同盟（泛希社运－民主左翼）20 席，希腊共产党 15 席，独立希腊人 9 席，中间联盟党 7 席，河流党 6 席，独立议员 6 席。

2009 年欧债危机以来，希腊政府推出财政紧缩政策，引发国内多次大规模罢工和游行，政府支持率急剧下降。2014 年 12 月，希腊提前举行总统选举，但议会三轮投票无果，议会被迫提前解散。2015 年 1 月，希腊举行议会大选，激进左翼联盟胜出，与右翼小党独立希腊人共同组成联合政府。左联主席阿莱克西斯·齐普拉斯出任总理。2015 年 8 月，齐普拉斯宣布辞去总理职务，并要求提前举行大选；9 月，希腊再次举行议会选举，左联再次蝉联议会第一大党，与独立希腊人再次组阁成功。齐普拉斯第二次出任政府总理。2016 年 11 月，齐普拉斯对政府进行改组，撤换原内阁 11 名成员，但核心成员留任。新内阁共有部委 19 个，成员 49 人。设内政部、经济与发展部，数字政策、通信和媒体部，司法、透明和人权部，财政部，卫生部，行政重建部，文化与体育部，环境和能源部，基础设施和交通部，移民政策部，海运、交通与岛屿政策部，农业发展和食品部，旅游部。

希腊司法机构独立于行政和立法机关。最高司法机构包括最高法院、最高行政法院及检察机构。司法系统由审判民事和刑事案件的普通法院与审理公民和行政当局争端的行政法院组成。法院分初审、二审及最高法院三级。各级法院设有检察官，初级地方治安法院设有公诉人。

希腊目前的主要政党包括：

激进左翼联盟（SYRIZA，Coalition of the Radical Left）：简称"左联"，极左翼政党，成立于 2004 年 4 月，由十余个左翼小党组成，主要是当年希共国内派成员。2012 年 6 月议会选举中，成为第一大反对党。2013 年召开首届党大会，正式完成从竞选联盟到政党的转变。主席阿莱克西斯·齐普拉斯。2015 年选举后成为希腊执政党。

新民主党（New Democracy）：1974 年 9 月成立，创始人是康斯坦丁·卡拉曼利斯（Costas Karamanlis）。现有党员 20 余万人。该党于 1974～1981 年、1990～1993 年、2004～2009 年、2012～2014 年执政。2012 年成为议会第一大党，主席基里阿科斯·米措塔基斯（Kyriakos Mitsotakis）。2015 年大选后失去执政党地位。

泛希腊社会主义运动党（Pan-Hellenic Socialist Movement）：简称"泛希社运"。1974 年 9 月成立，创始人是乔治·帕潘德里欧（George Papandreou）。现有党员 20 余万人。该党于 1981～1989 年、1993～2003 年、2009 年底～2011 年执政。2012 年 6 月大选后，与新民主党、民主左翼共同组建联合政府。2015 年大选后成为议会小党。现任主席福菲·耶妮马塔（Fofi Gennimata）。

金色黎明（Golden Dawn）：极右翼政党。成立于 1993 年，凭借反紧缩和主张退出欧元区的民粹主义思想，于 2012 年 6 月首次进入议会。主席尼科斯·米哈洛里亚科斯（Nikos Michaloliakos）。

河流党（The River）：成立于 2014 年 2 月，创始人及主席是记者出身的斯塔夫罗斯·塞奥佐拉基斯（Stavros Theodorakis），2015 年 1 月首次进入议会。

希腊共产党（Communist Party of Greece）：1918 年成立，希腊现存最老的政党。现有党员 3 万余人。总书记迪米特里斯·古楚巴斯（Dimitris Koutsoumpas）。

独立希腊人（The Independent Greeks）：右翼政党。成立于 2012 年 2 月，由前新民主党议员帕诺斯·卡梅诺斯（Panos Kammenos）创立并担任主席。2012 年 6 月首次进入议会，获得 20 个席位。2015 年与左联共同组成联合政府。

军事方面，希腊总统是名义上的武装部队最高统帅。总理负责国防政策和军队建设，任最高国防委员会主席。国防部长在总理领导下实施国防政策和管理武装部队。总参谋长主管作战指挥机构。希腊军队受本国和北约双重指挥。

希腊实行义务兵役制，服役期为陆军 12 个月、海军 15 个月、空军 14 个月。目前正规军总兵力 15 万人，其中陆军 11 万人、海军 1.9 万人、空军 2.1 万人，另有储备军 22 万人。除正规军外，准军事部队（国民警卫队、警察、港警等）共 5 万人。

希腊军费开支年均超过 70 亿美元，达到或超过其国内生产总值（GDP）的 2%，总量居世界第 24 位，人均居世界第 7 位，是仅有的五个达到此国防开支目标的北约成员国之一。

第四节　经济建设

根据世界银行 2016 年统计数据，希腊经济按名义 GDP 排世界第 48 位，欧盟成员国中排第 14 位。就人均而言，希腊排世界第 36 位，欧盟第 19 位，尚未达到欧盟人均 GDP 的平均水平。希腊在欧盟中属于欠发达国家，但按世界标准仍被划分为发达和高收入国家，人类发展指数极高（2015 年为 0.866）。其经济主要包括服务业（80%）和工业（16%），农业仅占国民经济总量的 4%。希腊经济基础较薄弱，工业制造业较落后。服务业中的海运业与旅游业发达。

20 世纪 80 年代末，希腊经济发展缓慢，公共赤字和债务以及通货膨胀率都居高不下。希腊政府推行严厉的紧缩政策，加快私有化进程。经过努力，希腊主要经济指标出现好转。2008 年以前，希腊经济保持稳定增长，且增速高于欧盟平均水平。2009 年底以来，希腊深陷主权债务危机，经济遭受重创。2016 年希腊名义 GDP 为 1742 亿欧元，实际 GDP 为 1759 亿欧元。名义同比下降 1.2%，实际同比下降 1.3%，① 经济连续八年衰

---

① 根据希腊统计局数据，实际国内生产总值按照 2010 年价格计算，http://www.statistics.gr/en/statistics/-/publication/SEL15/－。

退。其中消费、投资和净出口对 GDP 的贡献率分别为 90.1%、10.6% 和
-0.7%。希腊消费物价指数（CPI）从 2008 年之后波动幅度较大，2011
年超过 4%，2014～2016 年出现三年通货紧缩，2017 年又恢复正常水平
（1.1%）。失业率在 2013 年达到 27.5% 的峰值，2016 年为 23.6%，[①] 仍为
欧盟成员国中最高。

经济危机以来，希腊政府积极推行紧缩改革，取得了一定成效。希腊
统计局数据显示，2016 年希腊政府财政收支近 20 年来首次盈余：政府收
入 874.73 亿欧元，支出 861.85 亿欧元，总体财政盈余 12.88 亿欧元（占
GDP 的 0.7%）。[②] 但政府债务问题一直未能解决。截至 2016 年 12 月，希
腊外债总规模达 4424 亿欧元，其中政府债务为 3150 亿欧元，占当年 GDP
的 180.8%。[③] 贷款来源主要为欧盟和国际货币基金组织的救助贷款。希腊
在短期内摆脱经济危机的可能性仍然较小。

从三大产业的具体情况来看，农业在希腊经济中占有重要地位，希腊
也是欧盟农业政策的主要受益者之一。2016 年，农业总产值占 GDP 的
3.97%。[④] 按 2011 年希腊人口普查统计，农业从业人员占全国就业人口的
10%。[⑤] 农业以中小农场为主要生产单位。种植业是农业的主要组成部分，
占农业总产值的 2/3，畜牧业占 1/3。希腊属丘陵地区，可耕种面积为 328
万公顷，占国土面积的 25%，其中灌溉农业面积占耕地面积的 39%，53%
的耕地面积种植粮食作物，其他为橄榄树、果树和蔬菜等。[⑥] 棉花种植面
积为 26.9 万公顷，2015 年产棉 81.8 万吨，为欧盟第一大产棉国。2015 年

---

① 欧盟统计局数据，http://ec.europa.eu/eurostat/tgm/table.do? tab = table&init = 1&language = en&pcode = tps00203&plugin = 1。

② 希腊统计局数据，www.statistics.gr/en/statistics/-/publication/SEL36/-。

③ 希腊统计局，"Fiscal Data for the Years 2013～2016," www.statistics.gr/en/statistics/-/publication/SEL03/-。

④ 希腊统计局数据，http://www.statistics.gr/en/statistics/-/publication/SEL12/-。

⑤ 希腊统计局，"2011 Population and Housing Census," http://www.statistics.gr/documents/20181/1215267/A1602_SAM04_DT_DC_00_2011_01_F_EN.pdf/4b5473f2 - 86de - 45e1 - a8f2 - c49de19c6947。

⑥ 希腊统计局，"Annual Agricultural Statistical Survey：2015," table 1，2017 年 11 月 16 日，http://www.statistics.gr/en/statistics/-/publication/SPG06/-。

橄榄种植面积为 82 万公顷，年产橄榄油 33 万吨，其产量和出口量仅次于西班牙和意大利，均居世界第 3 位。希腊主要农产品均可自给自足，出口部分水果蔬菜，进口少量肉、奶等农产品。

工业方面，希腊属欧盟工业欠发达国家，工业基础较薄弱，技术较落后，规模小。2016 年，希腊工业产值约为 284.47 亿欧元，占 GDP 的 16.33%。工业从业人口占全国就业人口的 17.5%。主要工业部门有采矿、冶金、食品加工、纺织、造船、建筑等。

服务业是希腊经济的重要组成部分。2016 年，希腊服务业总产值为 1388.37 亿欧元，占 GDP 的 79.7%。从业人口占全国就业人口的 72.5%。

服务业中的旅游业是希腊获得外汇的重要来源和维持国际收支平衡的重要经济部门。自 20 世纪 60 年代以来，希腊旅游业发展迅速，入境游客人数连年增长。经济危机以来，希腊政府更是将旅游业作为重点发展对象，取得了较好的经济和社会效益。希腊旅游企业联合会表示，尽管 2010 年至今希腊经济缩水四分之一，但将近 6 年来旅游业收入增长了约 40%。[①] 根据世界银行数据，2015 年，希腊旅游业对 GDP 的直接贡献值为 133 亿欧元，占 GDP 的 7.6%；对 GDP 的总体贡献值为 325 亿欧元，占 GDP 的 18.5%。同年，旅游业为希腊创造了 40.1 万个就业岗位，占总就业岗位的 11.3%，吸引投资 27 亿欧元。主要旅游景点有雅典卫城、德尔菲太阳神庙、奥林匹亚古运动场遗址、克里特岛迷宫、埃皮达夫罗斯露天剧场、维尔吉纳马其顿王墓、圣山、罗得岛、科孚岛等。2004 年雅典奥运会为希腊旅游业打下了良好的基础，特别是基础设施得到明显改善。2015 年，希腊接待外国游客 2360 万人次，同比增长 7.1%。[②] 德国、英国、法国、美国和俄罗斯是主要的游客来源国。

金融方面，希腊于 2001 年加入欧元区，前货币德拉马克停止流通，欧

---

① 《近年来希腊旅游业收入逐年提升》，中华人民共和国驻希腊共和国大使馆网站，2016 年 10 月 16 日，http://www.fmprc.gov.cn/ce/cegr/chn/mbtd/t1406850.htm。

② 《2015 年希腊旅游业接待国外游客人数和旅游收入均创新高》，中华人民共和国驻希腊共和国大使馆网站，2016 年 3 月 3 日，http://www.fmprc.gov.cn/ce/cegr/chn/mbtd/t1344733.htm。

元成为希腊唯一法定货币。希腊共有各类金融机构 60 家，包括当地银行 22 家，外国银行或分行 21 家，合资银行 15 家。当地银行有国民银行（ETHNIKI）、农业银行（AGROTIKI）、阿尔法信贷银行（ALPHA PIS-TEOS）、商业银行（EMBORIKI）等。2017 年 5 月 13 日，希腊加入亚洲基础设施投资银行。

交通运输分为海陆空三个部分。航运业是古代希腊经济活动的关键因素之一，也是现今希腊最重要的经济支柱行业之一，对希腊 GDP 的贡献率约为 6%。希腊拥有世界最大的商船队，按总装载能力计算约占世界的 16.2%。2016 年希腊 1000 吨以上的商船总数为 1235 艘，其中挂希腊旗商船 1180 艘，海运从业人员共 2 万人。① 希腊全国共有大小港口 150 个，主要港口有比雷埃夫斯、萨洛尼卡、沃洛斯和佩特雷。2015 年航运旅客 3389.1 万人次，货运量 1.36 亿吨。

由于长期以来希腊公路交通基础薄弱，又不与其他欧盟国家接壤，高等级公路较少，直接影响了经济的发展。在欧盟的大力资助下，高速公路的建设发展较快，城市间交通状况明显改善，并与周边国家的公路网络实现了互联互通。根据希腊基础设施和交通部数据，2017 年希腊拥有各类型公路 29 万千米，处于运营中的高速公路约为 2200 千米。2016 年，希腊总共约有 817 万辆机动车。

铁路交通方面，希腊国土以山地为主，因此其铁路交通的作用比大部分欧洲国家要低。最主要的路线是贯穿希腊南北的铁路线，并接入欧洲铁路网，与欧盟国家实现互联互通。截至 2015 年，希腊铁路总长 2240 千米，② 铁路网络的范围相当有限，且运行速度较低。2016 年，铁路客运量为 888 万人次，货运量为 259 万吨。

空运方面，希腊全国有 45 个机场，主要机场有雅典国际机场、萨洛尼卡机场、克里特机场和罗德岛机场等。希腊的大部分岛屿主要通过空运与希腊大陆连接。2014 年，德国法兰克福机场集团以 12 亿欧元的价格收购

---

① 希腊统计局，Census of merchant ships and crews on the 20th of September 2016，2017 年 12 月 28 日。

② 欧盟统计局数据，http://ec.europa.eu/eurostat/data/database#。

了希腊 14 个旅游岛屿机场的 40 年经营权。2015 年，希腊空运旅客 4881 万人次，货运量为 9.26 万吨。

对外贸易是希腊经济的重要组成部分。希腊同 100 多个国家有贸易关系，欧盟是希腊的最大贸易对象，占其进出口总额的 50% 以上。从国家层面看，德国、意大利、中国、俄罗斯、荷兰是其主要贸易伙伴。2016 年对外贸易总额为 754.06 亿美元，同比下跌 0.2%，其中出口额为 278.11 亿美元，进口额为 475.95 亿美元，入超 197.84 亿美元。[①] 主要出口商品为矿物燃料、机电产品、铝制品等，主要进口商品为石油及石油产品、机电产品和运输设备、药品、纺织品等。

希腊主要的直接投资来源国为德国、法国、英国。外商投资领域集中在服务业和制造业。2016 年，希腊吸引外资流量 31.3 亿美元。截至 2016 年底，吸收外资存量 273.6 亿美元。[②] 而希腊对外投资主要集中在保加利亚、罗马尼亚、马其顿和阿尔巴尼亚等邻国。

自 2009 年债务危机发生以来，希腊政府为获得救助贷款，接受了国际债权人提出的全方位紧缩改革的要求。近年来，希腊政治局势趋于稳定，政府开始将注意力转向经济发展。前希腊政府推动国有资产私有化改革，现政府又推出了一系列吸引外资方案并改革自身行政效率，积极发展外向型经济，为希腊的投资创造了良好环境。

但随着援助计划结束日期 2018 年 9 月的到来，债务问题将继续成为希腊讨论的主要议题。介于希腊的债务在短期内仍无法控制，在债权人的压力下，希腊政府将持续加大紧缩政策的力度，可以预见其债务危机解除以前，希腊的经济发展仍将受到一定程度的抑制。

第五节　文化发展

希腊的艺术成就举世瞩目。古希腊是西方文明的发源地，创造出璀璨

---

① 世界银行数据，http://wits.worldbank.org/CountryProfile/en/Country/GRC/Year/2016/Summary。

② 联合国，*World Investment Report 2017 - Investment and the Digital Economy Report*，annex table 1，annex table 2，2017，http://unctad.org/en/PublicationsLibrary/wir2017_en.pdf。

的古代文化。无论是文学、音乐、数学、戏剧，还是建筑、绘画、雕刻等方面，希腊人都曾取得辉煌成就，并对欧亚非三大洲的发展有着深远的影响，是现代文明的重要基石。

文学方面，从公元前9世纪前后的荷马史诗开始到4世纪是希腊文学的辉煌时代，重点是诗歌和散文。诗歌方面包括史诗、抒情诗、悲剧和喜剧，散文方面包括历史著作、演说、哲学著作、文艺批评、地方志、传记文学、小说、寓言等。主要作品有《荷马史诗》《伊索寓言》、赫西奥德的《工作与时日》和《神谱》、奥维德的《变形记》、亚里士多德的《诗学》、柏拉图的《理想国》等，以及埃斯库罗斯、索福克勒斯和欧里庇得斯的戏剧。当代希腊文学中的重要人物有获得诺贝尔文学奖的象征派诗人塞菲里斯（George Seferis）和超现实派诗人埃里蒂斯（Odysseas Elytis），以及长篇史诗《奥德修续纪》的作者卡赞扎基斯（Nicos Kazantzakis）等。希腊神话是古希腊人借助想象把自然力形象化的产物，反映了古希腊人对宇宙、自然界和人类社会的认识，是希腊文学艺术的源泉和宝贵财富。希腊神话中最出名的故事有特洛伊战争、奥德修斯的游历、伊阿宋寻找金羊毛、海格力斯的功绩、忒修斯的冒险和俄狄浦斯的悲剧等。

古希腊哲学是西方哲学的初始阶段，对现代科学和现代哲学的发展铺设了道路。最著名的希腊哲学家包括苏格拉底、柏拉图和亚里士多德等，他们的哲学观点对西方思维方式产生了重要的影响。

古希腊在数学发展史中占有不可磨灭的重要地位。古希腊著名的数学家有欧几里得、毕达哥拉斯和阿基米德等。希腊数学的成就辉煌，无论从数量还是质量来衡量都是世界上首屈一指的。另外更重要的是希腊数学中诞生了数学精神，即数学证明的演绎推理方法，为现代数学和科学的发展起了关键作用。

古希腊建筑是欧洲建筑艺术的源泉，更是人类发展史上的伟大成就之一。其建筑构件的组合方式和艺术修身手法，影响整个欧洲建筑风格达两千年之久。现存主要建筑包括雅典卫城、德尔菲太阳神庙、奥林匹亚古运动场遗址、埃皮达夫罗斯露天剧场等。

希腊音乐是欧洲最古老的音乐文化。拜占庭音乐、传统民间音乐和古典音乐在国际上享有盛誉。其中传统民间音乐有丰富的体裁和形式。歌曲可分为史诗、历史、生活、叙事等不同种类。当代希腊音乐中最著名的是哈季达基斯（Manos Hatzidakis）和提奥多拉基斯（Mikis Theodorakis）两位大师的作品。

语言方面，希腊官方语言为希腊语，99%以上的希腊人说希腊语。英语是最普遍使用的外语，37%的希腊人能用英语进行对话（欧盟排第2位）。据调查，57%的希腊人能讲一门外语，19%的希腊人能讲两门外语[①]。其中雅典人多讲法语，而爱奥尼亚群岛和伊庇鲁斯则通行意大利语。

希腊语属于印欧语系。现代希腊语源于荷马和其他著名希腊诗人作家在3000多年前所使用的语言。希腊语被认为是最古老的语言之一，对所有西方语言的发展做出了重大贡献。希腊语所使用的字母是希腊字母，它是世界上最早有元音的字母，因此也广泛应用于数学、物理、生物、天文等学科。

希腊人口中98%以上为希腊人，其余是少数民族，包括马其顿、土耳其、阿尔巴尼亚等。古希腊人信奉多神教，源于公元前8世纪荷马史诗之前，至5、6世纪消失。目前希腊的国教是东正教，与天主教、新教并称为基督教三大流派。98%的希腊人信奉东正教，是东正教教徒占比最高的国家，另外，有1.3%的人口信仰伊斯兰教。[②] 希腊宪法保证人民宗教信仰自由，各宗教团体都有自己的礼拜场所。

作为国教，希腊人的生老病死、婚丧嫁娶及日常生活都与东正教有着密切联系。东正教依照教规原则上不允许教徒离婚，希腊离婚率在欧盟中最低。希腊人通常庆祝自己名字所对应的圣人的生日，少有人庆祝自己的生日。

东正教有七大圣礼：浸洗、傅膏、圣体、告解、圣品、婚配、涂油。在东正教中占重要的位置。东正教节日繁多，其中以复活节最为重要（又

---

① 希腊外交部网站，https://www.mfa.gr/cyprus/en/about-greece/history-and-culture/society.html?page=4。

② 希腊外交部网站，https://www.mfa.gr/cyprus/en/about-greece/history-and-culture/society.html?page=6。

称"耶稣复活瞻礼"），也是希腊迄今为止最古老的节日，称为"节中之节"。每年春分后第一次月圆后的第一个星期日为复活节。除复活节外，还有十二大节日。其中3大节日以复活节为标准进行推算，称为移动瞻礼节。包括棕枝主日，又称主进圣城瞻礼，在复活节前一周的星期日；耶稣升天瞻礼，在复活节后第40日；圣三一瞻礼，在复活节后第50日。其余9个为定期瞻礼，包括圣母圣诞瞻礼、荣举圣架瞻礼、圣母献堂瞻礼、耶稣圣诞瞻礼（圣诞节）、圣母行洁净瞻礼（献主节）、耶稣领洗瞻礼（主显节，或称主领洗节）、耶稣显圣容瞻礼、圣母升天瞻礼（圣母安息节）。十二大节日中，圣诞节是希腊东正教最为欢乐和庆祝方式最为多样化的节日之一。

希腊法定节假日包括：元旦节（1月1日）、主显节（1月6日）、圣灰星期一节（复活节前的第41天四旬斋开始）、国庆节（3月25日）、复活节（每年的4月或5月，放假一周）、劳动节（5月1日）、白色星期一节（圣三一瞻礼，复活节后的第50天）、圣母安息节（圣母升天瞻礼，8月15日）、抗击意大利入侵日（10月28日）、圣诞节（12月25日，圣诞节假期通常持续12天，直到1月6日主显节）。

希腊人是自然主义者，属于典型的南欧人，性格开朗、热情、豪放、好客、健谈、易激动、时间观念不强，包括希腊商人通常都有着高度幽默感。

希腊人对古希腊的历史、文化、遗迹等深以为荣，但与其交谈的话题应避免希腊国内政治现状和经济危机，以及希腊和塞浦路斯及土耳其的关系。

希腊的家庭关系十分紧密。多数长辈居住在其子女和孙辈附近。养老院在希腊较为罕见。希腊人对长辈和老年人用尊称并优先服务。

希腊人被认为是地中海地区使用肢体语言最多的民族，且有许多讲究。希腊人不使用招手和摆手的动作，认为这是一种侮辱性的行为，张开的手掌离对方的脸越近侮辱性越强。希腊人也避免长时间注视他人，当众打喷嚏和用手帕擦鼻涕也是当地人的忌讳。希腊人在社交场合与客人见面时，常以握手为礼，较为熟悉的朋友、亲人间行贴面礼。如果被希腊人邀请吃东西或喝东西，不要贸然拒绝，否则会被对方视为羞辱。

希腊人很注意着装整洁，尤其是中老年人更是讲究衣着。在正式社交场合，男子通常穿深色西装，打领带或系领结。希腊人普遍喜欢颜色鲜艳的服装，喜欢黄、绿、蓝、白色，认为这些都是积极向上的颜色。传统上忌讳黑色，但这种观念在如今已有所改变。进教堂或修道院参观时必须穿戴得体，不得裸露肩膀与膝盖。

希腊实行五天工作制，普通行业的上班时间从上午八九点至下午两三点，然后用午餐及午休。晚饭为正餐，一般在晚上九十点左右开始。希腊人十分注重休闲放松时间。除大型商场外，其他商店通常在周一至周六的早上 9 点至下午 3 点营业，另外也在星期二、四、五的晚上营业。夏季天气炎热，7、8 月许多希腊人会选择外出度假，这段时间办事效率较低，不宜做商务拜访。

从文化传播方面来看，希腊的媒体发展在过去的 30 年发生了很大变化。主要原因是 20 世纪 80 年代开始的广播系统的管制放松和国家垄断的结束，大量私营电台和电视台，以及数字媒体由此诞生。目前希腊全国共有公共电台和电视台各 1 个，私营广播电台 1150 个，私营电视台 160 个。[①]大部分都可转播美国和欧洲的卫星电视节目。较有影响的私营电视台有"MEGA""STAR""ANTENNA""NEW""SKY"等。印刷媒体的发展十分缓慢。希腊的报纸数量众多，但由于其市场规模有限，报纸发行量是全世界最低的国家之一。目前有 79 家报纸在全国范围发行。发行量较大的日报有《新闻报》《每日报》《自由新闻报》等。

雅典通讯社是希腊官方通讯社，于 1896 年成立，同世界各主要通讯社均有联系。马其顿通讯社是半官方通讯社，于 1991 年成立。2006 年，两大通讯社合并为希腊雅典－马其顿通讯社，负责收集、处理和评估国家与国际新闻、照片以及广播和电视资料，并将其发送给希腊、塞浦路斯以及其他海外媒体。该通讯社强调通过促进巴尔干地区新闻机构间的合作来发

---

① 希腊外交部网站，https://www.mfa.gr/cyprus/en/about-greece/history-and-culture/society.html? page = 11。

展该地区国家间的相互关系。

希腊从古至今一直是东西方文明的交汇点，扮演着吸收各地文明，并向世界传播和分享自身文化的角色。作为欧盟成员国和南欧七国联盟成员之一，希腊更主动地通过其丰富的文化产业影响地中海地区国家。另外，希腊文化部部长认为中国的"一带一路"也为希腊文化的传播带来更多机会和创新性的变化。[①]

第六节　与欧盟的关系

希腊与欧盟的关系始于1959年，希腊于当年的6月8日向欧共体（欧盟前身）提出成为其联系国的申请。1961年7月9日，双方达成协议，希腊成为欧共体第一个签订《联系国协定》的国家。

随后由于1967年的希腊军队政变，希腊加入欧共体的进程被迫中断。1974年7月，上校军政府垮台。同年8月22日，当时的卡拉曼利斯带领的希腊政府向欧共体提交备忘录，要求双方的《联系国协定》重新生效。欧共体接受了申请并要求加快希腊全面加入欧共体的进程。1976年7月双方开始谈判，最终于12月达成协议。1979年5月，希腊加入欧共体的议定书在雅典签署，该议定书于1981年1月1日正式生效。

希腊加入之前的欧共体已有9名成员国，都是传统的西欧发达国家。从要素禀赋的互补性来看，经济高速发展的地区对希腊有着很大的市场诱惑力，加入后与其他成员国间的经济贸易联系增强，其他成员国具有的资本和技术优势也可以帮助希腊进行产业结构的调整和升级；根据追赶效应，与更发达国家的经济一体化能够促进希腊的经济增长；加入欧共体能提高希腊在地中海地区和国际上的政治地位，同时增强自身经济的长期稳定性和可预见性，更好地吸引外国的资本技术和人力资源；更为重要的是，希腊政府希望通过加入欧共体促进希腊民主制度的稳定和巩固。

---

① 《希腊官员："一带一路"给希腊的文化传播带来更多机会》，凤凰资讯网，2017年9月24日，http://news.ifeng.com/a/20170924/52140066_0.shtml。

对欧共体原成员国而言，同意希腊的加入更多的是因为其在地中海区域的政治和地缘战略地位。希腊作为地中海和巴尔干地区的门户，它的加入能够帮助欧共体更好地参与和稳定地中海和中东欧区域的事务，以便最终将该地区国家纳入欧共体（欧盟）的版图，确立欧共体在欧洲的政治经济核心地位，增强国际影响力。

1981年1月1日，希腊正式加入欧共体。这对希腊来说是一条充满着机遇和挑战的道路。希腊政府为适应欧共体的要求，积极调整自身政治、经济、文化等方面的政策法规和机构设置，以便能消除影响其政治经济发展的不利因素，促进希腊社会全面健康的发展。

1983年下半年，希腊首次担任欧共体轮值主席国。当时仍处于冷战时期，东西方关系较紧张。欧共体也面临多种危机，而希腊自身也处于与欧共体的磨合期。但希腊成功完成其第一任主席国任期，其间取得了大量成果，包括欧共体扩大谈判取得实质性进展，补充预算法案通过，欧共体与非洲、加勒比及太平洋地区的"第三次洛美条约"会谈启动，欧洲消费政策出台。

1988年下半年，希腊第二次成为欧共体轮值主席国。当时正值欧洲变革时期，欧共体决定加快自身一体化进程。1986年欧共体吸纳了西班牙和葡萄牙，1987年通过了"欧洲单一法案"，提出建立"欧洲联盟"的目标。希腊在此期间参与和引导了欧共体发展相关问题的讨论，重新确定了自身在欧共体中的定位，认为欧洲一体化才是希腊的未来。随后希腊国内于1992年7月批准了《马斯特里赫特条约》（以下简称《马约》）。

1994年上半年，希腊第三次担任轮值主席国，这也是希腊第一次担任"欧盟"的轮值主席国。欧洲的一体化进程有了跨越式发展，《马约》于1993年11月1日生效，欧共体正式成为欧盟。此时摆在希腊面前的是大量与欧洲一体化有关的工作需要协商解决，希腊在任期间努力地协调各国间利益，推动了欧盟内部在司法与外交合作方面的实质性进展，还就奥地利、芬兰和瑞典入盟事宜达成协议。另外，希腊还积极推动欧盟向东南欧扩展。

1990年7月，欧盟启动了货币一体化的进程。1998年，希腊由于未能达到标准未进入首批欧元区参加国的名单。2001年希腊成功加入欧元区。2002年1月欧元成为希腊法定货币，正式开始流通。

2003年上半年，希腊第四次担任轮值主席国，其间表现出色。东南欧十国在雅典与欧盟签署了入盟协议，希腊也成功使塞浦路斯入盟。这是欧盟历史上最大规模的一次扩大，极大地促进了欧洲大陆的稳定和发展。

2009年11月，希腊政府财政预算赤字占当年GDP的12.7%。12月，希腊信贷评级被下调至BBB+级，前景展望为负面，希腊爆发主权债务危机，发售了2亿欧元国债，并通过了2010年度危机预算案。

2010年4月，希腊政府正式向欧盟和国际货币基金组织申请援助。5月，希腊救助机制正式启动，欧元区成员国与国际货币基金组织为希腊提供总额达1100亿欧元的贷款①，但同时要求希腊政府执行强有力的改革和紧缩计划。同年，欧元区其他国家的债务问题日益严重，希腊危机已蔓延至整个欧元区的主权债务危机。

2011年7月，三大评级机构再次下调希腊评级至CCC级，欧元区通过紧急峰会再次向希腊提供1090亿欧元贷款。希腊随后表示当年无法完成预算赤字目标。欧盟认为希腊改革力度不够，希腊总理帕潘德里欧宣布下台。新政府表示需要留在欧元区并承诺坚持债务削减协议。

2012年2月，希腊完成政府债务重组，避免硬性违约，欧元区的危机形势大为缓解。12月，欧盟批准向希腊发放新一批救助资金，标志着希腊已从破产边缘逐渐恢复稳定。

2014年上半年，希腊再次担任欧盟轮值主席国。此次预算为5000万欧元，是希腊担任主席国预算最少的一次。在此期间，新一轮的欧洲议会大选圆满结束，这是《里斯本条约》生效后的首次选举，推动了欧盟主要机构领导人的换届。另外，希腊着力于区域的经济增长和就业，以及日益紧迫的移民问题，提出了数十项重要立法。

2015年齐普拉斯上台后，继续与国际债权人进行债务谈判。7月，欧元区召开特别峰会，就对希腊第三轮救助达成一致，决定未来三年继续向

---

① 其中欧盟提供800亿欧元贷款，国际货币基金组织提供300亿欧元贷款。

希腊提供救助贷款。欧元区财长会于 8 月正式批准新一轮总额达 860 亿欧元的对希腊救助协议。

希腊在欧盟中属于经济欠发达国家之一，人均收入尚未达到欧盟平均水平，是欧盟经济援助的主要受惠国。自 1981 年正式加入欧共体以来，欧盟通过欧洲发展银行和团结基金等渠道向希腊提供了大量的经济和发展援助，成为希腊改善交通、通信及基础设施建设和支持农业发展的重要资金来源之一。特别是欧盟的"地中海综合项目"和三个欧盟援助框架计划，使希腊从欧盟得到了 700 亿欧元的经济援助，希腊基础设施建设发生了巨大变化，对经济发展产生了积极影响，是希腊在债务危机发生前的经济迅速增长的主要原因之一。

2009 年底以来，希腊一度濒临全面债务违约和退出欧元区的危机。虽然其间与希腊就其紧缩计划的方案和实施有较大分歧，欧盟内部的反对声音不断，但欧盟到最后仍旧对希腊发放了连续三轮救助贷款，使希腊经济状况从破产边缘逐渐恢复。

从经济层面看，希腊经济占欧元区经济总量不到 2%，希腊的破产甚至是退欧对欧盟很难造成不可控的经济灾难。近年来，其他欧元区国家的经济财政改革进展顺利，欧洲央行也通过推进量化宽松政策和建立欧洲稳定机制构筑了强大的金融防火墙。但希腊作为巴尔干半岛地区最发达的经济体，其各大银行在巴尔干国家开设有大量分支机构，在该地区的经济发展中扮演着重要角色。每年 9 月在希腊举办的萨洛尼卡国际博览会是巴尔干地区最重要的博览会，是推动与该区域经贸合作的良好平台。希腊也拥有巴尔干区域最重要的港口——比雷埃夫斯港和萨洛尼卡港，在区域贸易和投资合作方面有很强的地区影响力。因此，希腊在欧盟的地位一旦动摇，势必会影响该区域内的经济发展和欧盟在该地区的经贸合作。

就政治层面看，希腊如果破产或脱欧意味着欧洲一体化进程的重大倒退，欧盟在国际上的可信度和影响力将遭受严重质疑。更重要的是，希腊一直以来坚决支持欧盟的发展目标，认真执行欧盟的各项政策。全面发展同欧盟的关系是希腊对外政策的重点。融入欧洲，依托欧盟维护其民族独立和国家安全更是希腊外交政策的支柱。另外，东南欧、中东和北非地区政治形势近年来持续剧烈波动，希腊作为巴尔干半岛的门户，一直致力于维持该地区的稳定，被誉为最不稳定地区的稳定之锚，为促进该地区政治合作起到了其他任何国家不可替代的重要作用。希腊坚定地认为巴尔干国家加入欧盟有利于地区稳定与繁荣，也希望自身能在东南欧国家加入欧盟的进程中发挥主导作用。目前希腊正努力促进马其顿和土耳其两国加入欧盟，但前提是要解决希腊与马其顿之间的国名之争问题和希腊与土耳其之间的塞浦路斯问题。希腊认为《里斯本条约》为欧盟扩大和一体化的深入奠定了基础，提高了欧盟机构的效率和影响力，希腊支持欧盟从经济货币联盟继续朝政治联盟迈进，在国际事务中发挥更大作用。综上所述，希腊在欧盟中的政治地位具有不可替代性。

参考文献

David Sansone, *Ancient Greek civilization*, Wiley, 2011.

陈新：《古希腊历史认识及其理念》，《学术研究》2001 年第 4 期。

侯丽：《希腊与欧盟关系进退两难》，《中国社会科学报》2015 年 7 月 8 日，第 3 版。

黄洋：《迈锡尼文明、"黑暗时代"与希腊城邦的兴起》，《世界历史》2010 年第 3 期。

孔寒冰：《殊途同归：欧亚十国加入欧盟的背后》，《世界知识》2004 年第 10 期。

斯特法诺斯·马特西亚斯：《希腊法院概况及其与欧洲的关系》，《法律适用》2002 年第 8 期。

宋晓敏：《希腊》，社会科学文献出版社，2008。

于海洋：《希腊债务危机与欧盟的政治困境》，《中国经济周刊》2010 年第 21 期。

张井梅：《希腊文明与古代奥林匹克运动会》，《世界历史》2008 年第 3 期。

第九章

马耳他国情

概　述

　　位于欧洲最南端的马耳他共和国，因其战略地位的重要性，常被称为"地中海心脏"。虽然这个岛国在其历史上历经腓尼基人、迦太基人、罗马人、阿拉伯人、诺曼人、西班牙人、圣约翰骑士、法国人以及最后的英国人的强权，却使得马耳他在历经殖民统治之后，获得文化、艺术、宗教和建筑等方面的多元融合。马耳他自独立后通过修改宪法，改君主立宪制为共和制，成立共和国。自加入欧盟后，宏观经济不断改善，国家经济发展一度进入高速前进状态。马耳他也成了欧盟联结欧洲与北非的纽带，既推动欧盟与北非国家的经贸往来，同时也带动马耳他本国的经济发展。中国和马耳他两国自1972年建交以来，一直保持友好合作关系，近年来双边的经贸合作和人文交流持续升温。研究马耳他，既是顺应我国的"一带一路"倡议，又能够让我们全方位更细致地了解这个国家，从而为我国通过中马贸易带动与南欧、北非和西方发达国家全方位合作的思路服务。

第一节　自然环境

　　马耳他共和国是位于南欧地中海中部的一个群岛国，欧洲的最南端，介于欧亚非三大洲之间，北面邻近意大利，南望突尼斯和利比亚，东对希腊、埃及，战略地位重要。马耳他共和国位于意大利西西里岛以南约 80 千米（50 英里），又离非洲大陆的北部不远，距离北非突尼斯东端约 288 千米。马耳他属于东 1 时区，当地时间比北京时间晚 7 个小时，每年的 4 月到 10 月实行夏令时，那时与北京的时差变为 6 个小时。

马耳他共和国所在的群岛位于马耳他高原上，这是一个由西西里岛和北非之间的陆桥高点形成的浅架，最后一个冰河时代以后海平面上升，这个架桥变得孤立，形成了位于欧亚板块和非洲板块之间的一个独特地带。马耳他的最高点是位于丁立（Dingli）附近的 Ta'Dmejrek，其海拔高度为 253 米（830 英尺）。

马耳他共和国全国土地面积约为 316 平方千米，主要由 5 个岛屿构成，形成了曲折的海岸线，海岸线长 190 余千米，因此也形成了很多天然良港。马耳他最大的三个岛屿是马耳他岛（Malta）、戈佐岛（Gozo）和科米诺岛（Comino），均为有人居住的岛屿。其中马耳他岛最大，约 245.75 平方千米，第二大岛为戈佐岛，约 67.08 平方千米。另外两个小岛，科米诺托岛（Cominotto）和菲尔夫拉岛（Filfla）均是无人居住的岛屿。马耳他主要的港口有马耳他港（malta）、马尔萨什洛克港（marsaxlokk）、瓦莱塔港（valletta）等，其中马耳他港和马尔萨什洛克港为使用最频繁的港口。

马耳他共和国的诸岛地势起伏，整体呈现西高东低的趋势。马耳他共和国自然资源缺乏，水资源极其珍贵。虽然整个国家在高降雨的时候有一些小河，但马耳他没有永久性的河流或湖泊，这是导致马耳他缺少淡水的直接原因。除了水资源外，马耳他的其他自然资源也贫乏，唯一的自然资源是一种建筑用的石灰岩。马耳他的矿产、石油、天然气等资源完全依赖进口。太阳能、风能等资源丰富，但开发不足，可替代能源的使用率仅为 0.36%。马耳他共和国的气候属亚热带地中海气候，夏季炎热干燥、冬季温和多雨。

马耳他共和国人口约有 432089 人，[①] 主要为马耳他人，占总人口的 90%，其他为阿拉伯人、意大利人、英国人等。[②] 马耳他是世界上人口最

---

① www.factfish.com.

② http://mt.china-embassy.org/chn/metgk/t518656.htm.

稠密的国家之一，每平方千米约有 1250 人，是欧盟成员国中人口密度最高的国家。马耳他的年平均人口自然增长率为 0.950%，人口的平均寿命为 80.7 岁，人类发展指数为 0.84。马耳他的官方语言为马耳他语和英语，同时也通用意大利语。宗教信仰方面，马耳他以天主教为国教，98% 的人口信奉天主教，少数人信奉基督教新教和希腊东正教。①

马耳他共和国全国共有 68 个地方市政委员会，其中第一大岛马耳他岛 54 个，第二大岛戈佐岛 14 个。马耳他共和国的首都瓦莱塔（Valette）位于北纬 35°53′，东经 14°31′，占地面积为 0.758 平方千米，拥有人口 7519 人，是马耳他的政治、经济、文化中心。

第二节　历史发展

今天的马耳他是历经了腓尼基、迦太基、西班牙、法国、英国等文明的洗礼和冲击后的具有斑驳历史的国度。其历史主要经历早期时代、中世纪和近现代三个阶段。

早期时代的历史主要记录的是从马耳他的史前史，到腓尼基人的定居，以及其后的迦太基人、罗马人在马耳他的交替权力扩张的这段时期。马耳他最早的人类活动痕迹可回溯到公元前 6000 年的石器时代。公元前 5000 年，带来了新石器时代文化的 Stentinello-Molfetta 经由来自西西里岛的住民登陆马耳他，这批登陆者同时带来了仍然不成熟的农业和养殖业，并且出现了由椭圆形的小屋所形成的村庄。在 Borg in-Nadur 发现了公元前 2000 年的青铜时代的第二种文化（Seconde culture de l'age du bronze）。在 Bahrija 发现了公元前 2000 年末的铁器文化，铁器文化随着公元前 9 世纪第一批定居者腓尼基人的到来而不断扩大。公元前 9 世纪，马耳他成为腓尼基人水上航行的一个驿站，他们在迦太基（Carthage）、潘泰莱里亚（Pantelleria）和西西里（Sicile）同时定居。马耳他满足了腓尼基人的两个需求：贸易和海运。大约在公元前 750 年，大批的腓尼基人定

---

① https://en.wikipedia.org/wiki/Malta.

居在马耳他。他们将马耳他称为"Maleth"，意思是"避难所"。高度文明的腓尼基人在那个年代就已经懂得并开始将马耳他作为其海上贸易之路的驿站，有点像几个世纪后才发展起来的"转运业"（transhipment）。马耳他的迦太基时代是在公元前 480 年开始的，一直持续到公元前 218年。罗马时期在马耳他的历史中非常重要，罗马的统治从公元前 218 年一直延续到 870 年马耳他落入阿拉伯人之手。因为有了这个时期，基督教得以引入马耳他群岛，也将马耳他的未来与欧洲大陆的命运结合在了一起。4 世纪末，罗马帝国分裂，蛮族开始入侵欧洲。马耳他一度落入汪达尔人（Vandales）和东哥德人（Goths）手中。直到 533 年才重新由东罗马拜占庭帝国取得统治权。但马耳他群岛在君士坦丁堡东部的罗马帝国管辖的拜占庭时期的历史几乎没有人知道。马耳他的拜占庭时期持续了 375 年，直到北非阿拉伯人引领扩张伊斯兰教入侵，并于 870 年接管了这些岛屿。

中世纪的马耳他，在欧洲天主教和北非伊斯兰教之间摇摆不定，除了海上的掠夺屡见不鲜之外，四处蔓延的瘟疫也不断侵袭这个岛国。870年，马耳他落入来自突尼斯的阿拉伯人手中。阿拉伯人的统治不仅给马耳他的官方语言马耳他语留下了阿拉伯的痕迹，还给马耳他岛和戈佐岛的许多城镇和村庄的名字也留下了阿拉伯的印记。11 世纪时，一群来自诺曼的佣兵进入南意大利，并试图建立一个新的王国，佣兵统领为罗杰伯爵（Roger de Hauteville）。阿拉伯人对马耳他的统治在与从西西里岛越过的诺曼人长期战斗后结束。罗杰伯爵之子罗杰二世继承父志，于 1127 年将马耳他、西西里和意大利南部统一纳入一个版图。这是马耳他重归天主教的开始。1268 年，康拉丁①被彻底击败，在那不勒斯以叛国罪受审，被查理·安

---

① 康拉丁出生于现德国南部巴伐利亚的沃尔夫斯坦因城堡（Burg Wolfstein），是神圣罗马帝国的康拉德四世和巴伐利亚的公主伊丽莎白唯一的儿子。他的父亲康拉德四世是神圣罗马帝国皇帝腓特烈二世之子，母亲为耶路撒冷女王伊莎贝拉二世。康拉德四世在康拉丁尚在母腹的时候便出征意大利，夺取作为皇帝腓特烈二世继承人应得的西西里王国，与教廷结下仇怨。康拉德四世于 1254 年 5 月 21 日病逝于拉威洛，其子康拉丁延续了与教廷势力的斗争，直到 1268 年被斩首处死。

茹①下令斩首处死。来自法国的安茹人接替了斯瓦比亚人的统治。不久后的 1282 年，西西里岛发生了反对安茹王朝的名为"西西里晚祷"（意大利语：Vespri Siciliani）的起义，直接导致了西西里晚祷战争的爆发。阿拉贡国王佩德罗三世趁机入侵了西西里岛，1282 年 9 月 2 日确立了在西西里岛的统治。佩德罗三世自此兼任西西里国王，是为西西里王彼得罗一世。这次的移权换位直接导致马耳他从此后的两个半世纪一直处在西班牙人的统治之下。对于马耳他来说，圣约翰骑士团②的到来是决定其命运的大事，因为从此马耳他便留在了西方的宗教世界中。1530 年，查理五世（Charles Quint）③ 与圣约翰骑士团（Knights Hospitaller）的首领菲利普·维里尔斯·亚当（Philippe de Villiers de l' Isle Adam）签署协约，将的黎波里（Tripoli）、马耳他（Malte）和戈佐岛（Gozo）所有的城池、领地、城堡及统治权永久赐给圣约翰骑士团。第二年的秋天，骑士团开始驻扎在马耳他。1533 年，圣约翰骑士团颁布了自己的"法规和条例"，取代了之前的"西西里立法"，并设立了"卡斯特拉尼亚法院"（Institution du tribunal de la Castellania）。骑士

---

① 查理一世（1226 年 3 月 21 日~1285 年 1 月 7 日）也称查理·安茹（Charles of Anjou），是那不勒斯和西西里国王（1266~1285 年在位）。其父为法国国王路易八世，其兄为路易九世。1246 年夏尔受封为普罗旺斯伯爵，并陪同路易参加第七次十字军东征（1248~1250）。通过与教宗结盟，夏尔于 1266 年和 1268 年分别在贝内文托战役和塔利亚科佐战役中击败了与教皇敌对的神圣罗马帝国皇帝康拉丁和曼弗雷迪，灭亡霍亨斯陶芬王朝并征服了那不勒斯和西西里两地。此后他还将势力扩张到巴尔干地区并于 1277 年成了耶路撒冷王国的继承人。由于卡洛将首都从巴勒莫迁到那不勒斯并大量任用法国官员，从而导致了西西里人的不满，在 1282 年发生了西西里晚祷事件。西西里当地叛军与阿拉贡国王佩德罗三世结盟，于 1284 年 6 月在那不勒斯湾击败了查理的舰队。卡洛在准备反攻时于福贾病逝。
② 医院骑士团（Knights Hospitaller），亦名罗得骑士团或圣约翰骑士团，最后演变成马耳他骑士团，成为联合国观察员的"准国家"组织持续至今，是最为古老的天主教修道骑士会之一，为历史上著名的三大骑士团之一。
③ 神圣罗马帝国皇帝称号：查理五世（西班牙语：Carlos I，读音：卡洛斯；荷兰语：Karel V，读音：卡瑞尔；德语：Karl V，读音：卡尔；意大利语：Carlo V，读音：卡洛；法语：Charles Quint，读音：夏尔），即位前通称奥地利的查理（1500 年 2 月 24 日~1558 年 9 月 21 日），是西班牙国王卡洛斯一世（1516~1556 年在位）、神圣罗马帝国皇帝查理五世（1519~1556 年在位）、罗马人民的国王卡尔五世（1519~1530）、卡斯蒂利亚-莱昂国王卡洛斯一世（1516~1556）、阿拉贡国王卡洛斯一世（1516~1556 年）、西西里国王卡洛二世（1516~1556）、那不勒斯国王卡洛四世（1516~1556）、低地国家至高无上的君主。在欧洲人心目中，他是"哈布斯堡王朝争霸时代"的主角，开启了西班牙日不落帝国的时代。

团在岛上建立了马耳他主权骑士团（Sovereign Military Order of Malta，缩写为 S. M. O. M）。

马耳他的近现代史经历了法国和英国的占领时期，最终获得了国家的独立。法国对马耳他群岛的统治是短暂而动荡的。1798 年，拿破仑率部队登陆马耳他，他企图征服埃及，然后获得印度和大英帝国的远东殖民地的战略的一部分。在法国统治的三个月间，马耳他人起义并迫使占领者撤回到了瓦莱塔和三城（the Three Cities）的防御工事里。直到 1800 年 9 月，英国舰队进入大港（Grand Harbour），法军投降了英国军队，标志着英国统治的一个半世纪的开始。英国占领时期是马耳他历史上非常重要的时期，在此期间马耳他经历了世界大战和马耳他独立。在协助马耳他驱逐法国人之后，英国人发现他们自己成了马耳他岛国的主权国家。1802 年的"亚眠条约"确定将马耳他还给圣约翰教会，引起了一些当地人的不满，他们要求继续受到英国的保护。"亚眠条约"带来的和平是短暂的，很快随着拿破仑战争的重启，英国人又开始了对马耳他的捍卫之战，并最终通过 1814 年的《巴黎条约》获得了马耳他群岛的完全主权。自此马耳他成为大英帝国的重要一部分，也成了大英帝国的战略据点，更是英国向东扩张的垫脚石，马耳他的命运开始与英国的命运密不可分了。经历了两次世界大战之后，马耳他终于在 1964 年 9 月 21 日获得独立，这一天也成了日后马耳他共和国的国庆日。独立后的第十年，也就是 1974 年，马耳他成为英联邦内的共和国。英国部队一直驻留在马耳他直到 1979 年 3 月 31 日其在岛上的军事基地关闭之日。1990 年，马耳他申请加入欧共体，于 2004 年 5 月正式加入欧盟。

第三节　制度建设

马耳他于 1814 年沦为英国的殖民地。第一次世界大战期间，马耳他因面临严重的经济和政治危机，与英国的矛盾日益激化。1919 年 6 月 7 日著名的反英暴动在马耳他首都瓦莱塔爆发，迫使英国于 1921 年颁布了《阿梅里—米尔内尔宪法》，此宪法规定马耳他的国家管理权分属"马耳他政府"和"马耳他皇家政府"两个在立法和行政上各自独立的政府。"马耳他政府"主要管理纯粹当地性事务,"马耳他皇家政府"管理"专门事务"(指国防、铸币、移民和对外关系等)。

二战后,马耳他人民的独立呼声日益高涨。1947 年,英国政府被迫允许马耳他颁布宪法,实行"内部自治"。1947 年的宪法规定继续实行两府政治,分称"内务府"和"总督府"。"内务府"实行众议院一院制,由40 名议员组成,任期 4 年;"总督府"内设枢密院,由提名理事会和总督、部长组成的执行委员会组成。1947 年的宪法确立了全民投票原则,首次给予妇女投票权。但 1947 年的宪法实行时间不久,因马耳他人民对内部自治不满,故而反抗性质的罢工与暴动时有发生。1959 年 1 月英国宣布废止1947 年宪法,并于 1961 年给予马耳他更大的自治权。1964 年经过斗争,以乔治·博洛·奥利维尔为总理的国民政府就新宪法条款与英国达成协议,英国同意马耳他独立。马耳他于 1964 年 9 月 21 日获得独立,同日颁布独立宪法,新宪法生效,并保留总督。独立宪法共分国家、基本国策宣言、国籍、个人的基本权利和自由、总督、议会、行政、司法、财政、公共职务和其他条款等 11 章 126 条。独立宪法最初规定马耳他为君主立宪制政体,马耳他是拥有独立主权的国家但仍是英联邦成员,英国女王为马耳他国家元首。英国女王任命总督作为在马耳他的代表,马耳他的行政权属于英国女王,由总督代其行使。议会由女王和众议院组成,行使国家最高立法权。总督负责指定议会开会的时间和地点,有权宣布议会的闭会和解散议会。内阁由总督从众议院多数党议员中任命并对众议院负责。高等法院法官由总督任命,依法行使司法权。

1966 年,马耳他举行独立后首次大选,国民党继续执政。1971 年,工党在选举中胜出,并于 1974 年 12 月 13 日修改宪法,改君主立宪制为共和制,成立共和国,国家元首为总统,由总理提名经议会投票同意产生,任期为 5 年。此后,该宪法几经修改,沿用至今。①

自 1974 年 12 月 13 日马耳他修宪之后,成为英联邦内的共和国。马耳

---

① http://www.npc.gov.cn/npc/xinwen/2011 – 05/20/content_1656393.htm.

他宪法规定，马耳他议会实行一院制，称为众议院（House of Representatives），众议院为立法机构，议员由普选产生，任期为 5 年；总统由众议院选出，任期为 5 年，总统选举必须至少每 5 年举行一次，所用的选举制度是单一的可转移投票（single transferable vote）。议会由总统和众议院组成，如遇战争，每届任期可延长，每次延长 12 个月，最多不超过 5 年。

马耳他的现行宪法规定，马耳他总统为行政权最高职位。总统可直接行使其行政权或通过隶属于他的军官行使。总统任命在一院众议院中占多数席位的党派领导人为总理，并参照总理的推荐任命各部长。总统除拥有行政权外，还有权任命议会多数派获最多支持的议员担任总理并组阁、根据总理提名任命议员为政府部长和议会国务秘书、任命反对党领袖、指定议会开会时间和地点、宣布议会闭会和解散、在议会宣读政府施政纲领、颁布赦免令等。总统还担任司法管理委员会主席。

马耳他政府由议会多数党组成。政府的部长们是从众议院成员中选出的，通常由 65 人组成，议会选举中获得绝对多数票（absolute majority）而不是议会多数票（parliamentary majority）的党派会获得部长席位中的奖励席位（bonus seats）。议会是国家立法机关，监督政府工作，政府对议会负责。议会由总统和众议院组成，总统为名义上的首脑，议会领袖一般由执政党副领袖担任，在议会运转事务中拥有实权。众议院设有议长和副议长等办公室、8 个常设委员会以及独立的审计署和巡视官办公室。议长在国家政治生活中礼宾位次排在总统、总理、首席大法官之后，在政治生活中的重要性相对有限。议长在议会中只起主持会议的作用，以保持公正中立，只有表决出现赞成票和反对票数量相等时，才可投决定票。此外，议长在议员管理中有一定的发言权，审批议员出国访问请示，并领导议会办公室。议会法案须经总统签字批准后方能成为法律。总理和议长须定期向总统报告各自工作。最高司法机关高等法院独立于议会和政府，属于执法机关。关于议员是否有效当选、议员空缺席位或被要求停止行使职能、非议员是否有效当选议长或当选后空缺职位等问题均提交宪法法院并据现行法律判决。

1993 年 6 月 30 日颁布的“地方议会法”（1993 年第 XV 号法）将马耳

他全国细分为马耳他的 54 个地方议会和戈佐的 14 个地方议会。议长一般由执政党提名本党议员或非议员担任,副议长则通常由反对党提名本党议员出任。参选议员及担任议长和副议长无法定年龄上限,均可连选连任,每届任期 5 年。马耳他全国共有 68 个地方议会,每个议会负责管理不同规模的城市或地区。居民每三年在地方议会选举登记册注册一次。选举通过比例代表制使用单一可转让票进行。市长是地方议会的负责人,由议会任命的执行秘书是议会的行政、管理和财务主管。所有决定都由议会其他成员一起进行。选举委员会正式公布议会选举结果后,新一届议会即组成,分成执政党和反对党两派。总统宣布新议会开会的时间和地点,新议会必须在两个月内召开会议,并在首次开会时选出议长和副议长,由总统发表政府施政纲领演说。议会的主要职权是制定和修改国家法律、修改宪法和《1964 年马耳他独立法》条款、选举总统、对政府实行监督、通过国家预决算以及规定议会和议员的特权、豁免权和职责权限等。议会除表决总统提名议案、确定审计署长、副署长以及巡视官人选外,无其他人事权。

马耳他司法系统由下级法院 (Inferior Courts)、民事和刑事上诉法院 (Civil and Criminal Courts of Appeal) 以及宪法法院 (Constitutional Court) 组成。下级法院由在刑事和民事诉讼方面具有原始管辖权的地方法官主持。在刑事法庭中,主审法官由九人陪审团组成。民事上诉法院和刑事上诉法院分别听取民事和刑事诉讼决定的上诉。马耳他的高等法院即宪法法院,是马耳他最高司法机构,由 1 名首席大法官和 16 名大法官组成。马耳他总统根据马耳他总理的建议任命马耳他首席大法官和高级法院法官,任职到 65 岁退休。高等法院拥有原始和上诉管辖权。在其上诉管辖权范围内,高等法院负责裁定涉及侵犯人权和解释"宪法"的案件。高等法院也可以进行司法审查。在其最初的管辖范围内,高等法院对有争议的议会选举和选举舞弊行为具有管辖权。高等法院还可以为缺乏法律防御手段的公民提供法律援助计划。

马耳他是一个两级议会共和国政府:中央和地方。地方政府载入马耳他的宪法,并受治于地方议会 (Local Councils)。地方政府设置有司法部、文化部和地方政府部,位于总理办公室内。它的作用是监督和支持议会,做权力移交（devolution）和权力下放（decentralisation）的先头部队。马耳他有一个单层的地方政府系统（single-tiered local government system），分为 68 个地方议会：戈佐岛有 14 个议会，马耳他岛有 54 个议会，其中包括首都瓦莱塔市议会。在一些议会地区的大村庄还设下属的行政委员会，共有 16 个。尽管当地议会超过四分之三的收入来自中央政府，但是其依然有增加收入的权利。马耳他的地方议会负责步道、路标、游乐场、花园和公园休闲设施的维护，垃圾收集和一系列的卫生服务机构的管理。

第四节　经济建设

马耳他常被称为"欧洲新加坡"，是一个高度发达的资本主义国家，国际基金货币组织将马耳他和其他 32 个国家列为经济发达国家。马耳他的经济出乎意料的好，在欧洲经济增长率仅次于爱尔兰。自加入欧盟后，马耳他政府不断大力调整经济结构，推出一系列改革措施，宏观经济不断改善。同时欧盟内部对马耳他的大量经济援助为国家经济发展带来了巨大的经济支持，马耳他经济发展一度进入高速前进状态。全球经济论坛《2014～2015年全球竞争力报告》显示，马耳他在全球最有竞争力的 144 个国家中，排第 47 位。

马耳他经济的优势包括石灰岩资源丰富、地理位置优越和劳动生产率高。但是马耳他自然资源缺乏，淡水供应量有限，没有国内的能源来源，其能源和产能成本经常被诟病为欧洲最高。因此马耳他的经济依赖于外贸、制造业（尤其是电子产品）、旅游业和金融服务，主要以服务业和金融业为主。旅游业是马耳他主要的外汇来源。马耳他同 100 多个国家和地区有贸易关系，欧盟是马耳他最重要的贸易伙伴，其中德国、法国、意大利、利比亚、英国是马耳他前五位出口市场，意大利、美国、英国、德国、加拿大排在其进口来源地前五位。马耳他主要进口矿物燃料、原油和石油产品、日用消费品、机械、塑料和其他半制成品、车辆及零部件、食品、原材料，主要出口电子、医药、机器和机械装备、飞机/航天器配件、玩具、运动器材等。①

2018 年国际信用评级机构惠誉发布报告，维持马耳他的信用评级为 A +，评级展望为"稳定"。报告指出，马耳他经济增长强劲，2017 年平均增长率为 7%。该报告还指出，马耳他失业率从 2016 年的 4.7% 降至 2017 年的 4%（Eurostat – 2017），低于 A 级平均水平，家庭净资产较高。种种数据显示，马耳他经济将继续保持强势劲头。马耳他实行多元化的自由市场经济模式，其经济主要依赖旅游、制造和金融服务业等几大支柱产业。目前马耳他经济环境良好，政府鼓励外来资本在当地投资，同时国内还出台了多项财政激励措施以鼓励经济的增长。马耳他正以其优越的投资环境、发达的通信网络及本身的战略地位吸引着国际投资者。自 2004 年加入欧盟以及 2008 年加入欧元区以来，马耳他政府一直在着手推动当地经济结构改革、解放更多市场空间。根据欧洲统计局的数据，马耳他的国民生产总值在 2017 年 12 月 1 日达 3060.29 百万美元，相较于 2017 年 1 月 9 日的 3234.24 百万美元有所下降。经济增长率为 5%，公共债务率为 58.3%，也在下降趋势中，财政赤字 1%，通货膨胀率 0.9%（Eurostat – 2016）。马耳他的就业人数在 2017 年 1 月 9 日达 255519 人。② 马耳他的经济似乎特别具有抵御能力，其旅游业表现非常出色，尤其是邮轮旅游业。③

马耳他的主要行业在国内生产总值的占比大概为：农业占 1.4%，工业占 15.8%，服务行业占 82.8%。马耳他的农业发展受到自然条件的很大制约。马耳他土地贫瘠，可耕地面积极其有限，仅有 11453 公顷，加之严重缺水，制约了其农业的发展。据 CIA 统计数据显示，2018 年马耳他农业就业人数仅占马耳他总就业人数（约 432089 人）的 1.2%，约为 5185 人。④ 2017 年，农业和渔业产值占 GDP 的 0.2%，全职农业人口不足 2000 人，很多农业人口转向服务业，造成兼职农业人口也不再将农业收入作为

---

① http://mt. mofcom. gov. cn/article/catalog/yuyan/201303/20130300061442. shtml.
② CEIC 提供的马耳他就业人数数据处于定期更新的状态，数据来源于 CEIC，数据归类于世界趋势数据库的全球经济数据。
③ https://www. touteleurope. eu/pays/malte. html.
④ www. factfish. com.

主要收入来源。马耳他的农业产业主要包括饲料、蔬菜、水果、花卉、土豆、牲畜、畜副产品等。马耳他的大部分粮食、牛奶、植物油、水果等依赖进口。

马耳他目前共有 15 个工业园区。同其他发达国家一样，近年来制造业产值不断下降，目前仅占 GDP 的 16% 左右，低于西方国家总体水平；从业人员占总劳动力的比重不足 20%。加工制造业的产品主要有电子、科学仪器、普通机械产品、服装、皮鞋、饮料、化工产品等。Toly 有限公司是马耳他最大的制造业企业之一，是一家本部在马耳他、为全球主要化妆品生产企业生产配套包装制品的国际企业，在韩国、印度、中国深圳等地均有投资企业。马耳他全国现有 650 多家生产性企业，员工 22000 人。其中，外资企业 250 家，外资企业出口额占马耳他出口总额的 90%，解决就业约 40%。最大的外资企业是法、意合资的 ST 微电子公司（STMicroelectronics）。

旅游业是马耳他的经济支柱和主要外汇来源，但也面临价格和质量等结构性问题。由于政府在 2006 年推出的一些激励措施吸引了一些廉价航空公司开始在马耳他运营，旅游业收入在 2007 年取得较大增长，但受国际金融和经济危机影响，自 2008 年第四季度起，马耳他旅游业出现大幅下滑，2009 年访马游客人数同比下降 8.4%。2010 年出现回暖，访马游客人数约为 133 万人，同比增长 13%。2017 年，赴马游客人数约为 198 万人。马耳他的入境旅客在 2018 年 2 月 1 日达 122433 人，相较于 2018 年 1 月 1 日的 124769 人有所下降。英国、意大利、德国、法国等欧盟国家为赴马耳他游客的主要来源国。[①] 马耳他的旅游业收入在 2016 年 12 月 1 日达 1451 百万美元，相较于 2015 年 12 月 1 日的 1381 百万美元增长 5.1%。

交通行业方面，马耳他境内无铁路和内陆水路，与岛外的交通主要依赖航空和海运。唯一机场是卢卡（Luqa）国际机场，目前与欧、美、北非等主要大城市有多条直飞航线。马耳他航空公司有 12 架客机，其中 7 架空客 A320、5 架空客 A319，与欧洲、北非、地中海东岸 50 多个城市有直飞

---

① http://www.fmprc.gov.cn/chn//gxh/cgb/zcgmzysx/oz/1206_27/1207/t9497.htm.

航线，每周有 200 多个航班。此外，阿航、汉莎、法航、意航、英航、埃航和廉价航空 RYANAIR、EASYJET 等在马耳他经营定期航班。港口主要有 2 个，法资管理的自由港系地中海沿岸第三大港，年吞吐量逾 300 万只20 尺标箱，与世界 125 个港口有货物往来，另与新加坡合资管理大港，与邻国意大利、利比亚等有海运客运航线。在马耳他注册船只约 2500 艘，是世界第八大船舶登记国（2016）。马耳他国土面积小，且多山地丘陵，国内交通主要依靠公路，全国公路约 2200 千米，无高速交通系统。全国共约有 37 万辆车辆（2017），其中私人车辆 28 万辆，平均 2 位居民拥有 1 辆以上汽车，私车拥有率居世界前列。公交系统不太发达，主要为学生和来马耳他的游客服务。

金融服务业是马耳他率先对外资开放的行业，近年来发展迅速，马耳他政府正在力争将马耳他打造成地中海金融中心，近年来金融业年均增长率为 25%，马耳他在 2013~2014 年全球经济论坛健全银行系统的 148 个国家中列第 14 位，避险基金在欧洲排第 1 位。马耳他签署了 70 个避免双重征税协议。目前境内投资基金 615 支，基金总值 89.5 亿欧元，金融服务业就业人数约 1 万人，2013 年金融业产值占 GDP 的 12%。

至于电信业的发展，截至 2013 年，移动电话普及率 100%，互联网普及率为 79%，高于欧盟 76% 的平均水平。当地主要的电信供应商包括 MELITA、VODAFONE、GO-MOBILE。VODAFONE 是最早在马耳他经营移动电话 GSM 网络的外国运营商。电子商务方面，马耳他 46% 的居民通过网络购物，略低于欧盟 47% 的平均水准。由于地理位置等因素，只有 19.3% 的马耳他企业进行电子商务营销。[①]

马耳他政府一直奉行增加经济自由和私有化的政策，改变依赖政府干预，让自由市场机制发挥更大的作用，因此马耳他的经济近来发展一直良好。影响其经济发展的有利因素主要有环球经济环境向好、国家出台一系列支持外贸出口投资的工业政策、政府大量增加支出扩大内需、商品和服务出口增加。

---

① http://mt.mofcom.gov.cn/article/catalog/ziranziyuan/201601/20160101234543.shtml.

　　马耳他的优惠政策比较多，主要分为欧盟鼓励政策和马耳他政府的鼓励政策。

　　欧盟鼓励政策有欧盟地区发展补贴、欧盟凝聚基金、欧盟凝聚政策项目。欧盟地区发展补贴主要用于：（1）创造和保证持续就业的生产性投资，主要是通过直接援助中小企业的投资；（2）基础设施投资；（3）通过支持地区和当地发展的措施开发内在潜力；（4）有关技术支持。欧盟凝聚基金对人均国民总收入（GNI）低于欧盟平均水平90%的成员提供资金，主要用于贯通欧盟的交通网络项目，以及与环境有关的项目，包括有益于环境、提高能源效率、使用可再生能源、发展轨道交通、加强公共交通等项目。欧盟凝聚政策项目下设三个计划。"欧盟地区支持项目的共同援助计划"，主要支持交通和其他领域投资不超过5000万欧元的项目和环境领域不超过2500万欧元的项目；"中小企业共享欧盟资源计划"，主要支持欧盟地区的中小企业扩大规模、新企业新技术的创立、创新投资和对中小企业的技术转移；"在城市区域持续投资的共同欧盟支持计划"，主要用于支持由于公共资源短缺所造成的投资需求的增长，以及综合性城市发展政策所需投资。

　　根据《马耳他企业法》，马耳他对外国投资者提供一揽子优惠政策，鼓励其投资促进经济和就业的制造业，以及提供维修、保养服务的企业。马耳他对医药、塑料、生物技术、电子、电器设备和信息技术服务领域的外国投资还有特殊的鼓励政策，但是马耳他没有地区性鼓励政策。

　　马耳他有吸引力的税收政策也是促进马耳他经济发展的一个因素。马耳他是非全球征税国家，无不动产税、无净财富税、无遗税与赠与税。对于在马耳他创立公司的人而言，马耳他不仅有利好的税收政策作为支持，可以保证税收减免，另外还可以享受欧盟关税补贴，堪称是世界级的避税天堂。马耳他对公司企业的税收优惠主要体现在所得税减免、税收返还、增值额返还、投资抵扣、再投资利润所得税减免、对国际贸易公司税收政策等方面。[①]

---

① http://mt.mofcom.gov.cn/aarticle/ztdy/200412/20041200316667.html.

马耳他的经济发展也面临着长期的挑战。这些挑战主要来自以下几个方面。第一，马耳他的经济发展单一，过分依赖进出口创造就业。第二，马耳他国内市场狭小，经济环境开放，产业发展单一。这些特点都弱化了马耳他承受国际市场风险的能力。经济发展基础的单一性和易受外界环境影响的敏感性是马耳他经济发展面临的主要问题。第三，马耳他生态环境脆弱。脆弱的生态系统和高密度的人口居住环境，使得经济活动对环境及社会造成的影响更为敏感。实施国家的经济发展战略必须建立在提高国家的生产效率基础之上，提高效率也就意味着更好地使用资源，减少对环境的破坏。第四，马耳他是一个老龄化问题很严重的国家，未来马耳他老龄化现象将加剧，现在每 4 个人负担一个老人的赡养，20 年后将是两个人赡养一个老人。这将给社会福利的资源分配和公共财政带来巨大压力。这就需要减少财政赤字，提高对人力资源开发的投入，加大对知识和创新能力的开发，提高公共管理部门的效能。

总的来说，马耳他的营商环境影响企业经营的因素按影响大小排列如下：政府低效率的官僚体制（24.1%）、税率（12.7%）、基础设施不足（11.4%）、限制性的用工措施（8.4%）、劳动者缺乏足够职业道德（8.3%）、劳动力缺乏足够教育（8.2%）、难以获得金融支持（8.0%）、税收政策（7.3%）、通货膨胀（5.4%）、政策不稳定（2.3%）、腐败（2.0%）、外汇监管（1.0%）、政局不稳（0.7%）、犯罪（0.2%）。

作为一个以旅游业为支柱产业之一而环境相对脆弱的地中海岛国，马耳他社会和经济发展可否持续很大程度上取决于其环境可否持续。马耳他政府于 2010 年 3 月着手制定《国家环境政策》，经过两年的讨论和修改，于 2012 年 2 月正式出台。除此之外马耳他还有各类环保法规 200 余个。这些政策法规很大程度上决定了马耳他经济发展的方向。马耳他未来的经济增长必须以可持续的环境为基础，而绿色经济将是马耳他经济发展新的发动机，将创造新的就业机会。马耳他未来将在以下领域迎来诸多机遇：绿色能源的研发和利用、清洁型交通系统的采用、海洋经济的开发、水资源和石头的更有效利用、戈佐生态岛的建设、欧盟资金和国际资金的支持。为此，马耳他政府也在加大在清洁能源开发和利用、废物和废水处理及再生利用等方面的投入，并以各种优惠措施引导和鼓励企业及个人在以上各方面进行投资。工党自 2013 年上台后，继续保持环保政策的连续性和稳定性，贯彻执行"马耳他绿色经济行动计划"。①

政府主导的财政措施和过去三年的改革给评级机构留下了深刻的印象：标准普尔二十年来首次将马耳他的评级从 BBB + 提高到 A -。马耳他经济的竞争力取决于其轻快便捷的税收吸引力，以及关于在线博彩和博彩的自由立法，这一有力措施使得博彩行业的收入占国内生产总值的 11%。

第五节　文化发展

马耳他的官方语言为马耳他语和英语，同时也通用意大利语。马耳他语是欧洲地区唯一一种有官方地位的闪族语言②，其同族语言主要分布在西亚和北非。闪族语在语言谱系中的位置是阿非罗亚细亚语系 - 闪语族 - 中部闪语支。马耳他语被认为起源于阿拉伯语，在迦太基人占领马耳他后带来阿拉伯语。又加上马耳他地理位置上紧临意大利，并在迦太基统治后的几个世纪里，马耳他先后经历法国和英国的侵占，在如此长期的语言接触下，马耳他语从罗曼语族（主要是意大利语和法语）以及日耳曼语族（主要为英语）吸收了大量的外来词语，并逐渐脱离阿拉伯语成为一种独立语言。

7000 年的历史给马耳他群岛留下了丰富的艺术文化遗产。艺术在马耳他文化中一直以来且将继续扮演重要角色。马耳他有着各种丰富多彩的文化活动。国家美术馆设在一座 16 世纪 70 年代建成的、繁华的洛可可式建筑物中，从文艺复兴初期到现代的各类精美艺术品陈列其中。国家美术馆常年举行各类展览，久负盛名的艺术家和初露头角的艺术家均可以在这里展出他们的作品。

马耳他有众多的文化艺术节。马耳他每年 7 月份举行马耳他爵士音

---

① 源自《马耳他投资指南》，中华人民共和国商务部。
② 闪语族又称闪米特语族或塞姆语族，是闪语系之下的语族之一，现代所使用的其分支语言有：阿拉伯语、希伯来语、阿拉姆语、马耳他语、阿姆哈拉语、提格雷语等。

乐节，汇集顶尖国际级和马耳他艺术家，迄今已经走过 27 个年头。白夜节每年 10 月举行，这项在夜间举行、参与人数众多的文化艺术活动照亮了瓦莱塔的夜景。瓦莱塔电影节由电影谷物基金会组织，是马耳他最大的电影盛事。马耳他国际艺术节囊括了戏剧、舞蹈、音乐、美术、歌剧、装置艺术、电影、社区项目、互动演出在内的各类艺术形式，既歌颂辉煌灿烂的过往，又着眼眼下的艺术形态。马耳他国际烟花节是由马耳他旅游局组织的一项年度盛事，用于纪念马耳他在 2004 年 5 月 1 日加入欧盟。

在马耳他引入巴洛克风格之前，岛上主要的建筑风格是风格主义建筑风格，这是 16 世纪中叶在马耳他普及的文艺复兴时期建筑的变体。马耳他最著名的风格主义建筑师是 Girolamo Cassar，他在当时新建的首府城市瓦莱塔设计了许多公共、私人和宗教建筑。巴洛克风格于 17 世纪初引入马耳他，这种风格在 17 世纪中后期流行起来，并在 18 世纪达到顶峰。巴洛克风格在 19 世纪初马耳他被英国统治时期开始被新古典主义建筑和其他风格所取代。

马耳他的主要民族为马耳他人，占总人口的 90%，其余为阿拉伯人、意大利人、英国人。马耳他以天主教为国教，95% 以上的马耳他人信奉天主教，且十分虔诚。马耳他宗教节日较多，讲究宗教礼仪与礼节，倡导慈善，爱护动物。全国仅有少数人信奉基督教新教、东正教和伊斯兰教。

马耳他人在社交场合衣着整齐、得体，讲究礼仪，与客人相见时，要与被介绍过的客人一一握手，并报出自己的名字，亲朋好友之间相见，也习惯施礼。在马耳他，想与对方见面必须事先预约，贸然到访属不礼貌行为，甚至会被拒绝见面。在马耳他，人们见面交谈忌讳打探个人收入、年龄、宗教信仰、情感状况等隐私。马耳他年轻人婚前基本与父母共同生活，婚后分住，但亲属间关系较为密切。此外还有一些风俗，如果你在马耳他发现某家在大门上钉上一枚白色蝴蝶花结，可不要以为这只是为了装饰，这是表示这家有婚庆喜事了。而如果哪家有丧事，大门口一定放一碟盐或一杯水，为了亡灵回家后不会口渴，食物也不会因没有盐而淡而无味。

马耳他实行每周 5 天工作制，业余时间马耳他人喜爱户外活动，海边是居民主要活动场所，或钓鱼，或野餐，马耳他人饮食以西餐为主。一般来说，在餐厅、饭店和乘坐出租车时需要付 10% 的小费，有时店家会把小费算在账单上，所以付前还需要注意一下。

马耳他重要的节日包括：1 月 1 日，新年；2 月 10 日，圣保罗海难纪念日；3 月 19 日，圣约瑟夫纪念日；3 月 31 日，自由民；5 月 1 日，劳动节；6 月 7 日，1919 年独立运动纪念日；6 月 29 日，圣彼得和圣保罗节；8 月 15 日，圣母升天节；9 月 8 日，维多利亚圣母日；9 月 21 日，独立日；12 月 8 日，圣灵怀胎节；12 月 13 日，共和国日；12 月 25 日，圣诞节。此外，3 月或 4 月某日（具体日期不定）为耶稣受难节。

马耳他有 4 家电视台，以马耳他语节目为主，会插播英语节目。当地有线电视播出的节目以外国电视台的节目为主。马耳他广播事务管理局成立于 1961 年 9 月，负责对马耳他本地所有广播电视运营进行监督管理。马耳他公共广播服务有限公司成立于 1991 年 9 月，负责广播电视行业监管审查。马耳他新闻局隶属马耳他总理府，统管政府新闻政策和各类新闻媒体。马耳他电视台（TVM）为国家电视台，1962 年开始播放电视节目，由政府公共广播服务有限公司经营。国民党和工党分别开设各自电视台 NetTV 和 OneTV。私营有线电视台（Smash TV、Calypso TV、Favourite）以播放娱乐性节目为主。另有教育台 Education 22 和电视购物台 ITV。

马耳他有 10 余家广播电台，大部分播送马耳他语节目，同时插播英文节目。马耳他有 4 家日报，包括 2 家英文日报、2 家马耳他语日报。另有 10 家周报。英文综合性报刊有日报《独立报》和《时报》以及周刊《商务周刊》。最大报纸为《时报》和《独立报》，2015 年发行量分别为 37000 份和 16000 份。

马耳他政府采取了适合本国的发展策略，奉行文化与旅游产业一体化的政策，这一点对于我国保护文化遗产、发展旅游业也具有启示作用。

第六节　与欧盟的关系

马耳他加入欧盟更多的原因是与西欧国家在文化、政治和经济上的"血缘"关系。马耳他地处东地中海，其居民是南欧人、腓尼基人、阿拉伯人和英国人的混血后代。虽然马耳他人使用的马耳他语是阿拉伯语的一种方言，但是马耳他从文化和思想上可以说是扎根基督教文明。从历史上看，在罗马帝国时期马耳他就已经是属于基督教文化圈的一部分了。此后马耳他又先后历经东罗马帝国、基督教骑士团、法国及英国的统治，仅在870～1091年被阿拉伯人短暂控制。这些被统治的经历保全了马耳他免受周边大国土耳其和意大利的侵吞，保全了它的西方式政治体制和文化，帮助马耳他建立起了比较成型的市场经济体制和资本主义政治制度。马耳他1964年独立，1979年与英国结束了联邦关系。独立后的马耳他，在1971～1987年、1996～1998年由工党执政，主张独立自主、中立和不结盟，同欧盟只可建立"伙伴关系"而不应加入。因此马耳他一直迟迟未能加入欧盟。1998年，国民党重新执政以后，马耳他重新启动加入欧盟的进程。加入欧盟无疑有利于拓展马耳他与欧盟其他成员国的经济合作空间，是最自然不过的结果。①

自2002年加入欧盟以后，马耳他便开始了成功的跨越：2007年马耳他成为申根公约会员国；2008年1月29日马耳他加入欧元区；2007年12月13日，马耳他冈奇总理和弗南多外长代表马耳他政府在里斯本签署具有里程碑意义的欧盟改革条约即《里斯本条约》。冈齐对条约的签署表示满意，指出，历经长达7年的努力，各国领导人最终就欧盟的未来达成协议。《里斯本条约》的签署时值欧盟成立50周年，27国领导人参加。根据该条约，欧洲议会现有785个议席将在2009年6月选举中减至751个，但马耳他议席将由目前的5个增至6个。欧洲委员会各部门专员数量到2014年将由现在的27位减至17位。2014年，在除司法、警务合作、教育和经济政

---

① https://www.diplomatie.gouv.fr/fr/dossiers-pays/malte/relations-avec-l-union-europeenne/.

策以外的 50 个领域欧盟将采取新的投票决策（多数通过）制度，即代表
65% 人口的 55% 以上成员同意即可。但在外交和防卫政策、社会保障、税
收和文化事务方面仍采用一致通过决策。

2017 年，马耳他接任欧盟轮值主席国，为期 6 个月。马耳他列出了担
任轮值主席国的六项优先事项：难民和非法移民、单一市场、安全、社会
包容、欧洲邻国关系、海洋事务。然而，分析人士指出，欧盟面临的难题
不仅限于这些，首次担任欧盟轮值主席国的马耳他面临着巨大挑战。作为
曾经的英国殖民地，马耳他与英国有着密切良好的关系。马耳他面临的最
大挑战是，英国脱欧谈判开始后如何确保欧盟成员国和英国之间保持良好
的沟通。由于地缘关系，马耳他特别关注和重视地中海地区的安全和难民
问题。针对难民问题，马耳他提出加强和简化欧洲共同庇护制度，更加公
平地分配成员国的移民负担；尝试修订《都柏林条例》，其中关键一点是
修改难民只能在入境欧盟的第一个成员国申请庇护的相关规定。

从欧盟的机构设置来看，欧洲议会席位和欧盟理事会的加权票数大致
按成员国在欧盟中的人口比例来分配。因此马耳他因人口稀少而不占优
势。马耳他在欧盟议会 750 个席位中仅占有 6 个，欧盟理事会的加权票 3
票，因国力弱小很难成为欧盟的主导。但是马耳他加入欧盟凸显了马耳他
作为地中海地区"贸易枢纽"的特殊作用。马耳他长期与北非的突尼斯、
阿尔及利亚、埃及和利比亚等国都保持着良好的经贸关系。所以入盟后马
耳他就成了欧盟联结欧洲与北非的纽带，既推动欧盟与北非国家的经贸往
来，同时也带动马耳他本国的经济发展。

马耳他集欧盟成员国、申根国家、欧元区、英联邦成员国等多重身份
与一身，加之与英国的特殊关系，毫无疑问，马耳他将成为英国企业进军
欧洲的桥头堡。在英国首相特蕾莎·梅启动《里斯本条约》第 50 条，开
启了两年的退出欧盟程序后，任何有名望的企业想在欧盟继续不受限制地
经商，将会开始在其他欧盟成员国中开设分支机构或者子公司，而不会白
白地等两年的时间。因此，在短时间内，将会有很多企业将自己的经营范
围转移到马耳他，同时也会给当地提供更多的就业机会。随着英国脱欧、
大量的金融企业入驻，马耳他将会是欧洲下一个金融中心的有力争夺者。

马耳他国家虽然小，但是有着悠久的历史、笃定的宗教信仰、融汇多元的文化传统和淳朴的民风。虽然马耳他在欧盟因人口稀少而不占优势地位，但是马耳他长期与北非的突尼斯、阿尔及利亚、埃及和利比亚等国都保持着良好的经贸关系，使其成为地中海地区的"贸易枢纽"。马耳他作为欧盟联结欧洲与北非的纽带，既推动欧盟与北非国家的经贸往来，同时也带动马耳他本国的经济发展。中国与马耳他自建交以来，一直保持友好合作关系。欧洲债务危机以来，马耳他政府积极谋求拓展与欧盟域外国家合作，尤其高度重视与中国的经贸合作。中国和马耳他的经贸合作未来必将在能源、基础设施、金融、高新技术、教育人文等重点经贸合作领域继续推进。

参考文献

邓书杰：《中国历史大事详解》，吉林大学出版社，2005。

《对外投资合作国别（地区）指南——马耳他》，中华人民共和国商务部国际贸易经济合作研究院 & 中华人民共和国驻马耳他大使馆经济商务参赞处 & 中华人民共和国商务部对外投资和经济合作司，2017。

2011 Census, http://census2011. gov. mt/downloads/Census 2011_Final Report. pdf.

A. Bonanno, "Malta and Sicily: Miscellaneous research projects edited by Anthony Bonanno".

Constitution of Malta, www. parlament. mt/constitution-of-malta.

C. Bain, N. Wilson, *Malta & Gozo*, Lonely Planet, 2004.

Department for Local Government, www. localgovernment. gov. mt.

Government of Malta website, www. gov. mt.

H M. Catudal Jr, "The plight of the Lilliputians: an analysis of five European microstates," *Geoforum* 6 (1975): 187 – 204.

J. Godechot, *Histoire de Malte*, FeniXX, 1980.

J. M. Miossec, "Malte en transition: démographie, économie et gestion de l'espace," *Revue des mondes musulmans et de la Méditerranée*, 1994, pp. 199 – 216.

Local Councils Act 1993, www. justiceservices. gov. mt/DownloadDocument. aspx? app =

lom&itemid = 8833.

Local Councils Association, www. lca. org. mt.

Local&Regional Government Factsheet 2013, www. ccre. org/img/uploads/piecesjointe/filename/FINAL_CEMR_factsheets_2013_EN. pdf.

Malta Electoral Commission, www. electoral. gov. mt.

M. Terterov, J. Reuvid *Doing Business with Malta*, GMB Publishing Ltd. , 2005.

N. Bernardie, *Malte: parfum d'Europe, souffle d'Afrique*, Presses Univ de Bordeaux, 1999.

O. Friggieri, "La question linguistique a Malte, L'eveil d'une identité nationale," Le lingue del popolo, Contatto linguistico nella letteratura popolare del Mediterraneo Occidentale, Càller: Arxiu de Tradicions, 2003.

R. McCorquodale, *The Maltese Constitution and Constitutional History since 1813*, By J. J. Cremona, "San Cwann, Malta: Publishers Enterprises Group," 1994, pp. 116 and (Appendices) 55, Hardback, *The Cambridge Law Journal*, 1994, 53 (3): 631 – 632.

R. Skeates, *An archaeology of the senses: prehistoric Malta*, Oxford University Press, 2010.

T. Gambin, "The maritime landscapes of Malta from the Roman period to the Middle Ages," University of Bristol, 2005.

UN statistics surface area, http://unstats. un. org/unsd/demographic/products/dyb/dyb 2006/Table03. pdf.

UNDP HDR Malta country profile, http://hdr. undp. org/en/countries/profiles/MLT.

W. G. Berg, *Historical dictionary of Malta*, Scarecrow Press, 1995.

第十章

塞浦路斯国情

概　述

传说第一代天王乌拉诺斯被儿子推翻并阉割，他的精液落到地中海后泛起了浪花，从而诞生了女神阿芙罗狄忒，她的名字意为"出水芙蓉般美丽的女子"。这位大海中的女神诞生后，在地中海的一个岛上登陆，这个岛就是塞浦路斯岛，因此塞浦路斯也被称为"爱神的故乡"，直至今天岛上仍能见到很多阿芙罗狄忒神庙。塞浦路斯，全称"塞浦路斯共和国"，是位于地中海东部黎凡特（Levantine）盆地的一个岛国，其名称在希腊语里的含义为"产铜之岛"。尽管其所处的地理位置更接近于中东区域，也是亚洲唯一的地中海重要岛屿，但在文化和政治上，塞浦路斯与欧洲的联系一直更为紧密，并且是欧盟的成员国之一。

第一节　自然环境

总面积 9251 平方千米的塞浦路斯岛，位于安纳托利亚沿岸以南 69 千米、叙利亚以西 104 千米处，地处亚、非、欧三洲交汇处，是继西西里岛和萨丁岛之后，地中海地区的第三大岛屿，拥有长达 648 千米的海岸线，被称为"地中海金钥匙"。由于岛上两个英属基地区的存在[①]，塞浦路斯虽

[①]　分别为位于该岛南端的亚克罗提利军事区基地及东南角的德凯利亚军事区基地。

为岛国，但仍然与这两个军事基地之间存在约 150 千米陆地边界。塞浦路斯主要由三大地形构成：北部拥有凯里尼亚山脉，该山脉东起安德烈亚斯角，西至科马基蒂角，绵延约 160 千米，贯穿东西的山脊横卧在塞浦路斯的北岸；塞浦路斯中部为肥沃的美索利亚冲积平原①，从西部的莫尔富湾延伸到东部的法马古斯塔海湾，位于北部的凯里尼亚山脉和南部的特罗多斯高地之间；南部的特罗多斯高地占地近 3200 平方千米，约为全国面积的三分之一，海拔 1951 米的奥林普山脉，为岛上海拔最高的山脉。

塞浦路斯夏季干燥炎热，平均温度为 34 ~ 36℃；冬季湿润温和，平均气温为 18 ~ 20℃，属于亚热带地中海气候，全年日照约 300 天，每年的 11 月至次年的 3 月为雨季，年平均降雨量为 400 毫米左右。

塞浦路斯属于东 2 时区，实行冬、夏时制，每年 11 月至次年 3 月为冬时制，比北京时间晚 6 个小时；夏时制是从每年的 3 月底至 10 月底，与北京的时差减至 5 小时。

塞浦路斯岛上最主要的自然矿藏为铜，另外还有很多已接近枯竭、开采量极小的其他矿藏，如硫化铁、黄铁、铬、石棉、大理石、土性无机颜料等。森林面积为 1735 平方千米，约占总面积的 19%。整个塞浦路斯被海洋包围，淡水资源紧缺，却拥有丰富的海洋资源。经初步勘探，已在塞浦路斯南部及西南部海域发现大量的天然气储藏，其他海域也蕴藏着丰富天然气资源的可能。故此，塞浦路斯政府有意在塞浦路斯建立一个地区能源中心，加快天然气资源开发和利用的进度。

塞浦路斯地处地中海东南角，东临叙利亚海岸，西临希腊罗得角，南临苏伊士运河，北临土耳其得安纳托利亚海岸，由此可见其地理位置的重要性，也正是如此，自古以来都有"地中海金钥匙"之称。另外，在军事上，塞浦路斯地处欧洲、亚洲和非洲的海上要道，其战略位置可想而知，所以欧美众国对于塞浦路斯区域的军事部署非常重视，除本国军队外，希腊、土耳其、英国在此均有驻军，因此人们都说："谁想要在东方成为一个强国，并且保持强国地位，就必须把塞浦路斯控制在手。"

---

　　① 冲积平原是由河流沉积作用形成的平原地貌。

塞浦路斯政府 2011 年人口普查数据显示，塞浦路斯总人口为 116.53 万人，其中塞浦路斯政府控制区的人口数量为 84.83 万人，全国人口密度为 126 人/平方千米。女性人口占总人口的比例略高于男性人口所占比例，占总人口数量的 51.34%；城市人口数量远高于乡村人口数量，占总人口数量的 68.37%；受教育人口比例高达 98.7%。首都所在的尼科西亚区域人口数量最多，共拥有 33 万人口。该国男性人口平均寿命为 78.9 岁，女性人口的平均寿命可达 83.4 岁。塞浦路斯人口根据其民族成分，可分为希腊族和土耳其族，希腊族人口占总人口数量的 72.8%，而土耳其族占 9.6%，其余为外籍人口。

塞浦路斯全国划分为六个行政区域，分别为尼科西亚（Nicosia）、利马索尔（Limassol）、法马库斯塔（Famagusta）、拉纳卡（Larnaka）、帕福斯（Paphos）和凯里尼亚（Kyrenia），每个行政区下均有市、乡、村三个行政级别。由联合国维和部队控制的停火线和缓冲区（UN Buffer Zone，又被称为"绿线"）将整个国家一分为二，分别为处于南边的"塞浦路斯共和国"和位于北边的"北塞浦路斯土耳其共和国"。

塞浦路斯首都尼科西亚（Nicosia），既是尼科西亚行政区域的首府，也是整个国家的政治、金融及文化中心，"绿线"从城市中心穿过，使其成为到目前为止世界上唯一一个仍处于分裂状态的首都；第二大城市是位于塞浦路斯南部的沿海城市利马索尔，它不仅是全国最大的港口城市，也是最重要的商贸及旅游城市；位于塞浦路斯东南部的拉纳卡市，则是塞浦路斯的第三大城市、第二大港口城市，也是塞浦路斯国际机场所在地。除此之外，塞浦路斯北部区域最主要的两个城市分别为法马库斯塔市和凯里尼亚市，法马库斯塔市位于塞浦路斯的东海岸，它曾经是塞浦路斯分裂前最繁华的城市；而位于塞浦路斯东海岸的凯里尼亚市，则为整个北塞区域最重要的港口和旅游城市。

第二节 历史发展

大概距今 11000 多年前，在全新世早期（Early Holocene），塞浦路斯岛上就出现了人类生活的足迹。公元前8400年之后，生活在新石器时代的远东地区的人类，一直被考古界认为是最早开始存在群居生活、种植野生作物活动的人类。后来，法国的考古学家在塞浦路斯发现了新石器时代的村落遗址，使得考古学家们将先前的猜测推翻。塞浦路斯岛上的村落遗址中出土了早在公元前9100年至公元前8600年人类使用的"粮仓"，并且发现了大量居民聚集生活的痕迹。他们并不是现在居住在岛上的希腊族人或土耳其族人，而是来自叙利亚－巴勒斯坦沿海区域，被称为"古塞浦路斯人"的居民。据考古发现，他们当时在岛上大概有15处定居点，主要集中在塞浦路斯南边的基罗基提亚遗址，因此也被称为"基罗基提亚文化"。公元前5500年，可能由于某种自然灾害的突然降临，基罗基提亚文化突然消失，塞浦路斯岛上此后有近千年没有人类活动的迹象。直至公元前4500年前后，那里才出现了第二批居民生活的痕迹，被称作"索特拉文化"。根据考古学家的推测，他们可能依旧来自叙利亚－巴勒斯坦沿海地区，也有可能是从安纳托利亚地区迁徙而来的居民。

后来，古希腊人向塞浦路斯逐步迁徙，他们的迁徙历史主要分为两个时期：首先是公元前16世纪古希腊迈锡尼人的迁入；其次是公元前13世纪，大量古希腊移民的到来。公元前16世纪，首批迈锡尼人来到塞浦路斯，他们的到来对塞浦路斯人口结构的变化，以及经济、文化各个领域的发展产生了巨大的影响，使得塞浦路斯进入了迈锡尼文明时期，成了爱琴岛文明的重要组成部分。公元前13世纪末，古希腊人开始了向塞浦路斯长达1个世纪之久的大规模移民活动，当时古希腊人的到来，主要是由于塞浦路斯铜矿资源丰富，这就是塞浦路斯在希腊语中被称为"Κυπριακ Δημοκρατα"，即"产铜之岛"的缘故。随着希腊人大规模的迁徙活动，他们也将希腊文化引入了塞浦路斯，这对塞浦路斯的经济、文化等各个领域又一次产生了重要的影响。大量希腊人的到来，彻底改变了塞浦路斯的民族结构，成为当时人口占绝大多数的民族，即塞浦路斯希腊族人。因此，塞浦路斯的希腊族人与希腊人之间始终存在民族认同。

公元前9世纪~前8世纪，腓尼基人来到了塞浦路斯，并在其南岸的克提昂建立了贸易中转站，塞浦路斯成了腓尼基人向地中海西部扩张的基地。腓尼基人被亚述人征服后，塞浦路斯岛上的腓尼基人也向亚述王称臣，并被亚述人用来制衡岛上的希腊族人。最终，岛上的腓尼基人像之前的古塞浦路斯人一样，也逐步被完全希腊化，成为希腊族人。自公元前709 年开始，塞浦路斯岛上的居民先后被亚述、古埃及、波斯国、亚历山大大帝及埃及托勒密王朝征服。公元前 58 年，塞浦路斯被罗马征服，并于公元前 30 年并入罗马帝国。

拜占庭时期，自 395 年开始，希腊文化及基督教在塞浦路斯文化中逐步得到加强。7 世纪~10 世纪，黎凡特海盗不断袭击岛上居民，这也给岛上经济带来破坏，加之拜占庭的干预，致使岛上政权十分不稳定，这种情况一直持续到 965 年的尼克波伊二世福卡斯皇帝统治期间才恢复正常。1191 年，在第三次十字军东征期间，英格兰金雀花王朝的第二位国王狮心王理查德在通往耶路撒冷的途中，夺取了塞浦路斯，塞浦路斯成为十字军的一个重要的物流基地。后来，他将塞浦路斯的统治权交托给了圣殿骑士，随后塞浦路斯又落到波西温王朝卢西尼昂手中长达三个世纪。该岛于1489 年被威尼斯人征服，16 世纪时，塞浦路斯被奥斯曼帝国统治。在奥斯曼帝国素丹（皇帝）统治时期，土耳其人迁入并定居塞浦路斯，自此岛上又出现了另一个民族——塞浦路斯土耳其族人。贫穷引起了岛上土耳其人和希腊人的共同不满，虽然希族和土族在奥斯曼统治下可以以某种方式共存，但由于贫穷加之希腊的独立，民众反抗殖民主义的斗争也在不断加剧。

1878 年 6 月 13 日至 7 月 13 日，以分赃为目的会议在柏林召开，各大国都尽量为自己谋求最大的利益，根据《英土塞浦路斯专约》的规定，土耳其将塞浦路斯岛割让给英国，自此塞浦路斯受英国监护。因此，英国通过柏林会议获利巨大，其中最重要的利益之一就是占领了地中海的战略要地、盛产铜的塞浦路斯岛，这足以帮助它与俄国在黑海东岸及南高加索的势力抗衡。塞浦路斯最终在 1925 年沦为英国殖民地，此后，英国对塞浦路斯的"监护"长达 82 年之久。

直至 1959 年 2 月，英国、希腊、土耳其三国签订《苏黎世－伦敦协定》之后，希腊、土耳其、塞浦路斯三国又签订了《联盟条约》，最终希腊、土耳其、英国三国共同保证了塞浦路斯的独立。塞浦路斯于 1960 年 8 月 16 日正式宣布独立，并在一个月后成了联合国成员国。

由于种种历史缘故，希、土两族的冲突并未因国家的独立而削减，反而愈演愈烈。于独立当日生效的共和国宪法的实施从一开始就遇到了各种困难，最终导致两个族群之间的关系日趋紧张，1963 年 12 月 21 日爆发希、土两族之间严重的流血冲突事件。在试图恢复岛上和平的一切努力均宣告失败之后，安理会一致通过决议，于 1964 年 3 月 4 日成立联合国驻塞浦路斯维持和平部队（联塞部，UNUCHYP）。1974 年，希腊军方对塞浦路斯总统马卡里奥斯发动政变，随后土耳其部队在塞浦路斯岛北部登陆，以保护土族人利益的名义进行了所谓的"军事干预"，最终造成塞浦路斯分裂，并且这种状况一直持续至今。

第三节　制度建设

塞浦路斯是总统共和制国家，国家元首及政府首脑为总统，任期为 5 年，总统能代表国家行使各项职权，总统、副总统对议会通过的法案拥有否决权。塞浦路斯现任总统为 2018 年 2 月当选的尼科斯·阿纳斯塔夏季斯。

根据 1960 年公布的塞浦路斯宪法，国家实行三权分立制。总统和部长委员会行使行政权，共和国最高法院享有司法权，议会具有立法权。议会和内阁分立，内阁部长不能同时为议员。总统有权否决议会通过的有关外交、国防和安全方面的法律，但对议会通过的其他法律和决定，总统只可延缓实施，把法律退回议会，由议会在 15 天内再审议。如议会仍坚持原来的意见，总统必须公开颁布。总统可亲自到议会发表讲演或致函议会，亦可通过各部长向议会转达其意见。各部长可向议会各专门委员会做出咨询。各部长在宪法上没有必须出席议会或专门委员会听证的义务，但一般当议长和专门委员会主席要求他们这样做时无人拒绝。

议会为最高立法机构，法案由议员和部长提出，塞浦路斯共和国议会实行一院制，每 5 年选举一次，年满 18 岁的公民都有选举权和被选举权，全国各地在同一天进行直选匿名投票的方式选举产生议会。自 1960 年塞浦路斯共和国独立后，议会设立了 50 个议席，其中希族议员占据 70% 的席位，土族议员占据 30%。1963 年的希、土两族冲突过后，土族议员退出议会。1985 年 6 月 20 日，议会将议员席位由原来的 50 席增至 80 席，但仍然保证了宪法关于希、土两族议员人数 7:3 的规定。多年来，尽管希族和土族双方冲突不断，但议会一直保留着土族议员的席位。

议会下设外交、财政及预算、劳工及社会保障、法律、教育、内政、国防、农业及自然资源、商工、交通及工程、卫生、发展计划及公共开支监督、难民事务、议会规章制度及议员权利 14 个委员会，其中每个委员会由 8 名成员组成。

第四节　经济建设

自 1960 年国家独立之后，塞浦路斯从本国国情出发，加强了基础设施建设，实施了对外开放，在加强第一、第二产业发展的基础上，重点发展第三产业，尤其是旅游业的发展。另外，国家积极利用其特有的地缘优势和优越的地理位置，大力促进对外贸易的发展。因此，从 20 世纪 80 年代开始，国家经济发展取得明显成效，每年的经济增长率可达 6%，90 年代的年平均增长率也达到 4%。塞浦路斯逐步由 70 年代的一个农业国逐渐发展成一个基于第三产业的开放型市场经济类型的国家。

由于受经济危机及银行业体系困境的影响，2012 ~ 2014 年，塞浦路斯的经济增长状况一直不太乐观，2014 年的经济增长率一度为 - 2.5%。但 2015 年以来，国家经济恢复了稳步增长，其经济增长率在 2016 年达到国家 GDP 的 2.8%。

2004 年加入欧盟时，塞浦路斯是十个新成员国中最富有的一个，当时该岛南部经济较为繁荣，而北部土族地区虽然保持着较高的经济增长率，但整体经济水平仍较南部地区更为落后，仍然主要依赖于与土耳其的贸易往来，以及来自安卡拉的补贴。

2013 年银行业危机之后塞浦路斯经济濒于崩溃，塞浦路斯政府被迫向欧盟欧洲中央银行和国际货币基金组织寻求经济援助，以应付其银行业的危机及其公共支出。

塞浦路斯的失业率在经济危机到来之前长期低于5%，但2008~2014年，失业率从3.5%逐年提高，至2014年达到16.2%。随着经济状况的好转，2016年失业率下降至13%，这种失业率下降的趋势应该会随着经济的复苏不断持续。

根据最新数据，2018年2月1日塞浦路斯的政府债务达23151.0百万美元，相较于2018年1月1日22847.1百万美元政府债务有所增长。塞浦路斯国家政府债务数据按月更新，2014年1月1日至2018年2月1日的政府债务平均值为21955.4百万美元，最高值出现于2014年6月1日，达26305.6百万美元，而最低值则出现于2015年4月1日，为20100.4百万美元。塞浦路斯的政府债务占国内生产总值百分比数据也是按年更新的，1995~2017年的23份观测结果显示，政府债务占国内生产总值百分比的平均值为58.7%，该数据的历史最高值出现于2015年，达106.9%，而历史最低值则出现于2008年，仅为45.1%。

直至20世纪中叶，塞浦路斯的经济支柱一直为农业，其经济结构在20世纪70年代国家分裂之后，开始发生变化，其支柱产业从农业转为制造业。后来，随着服务业的蓬勃发展，海运、旅游及金融等第三产业又取代了制造业，成为国家经济增长的主要动力。塞浦路斯主要进口产品为各类原材料、消费品和资本货物、运输设备和燃料等；其主要出口产品为医药产品、水泥、纸制品、塑料制品、马铃薯、柑橘类水果、葡萄酒和家具等。

目前塞浦路斯的农业尽管不再是国家经济的支柱产业，但仍然是GDP的重要组成部分，其主要的农产品除了可以出口以增加国家的外汇来源外，还可以提供大量的就业机会，同时为工业生产提供原料。但由于传统的地中海型农业长期遭受干旱，也只有15%的土地适宜耕种，其主要种植的农作物有土豆、葡萄、柠檬、大麦、小麦、角豆和橄榄等。塞浦路斯的畜牧业也是一个重要的产业部门，主要以绵羊、山羊、猪等家畜为主。塞浦路斯虽然身为岛国，四周环海，但其渔业发展却相对比较缓慢。塞浦路

斯的第二产业也占据接近五分之一的 GDP 份额，其工业企业大多为规模较
小的私企，主要产品以塑料、服装、鞋类和化学药品为主。第三产业被认
为是塞浦路斯目前的经济骨干，包括旅游业、房地产业及金融与商业服务
业，就业人口占总人口的近 80%，随着金融与商业服务业的迅速发展，已
然成为目前塞浦路斯经济的重要组成部分之一。

　　每年，塞浦路斯都热烈欢迎来自世界各地的游客，兴奋地分享独特的
文化和令人振奋的风景。塞浦路斯的旅游业带动了整个国家经济的发展，
2017 年 1~10 月，这个不到 100 万居民的岛国迎接游客总量超过 340 万人
次，与 2016 年同期相比增加了 14.6%，旅游业收入占国家 GDP 的 14% 以
上。另外，作为海运强国，塞浦路斯的海运收入几乎占全国 GDP 的 5%。
尽管塞浦路斯与欧洲的贸易额占贸易总额的 60%，然而，由于该岛特殊的
战略地理位置，加之国家提供的非常有利的税收政策的支持，塞浦路斯与
中欧、东欧及中东地区也有非常重要的贸易往来。2011 年底，美国诺布尔
能源公司（Noble Energy）在塞浦路斯的专属经济区（EEZ）内发现了大
量的天然气储量。从 2022 年起，塞浦路斯将成为欧盟的石油及天然气输出
国。但由于受政治因素的影响，想真正将其开采并变现，目前看来仍并非
易事。

　　不得不承认，1974 年土耳其的军事干预严重打击了当时的塞浦路斯经
济。事实上，土耳其军队不仅控制了岛上近 40% 的领土、大部分柑橘园所
在的地区、最发达的旅游基础设施，还掌控了岛上近 70% 的资本和自然资
源，同时塞浦路斯也失去了近 65% 的旅游资源、87% 的在建酒店、83% 在
建货物装卸设施、55% 的海岸线、56% 的矿山和采石场、48% 的农业出口、
46% 的植物产业，塞浦路斯政府还丢失了占全国 80% 以上货运量和拥有尼
科西亚唯一的商业机场的法马古斯塔港。此外，占该岛三分之一的近 20 万
希族塞人失去家园和生计，沦落成为本国的难民。1974 年下半年失业率飙
升至 30% 左右，而 1974 年实际国内生产总值下降 17%，1975 年再次下降
19%，这两年的出口量分别下降了 20.8% 和 11.4%。旅游业在当时也接近
崩溃，1974 年下降了 43.6%，1975 年则下降了 57.9%。在这种情况下，
成千上万的希族塞人考虑过移民，并且其中许多人已经离开。随后的"经

济奇迹"使得塞浦路斯国内生产总值在 1978 年已恢复到国家分裂前的水平，这种"经济奇迹"的实质是建立在塞浦路斯共和国存在和延续的基础上的。到 20 世纪 80 年代初甚至一些之前已经移民的希族塞人开始返回家乡。这个"经济奇迹"也产生了不可避免的负面影响，例如城市和旅游区域的无计划扩张，以及对环境造成的不利影响等。然而，如果不付出这些代价，塞浦路斯的经济可能永远无法复苏。

自此之后，塞浦路斯经济转向了服务业，包括高度发达的旅游业和商业，以及后来的金融服务业的兴起。尽管国家财政收入逐渐趋于稳定，随着经济开放程度的逐渐加强，国际银行业和商业服务业近年来得到了迅猛增长，但同时本国经济受外部经济冲击，对本国经济的影响也不断增加。经过近 30 年的经济发展，塞浦路斯已具备一定的财政实力，2004 年加入欧盟以及 2005 年开始使用欧元以来，塞浦路斯政府巩固公共财政的努力也在不断加强，但由于受到经济危机的影响，其经济自 2009 年起也开始陷入衰退，经济衰退也导致了公共财政的快速恶化和主权债务的激增。

塞浦路斯自 2009 年以来开始进入经济衰退期，2013 年初经济面临重大危机。塞浦路斯与"三驾马车"达成百亿欧元的救助协议，旨在挽救濒临破产的塞浦路斯银行业。在此期间，塞浦路斯政府对财政紧缩和各项改革措施严格遵守，完成了稳健改革、银行重组和财政整顿。最终持续三年的塞浦路斯救助计划于 2016 年 3 月 31 日正式结束，并取得积极成果：经济恢复增长状态，并且增长好于预期；预算执行情况良好，超过了调整方案划定的预期目标。金融业的稳定恢复方面也取得了重大进展，但银行业仍面临着巨大挑战，其中包括如何有效执行新法规、继续进行不良贷款结构调整、反洗钱、加强打击逃税的信息交流以及打击网络犯罪等。

2015 年第四季度开始，塞浦路斯已经表现出令他国羡慕的经济增长率，为 0.4%，甚至高于同一时期德国 0.3% 的增长率，以及葡萄牙和法国 0.2% 的增长率，由此塞浦路斯正式走上了经济复苏的轨道。但塞浦路斯经济今后的发展仍然不能掉以轻心，塞浦路斯政府必须要加快改革步伐，以弥补过去多年由于经济危机而错失的发展机遇。

第五节　文化发展

塞浦路斯在悠久的历史进程中，由于希腊人的到来及同化，以及各种文化长久以来的交融混杂，从而形成今天以希腊文化为主、多元化文化并存的状态。作为一个文化特色突出的国度，塞浦路斯拥有丰富的历史文化、美妙的神话文化、壮丽的遗址文化、悠远的制造工艺文化以及醉人的旅游文化。[①]

塞浦路斯主要是由希族和土族两个民族共同组成，其官方语言为希腊语和土耳其语，另外其通用语言为英语。从语言使用分布情况来看，南边的希腊族人组建的"塞浦路斯共和国"，希腊语为使用最为广泛的语言；位于北边的"北塞浦路斯土耳其共和国"，土耳其语的使用则更为广泛。

随着欧洲、亚太地区及世界其他区域移民的到来，由于塞浦路斯居民的成分越来越复杂，语言种类也趋于多样化状态。塞浦路斯岛上使用人数最多的是希腊语，占总人口的 80.89%。

为了能有效地保护和传承本国的传统语言，塞浦路斯政府一直致力于保护各地区的地方语言，同时在非希腊语的地区推广希腊语的使用，因此塞浦路斯政府目前实施了三种语言教育方案：第一种语言，必须是母语或地区语言；第二种语言，南部地区是希腊语或英语，北部地区是土耳其语或英语；第三种语言，即英语成为通用语言。[②]

几个世纪以来，由于遭受不同殖民者的入侵和掠夺，加之地震的摧毁，塞浦路斯并没有具有代表性的建筑艺术保留至今，然而，我们仍然能够发现拜占庭艺术侵入了教堂、礼拜堂，甚至居民的住房，由于公共当局各项保护政策的实施，一些城镇和乡村最古老的建筑都得到了修复，例如莱夫科西亚老城区及帕福斯周围的村庄均是如此。在岛上散步时，你会不经意间发现一座哥特式风格的礼拜堂，或者是见证吕齐尼昂统治时期的古

---

① 张玉：《塞浦路斯印象》，《中国审计》1998 年第 4 期，第 30～31 页。
② 王寅、王彬：《浅析塞浦路斯的语言文化教育》，《牡丹江大学学报》2016 年第 8 期，第 150～152 页。

老石头和壁画，这一切都在诉说着任何一个其他的地中海岛屿都不曾有过的多彩历史。

塞浦路斯人歌唱生活的每个时刻，既有来自雅典的歌曲，也有受当地传说启发而创作的旋律。塞浦路斯人将他们欢乐和活泼的特性充分体现在他们自己的音乐中，这些传统的音乐形式将节日或婚礼时的快乐表达得淋漓尽致。在塞浦路斯，夜生活是令人向往的，人们可以去传统的小酒馆或现代的迪斯科舞厅尽情舞蹈，并且大多数酒店都拥有属于自己的管弦乐队。除歌曲之外，塞浦路斯也拥有不同于希腊舞蹈的丰富的传统舞蹈艺术。用于演奏这些传统舞蹈表演曲调的特色乐器是一种有四根双弦的琵琶，可以用鹰或秃鹫的羽毛来弹奏。塞浦路斯大多数的传统舞蹈是面对面或一群人围成圆圈进行舞蹈，女性的一些舞蹈是缓慢而轻柔的，而其他有些舞蹈则非常快速；男性的舞蹈很有韵律和节奏感，有时甚至将杂技掺杂其中。传统的舞蹈常常模仿男孩和女孩在村庄里调情的场景，至今这种传统舞蹈在婚礼庆典上仍然经常会见到。

塞浦路斯受拜占庭的统治接近一千年，这个时期的艺术也是希腊遗产的一部分，转化成了今天塞浦路斯上无处不在的教堂、礼拜堂、餐厅和居民家中的各种图标。这些图标在今天看来，已经不再是我们在教堂里看到的那样，是某种虔诚的图像，而成了一种祈祷。传统的图标是先将一块木头切割成图像尺寸大小，然后用胶画颜料画出图案，这种绘画艺术形式至今都还存在 Kykko 修道院中。

塞浦路斯岛上的希腊族和土耳其族，各自的信仰截然不同，并且各自宗教教规严格。希腊族人口的 95% 信奉东正教，剩余的 5% 是马龙派基督教徒或天主教徒，而土耳其族则信仰伊斯兰教。尽管长久以来，两族人民共同生活在塞浦路斯岛上，基本能和睦相处，不会因为宗教问题产生冲突，并且两族人民还曾经因共同反抗殖民主义而并肩作战，但各族均希望能维持本民族的纯洁性，所以禁止两族间的通婚行为，两族人民各自保持着自己的语言、宗教和文化，这也严重阻碍了不同民族间的融合和深层交往，也为后来其他大国的干预，最终导致南北分裂的局面，埋下了祸根。20 世纪 50 年代后期开始，在殖民国政策的唆使下，最终出现了希、土两族为各自民族利益反目成仇的现象，并形成今天的南北分治局面。

尽管塞浦路斯曾经在历史上遭受了无数次入侵，但塞浦路斯首先是一个独立的共和国。塞浦路斯是地中海国家，但不是拉丁人；是左边驾驶，但不是英国人；信仰东正教，但不是俄罗斯人；喝带渣滓的咖啡，但不是土耳其人。最重要的是，塞浦路斯人为自己的国家感到骄傲。

塞浦路斯岛上，在除了海滩以外的地方一定要注意着装，尤其是在礼拜场所附近，女性一定要着长裤和不漏肩膀的衣服，以表示对宗教的尊重。塞浦路斯民风淳朴，岛上居民热情好客，永远不要拒绝他们端上来的一杯茴香酒、一杯咖啡或者一杯水，这会被视为粗鲁甚至侮辱对方的行为。商家如果邀请你坐下，甚至给你热情地端来一杯柠檬水或一杯咖啡，也不要感到惊讶，因为这是当地人做生意的一种方式。塞浦路斯岛上有一句家喻户晓的说法：别人请你喝咖啡，杯子凉之前就离开，是不礼貌的。

塞浦路斯的节假日比较多，有些是全国性的，也有些是希族或土族各自的节日，例如每年的1月6日的主显节和6月23日的篝火节就是希族人特有的节日；而由于土族人信仰伊斯兰教，所以他们会根据伊斯兰历过属于他们的开斋节和古尔邦节等。除此之外，塞浦路斯上还会有很多地方节日，如法马古斯特的柑橘节、利马索尔的狂欢节和酒节、帕福斯的花节等。

许多至今在塞浦路斯流行的传统节日，如狂欢节或洪水节（Kataklysmos），至今都保留着非常古老的记忆。狂欢节在希腊东正教复活节前50天庆祝，并标志着复活节前斋戒的开始，利马索尔是嘉年华庆祝活动的中心城市，但在拉纳卡和帕福斯两个重要城市中也会举办相关的庆祝活动。复活节后50天到来的洪水节为期5天，每年在所有沿海城镇庆祝，主要庆祝活动是在拉纳卡举行，在这里节日会持续7天，活动本身是由参加者组成一个欢快的游行队伍，行进至海边，参加者向大海中泼洒大量水，节日中，人们在海边唱歌、跳舞、打水仗，还举办划船和游泳比赛。对于这个节日的起源，至今还存在争议，但无论如何，这是一个塞浦路斯独有的节日，而且非常具有特色。另外，每年的6月28~29日，圣保罗节在帕福斯举行，据说圣保传教士来到塞浦路斯期间就逗留在这座城市中。而每年9

月人们都会在利马索尔市度过葡萄酒节，以庆祝葡萄园中葡萄的长成和塞浦路斯的繁荣，根据当地人的说法，希腊神话中的酒神狄俄尼索斯批准在十天节日期间举行各种葡萄酒活动，可供大家免费饮用。

塞浦路斯人的家庭观念非常强烈，即使是已婚的孩子，很多也会继续和父母居住在一起。正因为这个原因，在塞浦路斯当地居民的屋顶上经常会出现一些铁棍和混凝土，这是准备要在孩子结婚的时候，在原来的房子上面加盖一层。曾经的塞浦路斯文化正在年轻人中间经历着巨大的变化，20 多年前的塞浦路斯还没有"离婚"的存在，但今天塞浦路斯已成为欧洲离婚率最高的国家之一。

塞浦路斯居民的日常饮食多以烧烤类的食物为主，例如烤肉、烤鱼等。他们的饮食中有一种非常具有特色的食物，就是将水果或果皮经过糖、蜂蜜腌制的蜜饯，经常会在饭后拿出来作为甜点招待客人，这种传统的甜品家家都会自己腌制。

塞浦路斯文化不仅保持了希腊和土耳其的双重身份，同时也同化了其他文化的元素，成为一个真正的混杂型文化，因此我们能在岛上看到拜占庭风格的教堂与清真寺位于新石器时代遗迹的旁边，希腊罗马风格的寺庙、城堡或法兰克风格的教堂与威尼斯风格的堡垒相邻而立，就连塞浦路斯的方言和美食中也仍然保留着当年的卢西尼昂和威尼斯的元素。另外，塞浦路斯也是世界上最古老的葡萄产地之一，今天的很多欧洲葡萄酒产区的葡萄品种都是当年十字军东征后从塞浦路斯进口而来的。

今天的塞浦路斯给我们呈现出传统与现代两种截然不同风格的并存。塞浦路斯有一个知名的交响乐团和多个世界级的文化节日，如 Kypria 国际音乐节、欧洲舞蹈节、帕福斯歌剧节、Bellapais 古典音乐节、古典话剧节等。当地的私人制作人还经常会汇集歌剧及乐坛的一些最知名的歌唱家，组织各种大型的演唱会。

第六节　与欧盟的关系

塞浦路斯这样一个地处中东地区，并且自 1974 年来一直处于分裂状态的国家，却力争成为欧盟成员国之一，并最终达成心愿，是多方面动因共同作用的结果。何志龙认为，西方文化的强烈归属感、国际政治格局剧变的积极应对、全球化时代经济发展的需要、国家安全的战略选择以及实现国家统一，是塞浦路斯加入欧盟的主要动因。[①]

何志龙指出，首先，塞浦路斯尽管地处中东地区，但一直自认属于欧洲。从公元前 13 世纪开始，古希腊人向塞浦路斯持续移民，成为塞浦路斯的主体民族，塞浦路斯和希腊之间长期不断的往来，最终形成了塞浦路斯希腊文化的产生和维系；后来鲁西格南王朝及威尼斯对塞浦路斯的统治，进一步强化了塞浦路斯的欧洲文化特征；随后奥斯曼帝国的统治和英国的占领，又使得塞浦路斯与欧洲的联系不断加强。因此，塞浦路斯的欧洲文化特征成了其加入欧盟的坚实基础。其次，从国际政治格局来看，无论是当年的欧共体还是今天的欧盟，都是世界格局的重要力量，对于塞浦路斯来说，欧盟可以成为塞浦路斯应对国际政治格局剧变的避风港。另外，成为欧盟成员国后，可以享受到多项贸易保护政策，并且能从欧盟的经济增长中获得一定利益，也成为塞浦路斯积极加入欧盟的重要原因。此外，鉴于塞浦路斯的战略位置十分重要，自古以来饱受他国的侵略，甚至占领和统治，故此，塞浦路斯想将加入欧盟作为保证本国安全的战略选择。最后，长期处于分裂状态的塞浦路斯，希望通过加入欧盟来帮助其打破塞浦路斯分裂问题的僵局，最终实现国家的统一。

希腊一直强烈支持塞浦路斯和马耳他成为欧盟的一部分，在同当时的马耳他总理、后来的总统芬内克·阿达米的一次国事访问的新闻发布会上，时任希腊总理科斯塔斯·西米蒂斯就曾经说过："欧盟的扩大在我担任联盟主席的 2003 年上半年期间做出最终决定，我们会遇到一些困难，但我们会尽全力去克服它们因为我们希望南欧国家的力量比现在更强大，这也是我们力主马耳他和塞浦路斯两国加入欧盟的原因。"希腊希望团结更多的岛国，甚至支持其加入欧盟，因此希腊认为马耳他和塞浦路斯加入欧

---

① 何志龙：《塞浦路斯加入欧盟的原因》，《陕西师范大学学报》（哲学社会科学版）2015 年第 6 期，第 166～172 页。

洲联盟后，可以在"北塞"问题上共同给土耳其施压。为了确保一些国家的公众支持，西米蒂斯声明："随着塞浦路斯和马耳他的加入，我们的目标是在国际法实施的基础上，与土耳其建立良好关系，这就是我们支持土耳其加入欧盟的原因。这对于土耳其而言，在人权领域、与邻国的关系上、塞浦路斯问题的解决方面都是有利的。对于希腊政府而言，我们的首要任务是为塞浦路斯问题寻求公平和持久的解决方案。所以，确保塞浦路斯加入欧盟谈判的连续性也是目前的优先事项。"

在种种因素的共同推动下，2004 年 5 月 1 日，欧盟历史上最大的一次扩大过程中，塞浦路斯与波兰、匈牙利、捷克、斯洛伐克、斯洛文尼亚、爱沙尼亚、拉脱维亚、立陶宛、马耳他一同加入欧盟，成了欧盟成员国。

塞浦路斯成为欧盟的正式成员，从其文化和历史来看，都是非常自然的决定。随后，2008 年塞浦路斯加入了欧洲货币联盟，并采用欧元作为其国家货币。2012 年 7 月接替丹麦出任 6 个月的欧盟轮值主席国。塞浦路斯尽管域小人稀，但在成为欧盟成员国后，从中收益颇多，同时也为欧盟做出不少贡献。

塞浦路斯加入欧盟后，对其国家的政治、经济、外交及北塞问题都具有重要的影响。政治上，促进了政府结构的调整，促成了塞浦路斯国内各政党之间对于加入欧盟的问题达成一致共识，大大提高了本国女性参政的比例；经济方面，使得国家的经济体制有所调整，成为欧元使用国，欧盟成为塞浦路斯的主要贸易伙伴；外交领域，塞浦路斯不再是不结盟国家，并且逐步实施欧盟的外交政策，同时与希腊的关系也发生了变化；"南塞"与"北塞"分裂问题上，"北塞"政府与欧盟建立了联系，承认土耳其族为欧盟成员国公民，同时美国对"北塞"政府的政策也进行了调整。[①] 正如塞浦路斯 2014～2020 年战略发展计划中所强调的，自加入欧盟后，塞浦路斯鼓励将外国直接投资用于重点经济增长部门，并采用了若干用以鼓励投资的举措。凭借其先进的技术基础设施和技能型人才，塞浦路斯已然成为区域优质的商业和金融中心，以及重要的通信和运输中心，并且正在快

---

① 何志龙：《塞浦路斯加入欧盟的影响》，《中东问题研究》2016 年第 2 期，第 65～68 页。

速发展成为东地中海的能源枢纽。

同时，作为欧洲东部重要的交通和通信交汇点以及三大洲交叉口的前哨，塞浦路斯为欧洲企业进入中东、北非和亚洲提供了一个安全通道，同时为非欧洲的企业提供了进入欧洲投资的可能性。

塞浦路斯自 1974 年分裂以来，全国 38% 的领土仍然在"北塞"控制之下，但在国家经历了如此之大的动荡之后，仍然保持着经济的显著增长。自 2003 年起，禁止穿越联合国停火线限令的部分解除，南部希族和北部塞族开始逐渐出现互动，经济关系也有所改善，但人力和资本之间的自由流通仍然是被禁止的。塞浦路斯共和国加入欧盟及采用欧元之后，对于政府来说最困难的仍然是国家统一问题的解决。在西方国家看来，塞浦路斯问题实际上是对土耳其改变心态能力的一种考验，事实上，只要土耳其仍然占领塞浦路斯北部地区，并试图将其战略控制扩大到整个岛屿，它的民主性就会受到国际社会的质疑。随着塞浦路斯加入欧盟，土耳其也提出加入的意愿，土耳其甚至表示愿意与塞浦路斯政府达成战略伙伴关系，这些都是比较积极的因素。

对于一个拥有多重身份的地区来说，欧盟可以为塞浦路斯带来一个统一的欧洲身份的认同，而不会侵犯希腊和土族塞人的族裔和文化特征，即使塞浦路斯本身尚未具备充分发挥有效处理重大区域和国际问题的能力，欧盟也可以在中间发挥有益的作用。

但直到今天，塞浦路斯分裂问题仍然没有找到一个长久的解决方案，因为除了土族塞人的同意外，土耳其承认塞浦路斯共和国的存在至关重要。除了政治问题外，塞浦路斯也面临着新的经济挑战：与经济危机做斗争，转型为一种新的经济模式。塞浦路斯经济和政治层面的双重问题的存在，对于国家经济的长期发展都至关重要。

参考文献

高歌：《中东欧国家在欧盟中的地位和作为》，《俄罗斯东欧中亚研究》2014 年第 3 期。

龚晓庄：《1878 年柏林会议》，《历史教学》1982 年第 4 期。

何志龙：《塞浦路斯加入欧盟的影响》，《中东问题研究》2016 年第 2 期。

何志龙：《塞浦路斯加入欧盟的原因》，《陕西师范大学学报》（哲学社会科学版）2015 年第 6 期。

何志龙：《塞浦路斯加入欧盟进程探析》，《陕西师范大学学报》（哲学社会科学版）2014 年第 6 期。

何志龙：《外来移民与塞浦路斯的民族形成——兼述塞浦路斯历史上希腊族人与土耳其族人的关系》，《世界民族》2006 年第 1 期。

刘晓丹：《国际干涉对塞浦路斯民族问题的影响》，中国世界民族学会会员代表大会暨学术讨论会，2010。

王寅、王彬：《浅析塞浦路斯的语言文化教育》，《牡丹江大学学报》2016 年第 8 期。

张玉：《塞浦路斯印象》，《中国审计》1998 年第 4 期。

https://fr.m.wikipedia.org/wiki/Chypre_(pays).

https://www.touteleurope.eu/pays/chypre.html.

第十一章

结　语

地中海南欧的法国、意大利、西班牙、葡萄牙、希腊、塞浦路斯和马耳他于 2016 年 9 月 9 日在希腊的雅典举行首脑会议，宣布在欧盟框架下建立南欧七国联盟机制。它首先是一个松散的、非正式机制，并没有设立相关的行政管理部门或执行机构，而是通过每年举办的七国首脑或元首代表峰会来探讨七国所关注的问题。对于风云变幻的国家形势，七国首脑一致强调欧盟的重要作用，并积极主张与脱欧的英国开展灵活而不失原则的谈判，力争让英国在政治和经济方面仍然与欧洲保持一致。对于恐怖主义的泛滥，七国首脑主张加强欧盟团结，共同严厉打击和铲除恐怖分子；对于单边主义的抬头，尤其是美国的特朗普当选总统后民粹主义风兴起等问题，七国领导人在 2017～2018 年连续召开的三次机制会议上强调联合国的地位和 WTO 等组织的重要性，表明反对全球经济一体化和多边贸易的行为都是不符合当今世界发展潮流的。特别是法国总统马克龙，在各种场合明确地表示反对单边主义思想。在 2018 年第 73 届联大会议上，面对美国总统特朗普发言中所宣扬的"美国优先""零和思维"和"我们拒绝全球主义的意识形态，我们接受爱国主义的教义"等话语，他警告"民族主义往往会导致失败"，并强调自满和孤立主义不利于全球和平与繁荣。

南欧七国联盟在机制首脑会议后，多次并公开强调机制是在欧盟一体化框架下进行的，是根据欧盟现行制度的规定举办的，旨在讨论当今世界的热点问题和出现的新情况，绝对不是要分化欧盟或者挑战欧盟的权威和地位。确实，随着欧盟的扩大，内部矛盾越来越多。2004 年 25 个成员国领导人签署的《欧盟宪法条约》在 2005 年被法国和荷兰全民公投否决，最后在 2007 年不得不用《里斯本条约》取代《欧盟宪法条约》。在东欧与欧盟的关系问题上，也出现了多次不同声音。如在难民责任分摊、商品质量双重标准和"多速欧洲"等问题上产生争议。2017 年，欧盟委员会对匈牙利通过提高外国资助非政府组织透明度的法律发起违规程序，对波兰通过"普通法院组织法"也启动了违规程序。这两个国家援用《欧洲联盟条约》第七条指责欧洲议会干涉成员国内政，使得启动程序终止。

因此，地中海南欧联盟机制诞生也在情理之中，因为 2016 年在希腊雅典举办首次南欧七国联盟峰会的难民和非法移民责任分摊问题与希腊主权债务危机问题是核心议题。确实，南欧七国联盟位于地中海沿线，都是难民直接登陆的地方，是最直接接待难民的国家，承担着巨大的经济和社会压力。同样，这些国家都面临公共债务问题，都无法满足欧盟设定的最低门槛。因此，七个国家希望欧盟委员会能够采取相对变通的方案，让这些国家渡过目前的危机。为此，七国首脑在公开场合多次强调他们并不是要另起炉灶，更不是分化欧盟和欧洲，只是希望在欧盟一体化的框架下，用地中海的视角讨论整个欧洲所面临的问题。因为，位于南欧的七个国家无论在地缘政策和传统文化方面，都有着特殊的联系。除葡萄牙外，它们都位于地中海沿岸，与对岸的北非国家有着千丝万缕的联系和频繁地交流。在历史上，尤其是殖民时期，几个主要国家在与非洲的交往中都面临诸如经济、贸易和社会等相似的问题。因此，这些国家对于如何处理和解决问题有共同的看法，尤其是对待非洲难民问题，他们有着相似的做法。通过机制会议，以具有地中海视野的观点和看法，向召开的欧盟峰会提出相关倡议，旨在提高欧盟的凝聚力和促进成员国之间的团结，通过振兴经济和提高增长政策，解决就业问题和发展问题而加强欧盟在世界的地位。

地中海南欧七国联盟成员国大部分与中国保持长期友好的合作关系。法国是第一个与中国建立外交关系的国家。今天在《巴黎协定》、"一带一路"倡议下的第三方市场合作、捍卫全球贸易多变格局、中法经贸、科技和人文等领域的交流都持开放和合作的态度。中国与希腊在基础设施投资和港口建设方面取得了突破进展，希腊正成为中国的伙伴。

图书在版编目（CIP）数据

地中海南欧七国联盟 / 王战，刘天乔，张瑾著．--
北京：社会科学文献出版社，2018.12
（中法人文交流丛书）
ISBN 978 - 7 - 5097 - 6986 - 7

Ⅰ.①地…　Ⅱ.①王…　②刘…　③张…　Ⅲ.①区域性
组织 - 概况 - 南欧　Ⅳ.①D814.1

中国版本图书馆 CIP 数据核字（2018）第 275705 号

中法人文交流丛书
地中海南欧七国联盟

著　　者 / 王　战　刘天乔　张　瑾

出 版 人 / 谢寿光

责任编辑 / 吕　剑　徐　花

出　　版 / 社会科学文献出版社·当代世界出版分社（010）59367004
　　　　　　地址：北京市北三环中路甲 29 号院华龙大厦　邮编：100029
　　　　　　网址：www. ssap. com. cn

发　　行 / 市场营销中心（010）59367081　59367083

印　　装 / 三河市龙林印务有限公司

规　　格 / 开本：787mm × 1092mm　1/16
　　　　　　印张：15.75　字数：241 千字

版　　次 / 2018 年 12 月第 1 版　2018 年 12 月第 1 次印刷

书　　号 / ISBN 978 - 7 - 5097 - 6986 - 7

定　　价 / 79.00 元